Athéisme et état
Pour la philosophie politique de Kojève

無神論と国家

コジェーヴの政治哲学に向けて

坂井礼文 著
SAKAI Reimon

ナカニシヤ出版

凡　　例

　本書はなるべく略号を用いない方針で書かれているが，頻繁に参照及び引用する以下のコジェーヴ，シュトラウス，ヘーゲルの書物に限っては略号で示し，テキストのページ数を併記する。

Kojève, (CTD), *Le Concept, le Temps et le Discours*, Flammarion, 1990.（三宅正純・安川慶治・根田隆平訳『概念・時間・言説』法政大学出版局，2000年。）
―――, (EHII), *Essai d'une histoire raisonnée de la philosophie païenne II*, Gallimard, 1972.（未邦訳。）
―――, (EPD), *Esquisse d'une phénoménologie du droit*, Gallimard, 1981.（今村仁司・堅田研一訳『法の現象学』法政大学出版局，1996年。）
―――, (ILH), *Introduction à la lecture de Hegel*, Gallimard, 1947.（上妻精・今野雅方訳『ヘーゲル読解入門』国文社，1987年。）1968年に第二版が出版された際に，日本論も含めた重要な注が付加される。邦訳もこの第二版に基づいている。

Strauss, (OT), *On Tyranny*, edited by Victor Gourevitch and Michael S. Roth, The University of Chicago Press, 2000.（石崎嘉彦・飯島昇藏・金田耕一他訳『僭主政治について（上・下）』現代思潮新社，2006‐2007年。）ただし，この本に所収されているコジェーヴの論文「僭主政治と知恵 Tyrannie et sagesse」は，もともとは英語ではなくフランス語で書かれていたことから，この論文を引用する際に限り，フランス語版 *De la tyrannie*（traduit par Hélène Kern, Gallimard, 1997）を用いて，DTの略号とともにページ数を併記する。

Hegel, (PHG), *Phänomenologie des Geistes*, Suhrkamp, 1970.（長谷川宏訳『精神現象学』作品社，1998年。）
―――, (WLS), *Wissenschaft der Logik, Das Sein*（1812）, Felix Meiner Verlag, 1999.（寺沢恒信訳『大論理学1』〔1812年初版〕以文社，1977年。）

目　次

凡　例　*i*

序　論 ……………………………………………………………… 3

第Ⅰ部　無神論

序　無神論の系譜　32

第1章　コジェーヴとシュトラウス ……………………………… 36
　　　　　――著述技法及び無神論をめぐって――

はじめに　36

1　『ユリアヌス帝とその著述技法』が書かれた背景　38
2　秘教的著述技法　40
3　無神論者としてのユリアヌス　47
4　コジェーヴによるユリアヌスの神話論読解　51
5　無神論的立場と有神論的見解の対立　56

おわりに　62

第2章　プラトン読解入門 …………………………………………… 64
　　　　　――概念及び永遠性の関連に着目して――

はじめに　64

1　プラトン解釈の特質　66
2　概　念　68
3　パルメニデス的存在論の解釈　70

  4 プラトン的存在論及び現象学の解釈 73

 おわりに 88

第3章　「無神論的」あるいは人間学的なネオ・ヘーゲル主義 … 91
   ――「三位一体論」の観点から――

 はじめに 91

  1 ヘーゲル自身が展開した存在論 93

  2 コジェーヴの存在論 95
    ――存在・無・差異――

  3 コジェーヴとタオのヘーゲル解釈の相違 98

  4 ネオ・ヘーゲル主義における無の観念及び無神論 100

 おわりに 106

第Ⅰ部の結びに代えて 108

第Ⅱ部　国家

序　国家論の系譜　120

第4章　コジェーヴとシュミット …………………………… 124
   ――国家の終焉以降における政治的なもの及び法的なもの――

 はじめに 124

  1 敵 127

  2 終焉 131

  3 歴史終焉以降の世界情勢 139

  4 法的なもの 145

  5 プラトン・アリストテレス・ヘーゲル読解から導出された第三者 149

  6 シュミットにおける第三者としての外部性 154

  7 均衡理論の限界とカテコーンの観念 155

  おわりに 158

第5章 普遍同質国家の予示 ……………………………………… 163
   ――未来の，来たるべき国家について――
 はじめに 163
 1 ラテン帝国 165
 2 シュトラウスとの関連 175
 3 贈与型国家 186
 おわりに 205

第Ⅱ部の結びに代えて 208

結　語 ……………………………………………………………… 215

＊

注 238
参考文献 274
あとがき 285
初出一覧 288
人名索引 290
事項索引 291

無神論と国家
—— コジェーヴの政治哲学に向けて ——

序　論

(1)　本書の趣旨

　本書では，アレクサンドル・コジェーヴ（1902 - 1968）の政治哲学を解明すべく，彼と影響関係にあった思想家たちとの比較を考慮に入れながら，その無神論及び国家論について考察する。「無神論と国家」の題目の下で筆者が試みるのは，いわゆる政教分離の原則に典型的に見られるような宗教と国家の関係性ではなく，哲学と政治の関係，さらには哲学者と政治的事象との関わりについて，コジェーヴとその関連人物を題材にしながら問い直すことである。

　第Ⅰ部ではコジェーヴの哲学を無神論の観点から読み解く。無神論は彼の哲学的思索における最も中心的なテーマのうちの一つである。本書において，無神論という語は，一般的に考えられているような単に神の存在を否定する議論のみを指すのではなく，コジェーヴの無神論的哲学という意味を含んでいることに留意されたい。本文中で見るように，このような用法はコジェーヴがヘーゲル哲学は一般的な意味では無神論的とは言えないが，根源的にはそれは無神論的であると解釈したことに着想を得ている。なお，筆者の意図は宗教を攻撃したり，批判したりすることには全くないことを予め断わっておきたい。

　第Ⅱ部ではコジェーヴの政治的見解を理解するために，その国家論を取り上げたい。彼の哲学は現実の世界を生きる哲学者の在り方を考慮に入れることで成り立っているが，現実の世界は政治と関わりを持ち，序論の (2) で見るように，政治は本来的には共同体としての都市国家（polis）と同義であった。

本書の副主題は，コジェーヴとその同時代人の思想家ら（主にレオ・シュトラウスとカール・シュミット）を比較考量し，また過去の哲学者たち（主にプラトンとヘーゲル）からの影響を明らかにし，それにより思想史におけるコジェーヴの位置付けを再検討することである。コジェーヴがバタイユやラカン，クノーなどのフランスの知識人の師であることは以前から知られてきたことであるが，本書では，彼がドイツ系の学者といかなる繋がりを持っていたかに焦点を絞りたい。日本では，いまだコジェーヴに関する詳しい研究は進んでいないこともあり，本書はささやかな試みではあるが，コジェーヴについての本邦初の本格的な研究書となるように努めた。

　本書全体を通じて，コジェーヴの哲学史家としての側面と政治哲学者としての側面を統合させながら，哲学と政治がいかに結び付きうるか考えたい。コジェーヴの持つ，これら二つの側面を横断するような研究はこれまで十分になされてこなかった。その点で，本書は新たな視点からコジェーヴに関して論じるものであると言える。

(2)　政治と哲学の関係

　本書では政治と哲学を同一の平面で論じることになるが，そのことに異論のある読者も少なからずいるであろう。シュトラウスも考えていたように，政治と哲学は緊張関係にあるとも言える。あるいは，政治哲学に興味のない哲学者からすれば，政治と哲学は関係がないように思われるであろう。だが，コジェーヴについて論じる場合に，彼の政治的意見と彼の哲学的内容とを切り離すべきではないと筆者は考えている。それでは，そもそも一般的には政治と哲学はどのような関係にあると考えられているか，最初に論じておきたい。

　哲学者とは現実あるいは現実的な状況の中から真理を探究する者であり，非現実的という意味で「抽象的な」問題について論じる者ではない。ところで，現実的な状況（état, state）は，現実に存在する国家（Etat, State）または政治（politique, politics）と関係を持つ。そして，政治とは語源を遡れば，古代ギリシャの都市国家，いわゆるポリス（polis）のことを指す。では，ポリスとは何か。コジェーヴに影響を与えたと思われるアリストテレスの『政治学』によると，「村落が二つ以上集まって出来る最終の共同体，す

なわち共同体として完成したものが国家（ポリス）なのである[1]」。われわれもこの用法に従い，国家とは「共同体として完成したもの」であると，ひとまず捉えることにする。よく知られているように，アリストテレスは同書の中で次のように主張した。

　国家が（まったくの人為ではなくて）自然にもとづく存在の一つであることは明らかである。人間がその自然の本性において国家をもつ（ポリス的）動物であることも明らかである[2]。

ただ，ここで急いで付け加えなければならないのは，アリストテレスは単に人間が社会性を持つことは必然であるとだけ言いたかったわけではないことである。彼は『政治学』の冒頭で以下のように述べている。

　国家はいずれも，われわれの見るところ，一つの共同体であり，共同体はいずれも何かよきこと（福利）のために出来ている——というのは，すべて人間は何事をなすにも，自分がよいと思うことのためにするからである——とすれば，明らかにすべての共同体のめざすところはなんらかの善であり，そのうちにおいてもまたあらゆる全ての善の最高最上のものを目標とするのは，他のすべての共同体を自己のうちに包括する最高最上の共同体がそれであるということになる[3]。

つまり，人間が国家を形成する目的は最高善を実現するためである。アリストテレスは『政治学』の中で，また，国家における正義（彼にとっては公共の利益）や平等とは何かについても思考をめぐらし[4]，さらに，最大多数の者が共有できる生き方や，最大多数の国がともに持つことができる，実現可能な範囲における最善の国家体制について論じてもいた[5]。これらのことに準拠すれば，政治とは権力闘争や党派抗争というより，現実の国家の中で，可能な限り正義や平等を実現することにより，共通善を達成しようとする営みであると言える。むろん，われわれの中心的な関心は古代ギリシャの都市国家よりも，近代における国家にあるが，国家をめぐるアリストテレスの思考はいまだ有効である。そうであるならば，政治哲学の復権とともに，ある意

味で古代ギリシャ的な哲学の復権を試みることも可能となりうるのではないだろうか。

いずれにせよ、以上をふまえれば、われわれにとって政治哲学（philosophie politique; political philosophy）は、文字通り単に政治に関する哲学というよりは、善なる目的を達成するために成立した国家に関する哲学であることになる。ここで、あえて政治を国家へと言い換えたのは、政治という言い方に限定してしまうことで、自分は政治とは関わりたくないと考えている者たちを遠ざけてしまうおそれがあるからである。自分は政治とは関わりたくなくても、実際には政治は自分に関わってくるものであり、また何よりも人は共同体の中で生きている限り、本来的に国家に関わらざるをえない。むろん、いかにそれに関わるかが問題ではあるが、この問いについては本書全体を通じて考えていきたい。

ところで、コジェーヴは論考「僭主政治と知恵」（この論文の基となった論文「哲学者の政治的行動」が最初に書かれたのは 1950 年）の中で「よく知られているように、ほとんどすべての哲学者が国家及び統治（gouvernement）を扱った作品を公刊したのである[6]」と指摘した。彼は政治と哲学を切り離すべきではなく、「政治は哲学に依拠している[7]」とすら考えていた。

コジェーヴが先の引用で「ほとんどすべての哲学者」と留保を付けているのは、彼がこの文に付加した注の中で挙げた、デカルトを念頭に置いているからである。その注全体をそのまま引用すると、「デカルトの場合は複雑すぎて、ここで論じることはできない[8]」。コジェーヴはそれ以上、デカルトについての議論を展開していない。

興味深いことに、ハンナ・アーレントもまた、哲学者が政治について語るべきであるとは、必ずしも考えられなくなったという近代の傾向は、デカルトの懐疑主義に端を発すると考えている。『人間の条件』から引用しよう。

> 実際、デカルトやホッブズに始まって、イギリスの感覚論、経験論、プラグマティズム、ドイツの観念論と唯物論、さらに最近の現象学的実存主義、論理実証主義あるいは認識論的実証主義に至る近代哲学の主観主義が、近代人の世界疎外とほとんど正確すぎるくらいに一致している点を見逃すことは愚かなことであろう[9]。

ここで言う世界疎外とは，航空機の発明により地球上の距離が短縮した結果，かえって人間が直接的な環境である地球から逃れてしまうことを意味する。というのも，人間には近くのものよりも遠くのものについてのほうが，より良く観測する能力が備わっているからであるとアーレントは述べている。いずれにせよ，現実世界から逃れてしまい主観主義的傾向に陥ってしまったのは，近代人一般というよりも，デカルトをはじめとする近代の哲学者たちであることになる。

　確かにコジェーヴが述べるように，古代ギリシャ以来，多くの哲学者たちが政治について語ってきた。では，政治哲学が誕生したのはどの瞬間なのであろうか。

　この問いの答えに関して，ドイツ語版レオ・シュトラウス全集の編者であるハインリッヒ・マイアーの意見を引用したい。彼によれば，アリストファネスは『雲』の中で次のように主張している。

> いわく，ソクラテスはポリスの信じる神がみ（die Götter）を信ぜず，その代わりにもろもろの新たな神性（Gottheiten）を導入した。そして彼は若者を腐敗させている，と。歴史家がとりわけソクラテスの死を心にとどめるであろう箇所で，哲学者は政治哲学の誕生に思いをはせる。

　ソクラテスは本当にそのような人物であったか，という疑問はさておき，政治哲学の誕生と無神論を結び付ける発想は興味深い。ただ，われわれにとって問題なのは，ソクラテスが導入したとされる「もろもろの新たな神性」ではなく，コジェーヴの神性ではあるけれども。

　それでは，哲学者が政治について語るという古代の伝統は，現代に根付いているのだろうか。この問いに答えるために，シュトラウスから引用しよう。彼はコジェーヴが「哲学者の政治的行動」を書いた5年後に，論文「政治哲学とは何であるか？」（1955年）の中で次のように書いている。

> われわれが輪郭を描こうと努めてきた政治哲学は，その始まりから比較的最近までほとんど途切れることなく育まれてきた。今日政治哲学は，

完全に消滅してしまったわけではないにしても，衰退した状態に，またおそらくは腐敗した状態にある。その主題，方法，機能に関して完全な不一致があるだけではない。どんな形態であれ，まさにその可能性が疑問に付されるようになったのである。[15]

シュトラウスは政治哲学の衰退の原因が，科学と歴史研究の興隆にあると考えている。そして，科学的研究も歴史的研究もともに実証主義的アプローチのみが正しいと信じているように筆者にも思われる。政治学は科学的でなければならないと考える研究者からすれば，政治哲学とは非科学的である。また，歴史学的手法に則って文献に書かれていることを字面通り受け取るのが哲学研究であると信ずる者にとっても，政治哲学は非歴史的である。シュトラウスの考えでは，哲学の研究は歴史の研究と全く性質を異にする。彼は論文「政治哲学と歴史」（1949 年）の中で次のように述べている。

歴史的知識が政治哲学にとってどれほど重要であろうと，それは，政治哲学にとっては，予備的で補助的なものでしかない。それは，政治哲学の必須的部分をなすものではないのである。
　歴史と政治哲学の関係についてのこのような見解は，少なくとも 18 世紀の終わりまでは，疑問の余地のないくらいに支配的であった。われわれの時代には，このような見解は，「歴史主義」，すなわち，結局のところ，哲学的な問いと歴史的な問いとの根本的な区別など支持されえないという主張に基づいて，しばしば退けられている。[16]

本書の第 1 章で詳しく論じることになるが，筆者もまた今日において哲学研究が歴史主義に基づいた実証主義に即しているものの，それ以外のアプローチもありうることを認める。さらに，シュトラウスが述べるように，政治哲学が腐敗とは言えないまでも衰退した状況にあると筆者も認識している。控え目に言っても，20 - 21 世紀の哲学研究においては，必ずしも政治は思索の対象となってはいない。本書では，コジェーヴの描いた哲学史とその政治理論とを関連付けることで，政治哲学の復権を試みたい。
　ここまで論じてきたように，一方で哲学者は政治に対して，以前に比べる

と相対的に関心を持たなくなったが，他方で国家のために仕事を行なう政治家（politician; statesman）が哲学について論じることもまた，多いとは言いがたい。例えば，ナポレオンは抽象的な議論に拘泥する者たちのことを「空論家 idéologue」であると批判した。現在でも哲学者こそ政治家になるべきであるなどとプラトンに倣って主張したならば，一笑に付されるであろう。古代ギリシャにおけるソクラテスの悲劇に典型的に見られるように，政治家は古来，哲学者を危険視してきた。控え目に言うならば，政治家は哲学者の主張を軽視してきた。とりわけ現代において，政治家になるうえで哲学を修めておく必要があるとはあまり考えられていない。

　また，今日において，政治学者たちが政治哲学ならばまだしも，哲学を重視することは比較的稀である。本書全体の結語で詳しく述べることになるが，社会科学としての政治学が政治哲学と袂を分かったことがその背景にある。だが，イデオロギーをなるべく避けながら，価値を排して事実ばかりを取り扱う社会科学に依拠する限り，われわれは事実を目の当たりにして，ただ屈してしまうのみである。

　したがって，政治家及び政治学者，さらには社会科学の研究者にとって，政治と哲学の関係について考えることは無意味であるかもしれないが，哲学者にとって政治と哲学は，密接な関連性を持ちうる。先に述べたように，この密接な関連性が意味するのは，政治と哲学の緊張関係でもありうる。

　筆者の考えでは，両者の緊張関係を解消し，それらの和解に取り組んだ人物こそコジェーヴであった。というのも，彼は哲学者であり，また語の本来の意味で「政治家」（つまり国政に携わる者）であったからである。そして，コジェーヴが理想的な状態（＝国家）として描き出したものこそ，われわれが第5章で取り扱う普遍同質国家であった。

(3) 生　涯

　本文に入る前にまず，コジェーヴの生涯について言及しておくことは，議論を展開していくうえで何かと有益であろう。その生涯については，すでにドミニック・オフレによる伝記『評伝アレクサンドル・コジェーヴ *Alexandre Kojève*』(1990年) に詳しく書かれていることもあり，ここでその内容をつぶさに繰り返す必要はないであろう。ただ，この本はフランス語の

左の写真は 1922 年 12 月 10 日,コジェーヴが 20 歳の時にドイツのベルリンで撮影されたもので,右の写真はおそらく 1968 年に,彼が 66 歳の時にジル・ラプージュからインタビューを受けた際に——つまり死の直前に——撮影されたものである。
(出所) 左:de Lussy, Florence (dir.), *Hommage à Alexandre Kojève, Actes de la «Journée A. Kojève» du 28 janvier 2003*, http://books.openedition.org/editionsbnf/366 (26 Oct 2016).
右:Wang, Sue, 4 Sep 2012, "After History: Alexandre Kojève as a Photographer" touring to OCT Contemporary Art Terminal from September 21, http://en.cafa.com.cn/after-history-alexandre-kojeve-as-a-photographer-touring-to-oct-contemporary-art-terminal-from-september-21.html (26 Oct 2016).

　原著で 640 頁,邦訳にして 675 頁にもなる大著であるがゆえに,かえってコジェーヴの人生において何が重要な項目であるか見えにくくしているような印象を与える。以下では,その重要な事柄を列挙し,伝記に書かれていない事柄を記し,伝記の中での誤解を正すことにする。その際に,筆者自身がフランスで 2010 年から 2011 年にかけて行なった,コジェーヴの姪にして遺産相続者でもあるニーナ・クーズネットゾフとのインタビューの内容も必要に応じて参照した。加えて,イタリアの研究者マルコ・フィローニの著書『日曜哲学者 *Il filosofo della dominica*』(2008 年,未邦訳)の中でも,知られざるコジェーヴの逸話が書かれているため,適宜参考にした。なお,この著書は,筆者が知る限りでは日本の出版物ではまだ紹介されていない。
　アレクサンドル・コジェーヴは 1902 年 5 月 11 日にモスクワで,ブルジョ

ワ家系に生まれた。生まれた時の彼の名をミドルネーム抜きで書けば，Александръ Кожевниковъ（Alexandr Kojevenikov）であることから，カタカナではおそらくアレクサンドル・コジェーヴニコフと書いたほうがより正確であろう。[18]彼の伯父には，茶の貿易で財を成した豪商の家に生まれたカンディンスキーがいる。コジェーヴはユダヤ系と思われがちではあるが，クーズネットゾフによれば，そのことを証明する明白な根拠はないばかりか，幼少期に当時の慣例に従ってキリスト教の洗礼を受けていたという。コジェーヴが生まれたのは 1905 年に，20 万にも及ぶ労働者とその家族がニコライ 2 世に労働状況の改善を求めて，警官から発砲を浴びた「血の日曜日事件」が起きたことに端を発するロシアの第一次革命から，わずかに 3 年前のことであった。1917 年には，第二次ロシア革命（二月革命及び十月革命）が起き，帝政に代わって世界で初めての社会主義政権が成立した。当然のことながら，コジェーヴ自身も革命の影響をこうむった。彼は 1918 年に友人らと石鹸の闇取引を行なっていた折に，逮捕され，収監されてしまった。[19]その翌日には処刑されるのではないかと恐れおののいていた。というのも——現代日本を生きるわれわれからすれば，想像を絶することではあるが——当時ロシアでは闇取引に手を染めた 10 代の青年が逮捕され，処刑されることは珍しくなかったとのことである。[20]その後，親戚の口利きのおかげで彼は無事に出獄することができたが，この経験は彼に革命とはいかなるものであるか，死とは何か考えさせる契機となった。

　コジェーヴはその後に，ロシアから亡命することを決意したのだが，その理由について，以下で詳しく見ていきたい。1919 年にコジェーヴは，祖国と永訣するべく，ポーランドを通じてドイツへと向かった。彼は 1968 年にジル・ラプージュとのインタビューの中で，亡命に関して次のように話している。「私は共産主義者であったし，ロシアから逃れる理由はなかった。だが，共産主義の成立は私にとって過酷な 30 年を意味していた。これらのことについて考えが及ぶことがある。ある日，私は母にそれを次のように言った。「結局，もし僕がロシアに残っていたら……。」すると，母は私に次のように返した。「だけど，あなたは少なくとも二度は射殺されていたことでしょうね」」。[21]筆者がクーズネットゾフの伴侶ベルナール・コーミエ，つまりコジェーヴの義理の甥から直接聞いた話では，コジェーヴは自身が「最初の共

産主義者であった」と述べていたとのことである。クーズネットゾフによれば，コジェーヴはロシア革命そのものに反対していたわけではないが，その後のロシアでの数十年にわたると思われた動乱の中で，飢え（faim）を感じたくなかったとのことである。それだけの理由ではなく，ブルジョワの家に生まれたコジェーヴは，モスクワ大学に進学することを積極的差別是正措置（discrimination positive）――ここではプロレタリアートの大学進学者数を増やすという政策――のために拒否されたとも，クーズネットゾフは述べる。

　1921-1922年及び1924-1926年にハイデルベルク大学で学んだコジェーヴは，当時そこで教鞭を執っていたカール・ヤスパースの指導の下，1926年に学位を取得する。論文のタイトルは『ウラジミール・ソロヴィヨフの宗教哲学』であった。ソロヴィヨフとは19世紀のロシアの思想家にして宗教家でもあり，彼の生涯及び思想については，御子柴道夫の『ウラジミール・ソロヴィヨフ』で詳しく論じられている。コジェーヴは1920年及び1922-1923年にはベルリン大学に登録しており，またハイデルベルクに住んでいた頃にも度々ベルリンを訪れていた。その際に，亡命する前のユダヤ系ドイツ人レオ・シュトラウスと知り合いになり，二人は生涯にわたって交流することになる。また，コジェーヴはなぜかあえてハイデガーやフッサールの講義を意図的に避けていた。1926年に彼は，セシル・シュタークという，ユダヤ人の女性と結婚することになり，パリに住むことにした。1927年に，二人は宗教によらず結婚式を執り行なった。1931年に，彼らは離婚することとなる。離婚の原因について詳しいことはわかっていないが，オフレが挙げているエピソードによると，二人が飼っていた犬が亡くなってコジェーヴは悲しんでいたところ，まもなくセシルが新たな犬を飼ったことが，コジェーヴにとって全く理解できなかったことが一つのきっかけとなった。1932年にパリ郊外のヴァンヴにあるアパートに移り，生涯そこに住み続ける。

　1933年にはパリにある高等研究院で非常勤講師として，後に伝説となるヘーゲル講義を行なうことになった。この講義には，バタイユやラカン，メルロ＝ポンティなど，後にフランスを代表することになる知識人たちが通い詰めていた。もともと，アレクサンドル・コイレがこの講義を担当していたのだが，彼が1933年からエジプトに滞在するにあたって，コジェーヴが後任者に任命されたのであった。コイレはコジェーヴ同様に，ロシア生まれで，

フランスで活躍した哲学者であるが，二人は最初の亡命先であるハイデルベルクで知り合ったとされる。その契機となったのが，コジェーヴの妻であった前述のシュタークとの交際である。シュタークはコイレの弟の妻であり，コジェーヴと彼女が知り合った頃にはすでにもう結婚して人妻となっていた。しかし，シュタークがコジェーヴに心惹かれたことで，コイレもその妻も，コイレの弟も悩みを抱えることになった。そこで，コジェーヴよりも 10 歳ほど年上のコイレが，彼を叱ろうとして，会いに行くことになった。邂逅の結果，コイレは笑顔で帰宅し，妻に「彼は僕の弟よりもはるかに，はるかに素晴らしい。彼女（妹）は全くもって正しい」と語ったという。その日から彼らの友情は始まった。(22) この友情がなければ，コジェーヴはヘーゲル主義者として世に知られることはなかったかもしれない。

　1939 年には，召集令状を受け取り，パリから 12 キロほど離れたリュエイユの兵営に配属されることになった。以前にコジェーヴのヘーゲル講義に出ており，後にコジェーヴの支援者となるレイモン・クノーは，1944 年に『リュエイユから遠く離れて *Loin de Rueil*』を書いた。この本のタイトルは実は恩師コジェーヴから遠く離れたことを示唆している，とクーズネットゾフは証言する。

　コジェーヴは最後の動員グループに属していた。フィローニによれば，1940 年 5 月 25 日にドイツ軍がベルギー・ルクセンブルク・フランスにまたがるアルデンヌに侵攻した際，コジェーヴは許可を取ってパリ郊外の自宅に戻っていた。彼は部隊に合流しようと戻ったものの，そこにはすでに誰もおらず，彼を置いたまま部隊は出発してしまっていたという。やむなく自宅に戻ったコジェーヴは，6 月 14 日にドイツ軍がパリへ無血入城し，7 月 10 日にヴィシーにペタン政権が誕生するのを，指をくわえて見ているより他になかった。(23) コジェーヴは結局，前線で戦うことがないまま除隊したことになる。

　1941 年の夏に，アメリカへの亡命を希望して，まずはヴィシー政権の支配下である「自由地域」に属していたマルセイユへとひそかに向かう。そこで彼は恋人ニーナ・イヴァノフの到着を待つが，彼女は彼と同様にフランスのパスポートを所持していなかったことから，逮捕されて 2 か月間拘留されてしまった。彼は彼女に手紙を書いて送ることができたため，そのようにして連絡を取り，彼女を取り戻すために尽力し，その努力が実り，ついに彼女

は解放された。その後，二人はマルセイユに滞在し，コジェーヴはその地で1942年5月16日に『権威の概念 La notion de l'Autorité』を書き終え，1943年の夏に『法の現象学 Esquisse d'une phénoménologie du droit』を完成させた。

　1944年にコジェーヴはレジスタンスに参加し，命を落としかける。フィローニによると，コジェーヴは情報収集のためギリシャ人の仲間とともに，オーヴェルニュ地方のル・ピュイ＝アン＝ヴレ（Le Puy-en-Velay）に赴いていた。そこには，タタール人によって構成された部隊がいた。彼らはドイツ軍に敗北した際に，助命の条件としてドイツ側に立って戦うことを受け入れていた。コジェーヴたちはタタール人に，ドイツの味方をするのをやめるよう説得しようと試みるが，そのことがドイツの指揮官へと告げ口された結果，捕虜となり，その翌日処刑されることになってしまった。ところで，ドイツ軍の将校は戦争が勃発する前にミュンヘンの美術館で要職を務めていた。コジェーヴはこの美術館に何度も訪れたことがあった。彼は自分がカンディンスキーの親戚であることをナチスの将校に吹聴し，芸術について熱く語り合うことで，互いが文化人であることを確認した。こうして，コジェーヴはギリシャ人の仲間と一緒に首尾良く解放されることとなった。

　1945年には，フランス経済省の初代対外貿易部長及び再建担当副大臣であったロベール・マルジョラン——彼はかつて，コジェーヴのヘーゲル講義に出席していた——によって，コジェーヴは同省の特務官に任命されることになった。その後は大学の教員としてではなく，公務員として死ぬまで活躍した。

　ここから先の官僚としての行動に関しては，彼の政治哲学を解明しようとする本書のもくろみを達成するうえで，詳細を追う必要はないように思われるため，細かいことは記さない。

　マルジョランは1958年に欧州委員会の委員に選出され，コジェーヴとともに欧州共同体の構築に尽力した。コジェーヴは外交の能力に非常に長けており，彼は弁証法的雄弁術とでも言うべき技術を駆使して，国際会議に参加していた国々の意見を総合しながら，そこにフランス代表としての自らの見解をも巧みに組み込んでいた。

　1959年にはコジェーヴは初めて日本を訪れた。帰国後に，彼は友人シャ

トレに対し，体を重ねることなく，芸者と楽しい時間を過ごしたことが印象深かったと語っていた。この後，彼は死ぬまで官僚としての仕事に邁進していくことになり，哲学者として著述活動を行なうことが少なくなる。

　1967年にも再び訪日する。クーズネットゾフによると，コジェーヴは，日本の文化がイギリスの文化よりも何倍も洗練されていると述べていたという。1968年，彼は『ヘーゲル読解入門』の第2版に，日本に関する注を付け加える。その注の中で，ヘーゲル哲学から導出された歴史の終焉以降の世界でも，日本の中世の民衆芸能に見られた，純粋に形式的なスノビズムを追及することで人間的な在り方が可能であるとの主張が展開され，この主張は大きな反響を得ることになった。

　さらに1968年の五月革命に際して，ロシアで血生臭い革命及びその混乱を目の当たりにしていたコジェーヴは，学生のお遊びに過ぎないとの見解を示した。革命とは本来的に命がけでなされねばならず，言論活動による平和革命などといったものはコジェーヴにとってあり得なかったのである。そして革命なき世界において，歴史はもはや作られないと彼は考えていた。

　1968年6月4日，ブリュッセルで，ヨーロッパ共同市場の会議にフランス代表として参加中，心臓発作を起こして亡くなり，彼の墓はブリュッセルに作られた。コジェーヴの死の直後，1933年からの彼の伴侶ニーナ・イヴァノフとその姪であるクーズネットゾフが滞在するコジェーヴのアパートに，ラカンが訪れ，コジェーヴの書斎を見て回って帰った。彼がそこで何を探していたのか定かではないが，オフレの説では，コジェーヴ自身が書いた『ヘーゲル読解入門』の第2版の注ではないかとのことである。筆者は，タイプライターで書かれた，この注の基になった原稿を2部，フランス国立図書館で参照したことがあることから，ラカンがその存在を知っており，自らの目でそれを確かめようとした可能性も否定はできない。ただ，コジェーヴの死に際して，彼が残したフロイトに関する論考（現在に至るまで未編集）が紛失したともされることから，驚くべきことではあるが，ラカンがそれを盗んだ可能性も考えられる。クーズネットゾフも，ラカンは鞄を持っていたことから，確かに何か盗んだとしても気付かなかったとはいえ，さすがに盗みを働くような人物ではなかったのではないかと筆者に語った。彼女はまた，その後ラカンは二度とこの家に足を踏み入れることはなかったとも証言してい

る。ラカンがポーの短編「盗まれた手紙」について論じたことに引っかけて言えば，もしかしたら「盗まれた原稿」がいまだにどこかに眠っているのかもしれない。(なお,「盗まれた手紙」については「(5) コジェーヴにまつわる神話」でも再び言及する。)

　以上，コジェーヴの生涯について重要な箇所だけを取り扱ってきたが，彼の生と作品の関わりについては適宜本書の中でも触れていきたい。

(4)　再興に向けて

　ここで，コジェーヴの著作の出版状況と，コジェーヴを取り巻く昨今の研究動向を確認しておきたい。彼は公職についていたため，平日はあまり研究に時間を割くことができなかった。そのため，在野の研究者であるとは言えないが，「日曜歴史家」と呼ばれたフィリップ・アリエスになぞらえて言えば，コジェーヴは少なくとも後半生においては「日曜哲学者」であったと言えよう。2008 年には先に挙げたフィローニの『日曜哲学者 Il filosofo della dominica』がイタリアで出版され，2010 年にはそのフランス語訳が出版された。この少々風変わりな言い回しは，クノーの『人生の日曜 Le Dimanche de la vie』(1952 年) という作品のタイトルに着想を得ている。コジェーヴがフランス外交の中枢にいながらも，哲学し続けたということから，オフレの言葉を用いれば，彼は「二重の生活 existence dédoublée」をしていたと言える。コジェーヴには哲学者としての顔と官僚としての顔があるが，その両面について語らないのであれば，彼の功績を正当に評価することができないであろう。

　このように，戦後に大学で職を求めようとしなかったこともあって，コジェーヴは自らの著書を公刊することに全く関心を持っていなかった。生前に出版された彼の単著は『ヘーゲル読解入門』(1947 年) くらいであり，彼の著作のほとんどは死後出版である。そのため，日本ではながらくそのヘーゲル研究者としての側面しか知られてこなかった。現在でもまだその全ての著作が出版されたわけではなく，今後も新たな資料が公刊されることが期待される。

　2011 年には,「30 年代パリにおいて哲学すること――コジェーヴ／コイレ Philosopher à Paris dans les années 30: Kojève/Koyré」という題目で上述の

高等研究院及び高等師範学校において，討論会が行なわれた。そこでは，世界中の研究者が，比較的マージナルとされてきた二人の哲学者たちについて意見を交わし，筆者も参加した。2012 年になると，フィローニが『わが友コジェーヴ Kojève mon ami』という，クノーの『わが友ピエロ Pierrot mon ami』を模倣したタイトルの本を出版した。この本は，コジェーヴの知己たちによる証言を集成したものである。また，同年にフィローニは『哲学者の日記 Diario del filosofo』という，若かりし頃のコジェーヴがロシア語で書いた日記のイタリア語訳を刊行している。ちなみに，この日記のフランス語訳はまだ世に出ていないが，クーズネツゾフから 2013 年 10 月に聞いた話では，ドイツ語訳が編纂されているという。また，同氏によれば，コジェーヴの未邦訳著作である『カント Kant』及び『無神論 L'Athéisme』の中国語訳が目下なされているともいう。

コジェーヴは写真好きであり，多くの写真を残していた。旅行中に撮った写真や家族写真に加え，恋人あるいは夫人と思われる人物の裸の写真――それらは全く官能的でも挑発的でもなく，記録のために撮られていたようである――，さらには，日本に訪れた際に購入したと思しき，女性の裸体写真まで残しており，これらはフランス国立博物館に寄贈されている。2012 年 10 月には，パリにあるパレ・ド・トーキョーで，ドイツの哲学者ボリス・グロイス主催で，コジェーヴが旅先で撮った写真の展覧会が行なわれた。

フィローニはコジェーヴのことを「知られざる古典的作家 classique méconnu」[33]と形容したが，まさに現況はコジェーヴ再興の様相を呈していると言えるだろう。

ここから，コジェーヴに関する先行文献について言及したい。冒頭で触れたように，本書では，コジェーヴと同時代の思想家たちとの関連性についても取り扱う。これら同時代の思想家たちの中でもレオ・シュトラウスとコジェーヴの関係については，研究の蓄積がある。

二人の論争はこれまでどのように解釈されてきたのだろうか。例えば，ローラン・ビバールは『知恵と女性性――コジェーヴとシュトラウスにおける科学・政治・宗教 La sagesse et le féminin: Science, politique et religion selon Kojeve et Strauss』（2005 年）の中で，二人の議論の争点は男性性と女性性の対立にあると主張した。ビバールは，男性と女性の相違について人類学的視

点から興味深い解釈を行なっている。彼の主張は難点（とりわけ，哲学の営みを男性の性欲へと還元しようとする，フロイトにも通ずるところのある，強迫的な誤謬）を含んでいるものの，一定の説得力がある。ビバールの見解から着想を得て，堅田研一も『法の脱構築と人間の社会性』（2009年）の第4章「シュトラウスとコジェーヴ」の中で，普遍同質国家における女性性の問題を取り扱いながら，コジェーヴ－シュトラウス論争を解釈した。

本書の第1章では，それとは異なった視点で，二人の論争を解釈したい。別の重要な先行文献として，同じく堅田研一による，シュトラウスのコジェーヴ解釈を挙げておく必要がある。それは『法・政治・倫理』（2009年）の第二章「コジェーヴ哲学の可能性についての試論」の中で展開されている。堅田研一によれば，シュトラウスが考えた限りでのシュトラウス及びコジェーヴのもくろみの対照的な点は，次の通りである。

> シュトラウスから見れば，コジェーヴは，総合を実現するために古典的哲学の提出する基準を（そしてそれとともに聖書的道徳をも）低めてしまっているのではないかという疑いがある。（中略）ところが他方でシュトラウスは，古典的哲学とユダヤ・キリスト教的哲学（つまり聖書的哲学）との何らかの総合（ヘーゲル＝コジェーヴ的な意味でない総合）の必要性と重要性を考えていた。[34]

われわれは第1章及び結語の「(3)「シュトラウスは無神論者か」という問い及び政治哲学の意義」で，シュトラウスが「古典的哲学」及び「ユダヤ・キリスト教的哲学」を擁護しようと試みたことについて検討する。

堅田研一はまた『法・政治・倫理』において，コジェーヴとシュトラウスの論争を，デリダが『マルクスの亡霊たち』（1993年）の中でコジェーヴについて論ずる際に取り上げた「始原＝目的論 archéo-téléologie」という観念から分析している。それはどのような観念か。引用しよう。

> 「始原＝目的論」とは，歴史における始原または起源にあるとされる理想状態が歴史の目的ともなると考え，歴史とはこの理想状態を実現する過程であるとみなす思考様式のことを指す。始原である歴史の目的は，

原理上,実現可能であるとされる。⁽³⁵⁾

　このような「始原＝目的論」を唱えた者としてはルソー,マキアヴェッリ,ホッブズ,ロック,ヘーゲル,ニーチェ,ハイデガーなどの近代の錚々たる哲学者たちが挙げられている。ところで,デリダの意見では,フランシス・フクヤマが『歴史の終わり』(1992年)の中でアメリカの勝利をもって終了した冷戦がリベラル・デモクラシーの勝利をまた意味することを論証する際に,コジェーヴのヘーゲル解釈を援用したことは単純な発想法に基づいたものであった。なぜならば,フクヤマの歴史の終焉論とは「新福音主義」すなわち「メシア的終末論」に過ぎないからであり,それは「約束の地」を追い求めてメシアへと回帰する思考法に彩られており,典型的な始原＝目的論だからである。コジェーヴの国家論はリベラル・デモクラシーに基づくものと誤解されがちであるが,筆者の意見では,このような誤解はフクヤマの曲解に端を発している。このような誤解を解くためにも,コジェーヴの国家論の正確な内容を明らかにすることを本書の第Ⅱ部の目的としたい。デリダが指摘するように,コジェーヴは始原に回帰することなく,歴史の終焉以降の世界を描こうとしている点で斬新だと考えるのが妥当である。

　次に,コジェーヴ単体について論じた研究書を挙げていきたい。フランスで出版されたコジェーヴに関する研究の中で最も注目すべき本としては,ドミニック・ピロットの『アレクサンドル・コジェーヴ,人間学的体系 *Alexandre Kojève, Un système anthropologique*』(2005年,未邦訳)が挙げられる。この本の副題が示している通り,ピロットは『ヘーゲル読解入門』から『概念・時間・言説』へと至るまでのコジェーヴ哲学が「徹底的に有限主義的な人間学」⁽³⁶⁾であることをこの本の中で示そうとしている。ピロットによると,コジェーヴの独創性は,存在と現象の二元論及びヘーゲル的な「和解」に基づく一元論の双方を生み出すような有限主義的体系を築き上げたことにある。本書の第2章及び第3章で見るように,コジェーヴの哲学を人間学的体系という観点から解釈するという方向性に関しては筆者も基本的に賛成である。ただ,筆者は第2章及び第3章でコジェーヴがプラトン哲学(コジェーヴの意見では二元論)及びヘーゲル哲学(コジェーヴによると一元論)を無神論的観点から理解しようとしたことにより重きを置いた。

アメリカで出版されたコジェーヴに関する研究書の中で注目に値するのは，『アレクサンドル・コジェーヴ，歴史の終わりにおける賢知 Alexandre Kojève, Wisdom at the End of History』（2007 年，未邦訳）以外では，シャディア・B. ドゥルリーの『アレクサンドル・コジェーヴ，ポストモダンの政治学の起源 Alexandre Kojève, The Roots of Postmodern Politics』（1994 年）という本である。この本の中では，コジェーヴのヘーゲル主義について語られた後，コジェーヴのフランスでの影響（クノーやバタイユ，フーコーに対する影響），次いでコジェーヴのアメリカでの影響（レオ・シュトラウスやアラン・ブルーム，フランシス・フクヤマに対する影響）について論じられており，興味深い考察がなされている。この本の副タイトルが示唆している通り，ドゥルリーの意見では，「コジェーヴは〔ポストモダンの時代を生きるわれわれの，モダニズムに対する〕幻滅における中心人物である。というのも，彼はそれを歴史化し，脚色し，甚大な意義を与えたからである」[37]。コジェーヴがこのようにポストモダンの思想家に数えられることは珍しいことではない。東浩紀の『動物化するポストモダン』（2001 年）の中でも，コジェーヴの『ヘーゲル読解入門』の第二版における日本論及びアメリカ論に関する注を基にしながら，ポストモダンの人間は動物であるという見解が取り上げられている。その見解自体は間違いではないが，われわれの関心はコジェーヴがポストモダニストの先駆けであったかどうかという問題にはなく，いまだ知られざる彼の政治哲学の内容がいかなるものであったか正確に理解することにある。

(5) コジェーヴにまつわる神話

　ここで，コジェーヴにまつわる神話を取り上げたい。1999 年 9 月 16 日のル・モンド紙の記事によると，彼は 30 年にわたって KGB（ソ連国家委員会）のスパイであった可能性があるという。ただ，この記事の中では，彼がスパイであったという確固たる証拠は示されていない[38]。

　コジェーヴが KGB スパイであったとする神話に先立ち，彼がスターリン主義者であったという説がある。コジェーヴは戦前から死に至るまで一貫して，スターリン主義者であるとことあるごとに周囲に語っており，オフレの書いた伝記によると，スターリンの死（1953 年）に際しては，「父の死のと

きと同じほどに」衝撃を受けたとのことである(39)。オフレの伝記の邦訳書では，その行に付された重要な注が省略されてしまっている。「煩瑣な注」を付けることを避けようとした訳者の方針からすれば，やむをえなかったことではあろう。その注によると，実を言えばコジェーヴの父は1904年に日露戦争に動員され，翌年3月に満州で戦死していた。この当時コジェーヴはまだ2歳であったことから，彼が父の死に際して，心を揺り動かされたとはとうてい考えられない。したがって，スターリンの死に心を打たれたとするコジェーヴの物言いは，ただ単に冗談と捉えるべきであろう。ヘーゲル講義が行なわれた1930年代には，いまだにスターリンの残虐性は世間一般で知られておらず，コジェーヴは講義の中で時折スターリンを現代のナポレオンであると語っていたという。ところが，1947年にクノーの誘いを断わり切れずコジェーヴが出版した『ヘーゲル読解入門』の本の中では，どこにもスターリンの名前が出てこない。また，第4章で詳しく見るように，コジェーヴが1955年にシュミットに宛てた手紙の中では，スターリンはヒットラーと同じ間違いを犯したと書いていた。さらに，クーズネットゾフが証言するところでは，コジェーヴはフルシチョフの改革路線に満足していたらしい。

　ところで，コジェーヴはシュトラウスと共同で『僭主政治について』を出版したことがある。その本には，コジェーヴの論考「僭主政治と知恵」，またシュトラウスがそれを批評する論考「クセノフォン『ヒエロン』についての再説」などが収められているが，後者の論考の中でコジェーヴがスターリン主義者であることを揶揄していた箇所を削除するよう，彼はシュトラウスに求めた。1950年9月19日にシュトラウスに宛てた手紙の中で，コジェーヴは以下のように書いている。

　　ただひとつだけ，君に変更あるいは削除してもらいたい一節が，君の原典にある。私が言っているのは13頁。「コジェーヴは…否定する」(『ヒエロン』II, 11およびII, 14)。この一節は誤解に基づいており，そして私は私の原典を次のような目的のために完全に手直しするつもりだ。すなわち(40)

中途半端なところで文が途切れているのは，この後の便箋が紛失してしま

っているからである。この箇所は多少の改変が加えられたかもしれないけれども、完全に削除されることのないまま、本に載ってしまった。本の中では、どのように書かれているか、長くなるが引用しよう。

> 善き僭主政治などというものはユートピアであるというわれわれの主張を、コジェーヴは否定する。(中略) かれ〔コジェーヴ〕は、今日のあらゆる僭主が、クセノフォンが言う意味での善き僭主である、と主張する。かれはスターリンのことをほのめかしているのである。(中略) コジェーヴは、スターリンが、なにも恐れることなく、「鉄のカーテン」の外側のどこであれ好きなところを、見物するために旅行することができたとまで言うのであろうか。(中略) コジェーヴはまた、「鉄のカーテン」の向こうに住んでいるひとびとは、誰もがスターリンの味方 ally であるとまで言うのだろうか。あるいは、スターリンが「ソヴィエト連邦」やその他の「人民民主主義国」のすべての市民を自分の同志とみなしている、とまで言うのだろうか (『ヒエロン』11.11 および 11.14)(41)

なお、先の手紙の中では「『ヒエロン』II.11 および II.14」、この文章の中では「『ヒエロン』11.11 および 11.14」となっているが、僭主が自分の国の全ての市民を同志であるという話が出てくるのは『ヒエロン』11.11 であり、僭主が市民たちを自分の子供であるとみなすべきであるという意見は、『ヒエロン』11.14 に書かれている。おそらく手紙の中でも「『ヒエロン』11.11 および 11.14」と書かれていたものの、編者がアラビア数字の 11 とローマ数字の II を混同してしまった可能性が高い。

それはともかく、先の引用文はコジェーヴがスターリニストであることを糾弾しているに他ならない。これに対する返事の手紙 (1950 年 9 月 28 日) の中で、シュトラウスはヒットラーに関する三つの文章を削除する用意があると述べており、「クセノフォン『ヒエロン』についての再説」の中の該当箇所では、ヒットラーに関する言及は実際に削られているように見受けられる。同じ手紙の中で、シュトラウスは「もちろん私はスターリンが同志であることを知っていた」と述べながら、スターリンに関する箇所を削除するのを拒否したと考えられる(42)。コジェーヴの削除依頼を無視し、シュトラウスが自分

の名前で本を出版してしまったことについては，コジェーヴが不憫であるとしか言いようがない．いずれにせよ，この逸話から，コジェーヴが『僭主政治について』の中で，スターリン主義者であることを明言しないように注意を払っていたことがうかがえる．実際，筆者が知る限りにおいて，コジェーヴがその著作及び手紙の中で，自らがスターリン主義者であると述べたことは，一度もなかった．

　以上のことから，単純に考えれば，1930年代から1950年代にかけて，コジェーヴのスターリンに対する見解が変わっていったのかもしれない．つまり，当初彼はスターリン主義者であったかもしれないが，後にその意見を変更したものの，周囲には変わらず冗談でスターリニストであると公言していたに過ぎない可能性がある．

　コジェーヴがスターリニストであったかどうかに関して，興味深い説がある．塚原史は『模索する美学』(2014年)の中で，コジェーヴがスターリン主義者であると周囲に語っていたのも，そのように語ることであえて自分はスターリン主義者ではないという逆のメッセージを伝達したかったからであると主張している．[43] その論理は，ラカンがエドガー・アラン・ポーの「盗まれた手紙」に関して指摘した，あえて目立つ場所に手紙を置くことで，手紙のありかに気付かせないようにするという戦略と同じなのだという．この意見は，本書の第1章で見る，コジェーヴの秘教的著述技法にも通ずるところがあり，われわれにも支持できるものである．したがって，コジェーヴは1930年代からずっと自分がスターリン主義者であると吹聴することにより，ソ連及びその友好国であったドイツから危険視されないように試みていた，と推測できる．それに加え，コジェーヴがスパイとされた要因として，当時のフランスにおけるロシア人に対する偏見を考慮に入れなくてはならない．塚原も言及しているように，当時「スターリン主義者であるか」という問いには，反ソヴィエト的な侮蔑的な響きが伴っていたとされる．[44] したがって，コジェーヴはあえて自分はスターリン主義者であると公言することで，「ソ連人」としての誇りを守ろうとしたとも考えられる．

　先に挙げた『アレクサンドル・コジェーヴ，歴史の終わりにおける賢知』の著者ジェイムズ・ニコルズ・ジュニアは，コジェーヴが実際にスターリン主義者であったとする立場を取る．当時コジェーヴがスターリンに希望を見

出していたことの時代背景について，ニコルズは以下のように述べている。

 とりわけ 1930 年代後半の状況で，ファシスト及びナチの暴挙に際して英国及びフランスの力が弱まるという展開を見越して，左派の思想家〔コジェーヴのこと〕がソ連——たとえスターリンのソ連であっても——に未来への希望を託して期待しようとしていたことは全く驚くべきことではない。[45]

 さらに，ニコルズはコジェーヴが仮にスパイであったとして，彼は KGB に情報提供した理由に関し，三つの可能性を示唆している。[46]第一に，コジェーヴはロシアとの繋がりを絶つことができず，当局によってスパイとして活動することを強要されたという，個人的な事由に依拠する可能性が挙げられている。この場合には，彼は本当の意味でロシアに奉仕していたと考えられる。第二に，われわれが生きている現在とは異なり，彼が生きていた時代においては左翼及び右翼の両方の陣営に与することのほうが賢明であると判断したという，個人的かつ政治的な理由が挙げられる。おそらく，そのことの意味は，フランスで政治問題が起きて自らの身に危険が及ぶことになれば，ロシアに再び帰還することができたということであろう。クーズネットゾフは，オフレが示しているような，コジェーヴがいずれロシアに戻ろうとしていた可能性については否定的である。確かに，彼がいつかロシアに帰りたがっていたことを示す証拠は全くない。最後に，彼自身が持っていた政治的な目的を達成するために，何らかの形で KGB とのコネクションを利用しようとしたという可能性が挙げられており，オフレもこの見解を取っている。この最後の仮説が最も興味深いものの，それでもやはりコジェーヴの政治的提言の中に，ロシアにとって利益となるようなものは，ほとんど全く見出すことができない。さらに，第 5 章の冒頭でも見るように，ローゼンの証言によれば，フランスとソ連の外交関係に関してはコジェーヴではなく，ド＝ゴールが決めていた。[47]

 そもそもコジェーヴがスパイではなかったということを示そうにも，それは「消極的事実の証明」であることから，非常に困難であるという点で，議論の限界がある。彼が果たして本当にスパイであったかどうかはさておき，

そのような神話が生まれるほどに彼の思想はいまだ謎に包まれている。シュトラウスは「一言でいえば，コジェーヴは哲学者であって知識人ではない」[48]と語っているが，この意見は正しいものなのだろうか。結語で検討したい。

（6） ベンヤミンの死にまつわる神話

ところで，コジェーヴにまつわる神話は，彼がスターリンの信奉者にしてKGBスパイであったのではないか，という疑いだけに留まらない。塚原史は『模索する美学』の第Ⅲ部の第3章で，アメリカに亡命することを計画していたヴァルター・ベンヤミンが，スペインのポルボウで自死したこと（1940年9月26日）に，コジェーヴの影が差しているのではないかという衝撃の仮説を展開している。塚原はメキシコのメキシコシティでのトロツキーの暗殺（1940年8月21日），ドイツ人共産主義者ウィルヘルム（通称ではヴィリー）・ミュンツェンベルクのフランス南東部グルノーブル付近にあるコーニュの森での「自殺」（1940年10月）[49]，そしてベンヤミンの死を同列に並べ，そこにはスターリンの意向が介在していたのではないかと述べる。1939年8月23日に独ソ不可侵条約が締結された後に，ロシアの特殊警察がフランスとスペインに忍び込んでいたという，モンテネグロを活動拠点にしているジャーナリスト，ステファン〔スティーヴン〕・スヴァルツの説を同氏は取り上げている。ベンヤミンがパリ陥落を見越して，非占領地域マルセイユに滞在していたのは1940年8月のことであり，おそらく列車でポール・ヴァンドルへ行き，検問のなかった険しいピレネー山脈を彼は必死の思いで登り，スペインへと到着した。ところが，この時期にスペインのフランコ政権はナチスドイツと友好関係を結んでいたため，スペイン中央政府はベンヤミンが自殺する直前に，フランスの出国ビザなしにスペインに到着した者は入国させてはならないと，国境監視員に通達を出していた。[50]実際にそのように国境監視員から告げられたベンヤミンは，絶望して自殺してしまったとされる。

塚原によれば，コジェーヴが1933年から39年に行なっていた講義にベンヤミンが出席していた。筆者の知る限りでは，そのような事実は確認されていないが，その可能性は否定できない。ベンヤミンも1933年から40年まで断続的にパリに滞在していた。とはいえ，もしコジェーヴの講義にベンヤミンがいなかったとしても，両者の間に面識があった可能性はある。その講義

に出ていたかもしれないシュトラウスやアーレントあたりを通じて，コジェーヴがベンヤミンに会ったことがあるという推測は成り立ちうる。シュトラウスはドイツにいた時分からコジェーヴと親しかったので，前者が1932年から1934年にパリに留学していた折に，後者の講義に出たことはありうるし，講義には出ていなくても，ベンヤミンをコジェーヴに紹介した可能性は払拭できない。アーレントに関しては，矢野久美子によれば，アロンの紹介で彼女は講義に顔を出したことがあるらしいのだが，確実な証拠は挙げられてはいない。(51) 確かにアーレントは1933年からパリに亡命していたから，機会さえあれば講義に出ることは可能ではあった。オフレによると，コジェーヴの講義に関する思い出を残しているのは，クノー，ハラリ，バタイユ，ラカン，マルジョラン，アロン，ヴェイユ，カイヨワ，メルロ゠ポンティ，フェサール，ブルトン，その他数人である。(52) だが，もしベンヤミンがコジェーヴと知り合いだったとしても，塚原も認めている通り，彼とコジェーヴの二人が親しかったとは全く考えられないし，コジェーヴがベンヤミンに敵意を持っていた節はない。「(3) 生涯」で見たように，コジェーヴはマルセイユに滞在していたこともあったが，それは1941年以降であるから，ベンヤミンが亡くなった後のことである。

　塚原の推測では，コジェーヴは「パリで面識のあったこの「反スターリン主義的知識人」〔ベンヤミン〕のユダヤ系ドイツ人に関する情報を，1940年代に母国の特務機関に知らせることができた数少ない人物のひとりだったのではないだろうか」。(53) だが，同氏はまたコジェーヴがそのようなことを行なったという証拠は全く存在しないこと，コジェーヴがベンヤミンの死を望んでいたとは考えられず，その死に直接関与した可能性は全くないことにも言及している。

　そもそもベンヤミンが反スターリン主義者であったかどうか，筆者は確認していないが，仮にそうであったとしても，コジェーヴはその事実を本当に知っていたのだろうか。オフレの伝記に基づけば，コジェーヴは1940年5月から，フランスの中央山塊に徴兵として送られていた。6月に休戦となってから，兵士たちは2か月後に自宅へ戻されていた。(54) したがって，コジェーヴもその頃にパリ郊外のヴァンヴに戻っていた可能性が高い。果たして彼は，ベンヤミンが反スターリン主義者であることを知っていたばかりではなく，

この慌ただしい時期にベンヤミンがまだフランスかスペインにいるという情報を耳にしており、さらにそのことをロシア当局へと伝える必要があったか、疑問が残る。仮にコジェーヴがスターリン主義者であり、またKGBのスパイであったとしても、彼の親友シュトラウスと交流のあった知識人ベンヤミンを、わざわざ売り渡す必要があったのだろうか。「(3)　生涯」で見た通り、コジェーヴは元妻セシル・シュタークやシュトラウスをはじめとするユダヤ人たちと親しかったこともあり、けっして反ユダヤ主義者ではなかった。

　塚原は「ベンヤミンとコジェーヴをめぐる仮説」とタイトルを付けた自らの論考を「ささやかな現代史ミステリー」(55)だとも明言しており、われわれにしても、これがコジェーヴ神話のスピンオフ作品であると捉えれば、興味深いものである。この論考を収めた第3章の最後の節のタイトルは「コジェーヴ対ベンヤミン」と付けられており、この章はまさに推理小説さながらの様相を呈している。

　ベンヤミンの死が本当にスターリンの意向によるものだったかどうかはさておき、ベンヤミンが自ら命を絶つことを考え始めたのは、実はスペインに到着してからのことではない。2015年にベンヤミンの『歴史の概念について』の新訳を出版した鹿島徹がこの本に付した「イントロダクション」によると、ベンヤミンはフランスから山越えして不法侵入の形でスペインに到着するかなり前から、自殺しようと試みていた。1932年には、ニースで実際に遺書を記したが、実行するのを思いとどまったこともある(56)。1932年といえば、1940年にパリが陥落する8年も前のことであり、第二次世界大戦が始まってすらいない。さらに、南仏のルルドとマルセイユでも、ベンヤミンが自死したいと語ったのを直接聞いたという、アーレントの証言を鹿島は挙げている。鹿島の意見では、ベンヤミンが自殺したのは、従来考えられてきたように、絶望あるいは失意によるものというよりも、フランスに再び戻り辱めを受けることを避けるためであった(57)。

　ベンヤミンの死をめぐる謎についてはこの程度に留め、コジェーヴへと論題を戻そう。

(7)　三位一体的イマージュ
　それでは、このようにさまざまな神話に覆われたコジェーヴの思想にいか

なる切り口から迫っていくべきであろうか。1930年代にヘーゲル講義の中で、歴史の終焉論を唱えヘーゲルの国家論に言及していたコジェーヴは、その時代からすでに政治哲学に強い関心を抱いていたと推測されよう。彼はマルクス主義者であると思われがちだが、その著作の中でマルクスへの言及はさほど多くない。クーズネットゾフがインタビューで筆者に語ったように、ある意味では当時のほとんどの知識人がマルクス主義者であったと述べることすら可能であり、コジェーヴの思想はマルクス主義との関連性だけではとても捉え切ることはできない。コジェーヴがマルクス主義者であったか否かという問いに関しては、結語で再び論じることにする。

　彼は時事的な政治的・社会的事柄について時折論述することもあり、哲学と政治あるいは社会とは切断できない関係にあると考えていたことは、本書で後に論じるように、レオ・シュトラウスとの意見交換の中からもうかがうことができる。シュトラウスがプラトンやソクラテスのように哲学教師として政治哲学について語ったのと異なり、コジェーヴは哲学を修めた後で、官僚として政治に直接関わったのであった。その意味で、コジェーヴは哲人政治を実践した哲学者であると評価することもできるであろう。

　シュトラウスの教え子であるアラン・ブルームから指導を受けたフランシス・フクヤマが1993年に書いた『歴史の終わり』で、幸か不幸か、コジェーヴの歴史の終焉論が再び注目を浴びることになった。しかし、フクヤマの言うように、コジェーヴがリベラル・デモクラシーの擁護者であったと素朴に述べることはできない。

　コジェーヴ自身はクーズネットゾフに対し、自分は「右派マルクス主義者」であると冗談交じりに語っていた。ロシアで生まれ育ちフランスに帰化したコジェーヴは、典型的なナショナリストであったとはとうてい言えないものの、普遍同質国家——これについては第5章で考察する——を構想したからといって、左派の言論人であったともまた言い切れない。彼がヘーゲルに倣って強力な国家を作り上げようとしたことや、五月革命を全く評価しなかったこと、国際会議の場ではフランスの利害に重きを置いていたことなどから、右派であったと結論付けるのも単純すぎる。いずれにせよ、コジェーヴが右派もしくは左派陣営のイデオローグであったなどと考えようとすることに深い意味はない。コジェーヴは右派とも左派とも言いがたい、あるいは

より正確に言えば彼の思想には右派と左派の両方の側面がある。彼は政治学における伝統的な右派と左派の二項対立の思考から逃れようとしていたと思われる。

いずれにせよ，彼は政治哲学に何らかの形で寄与したと想定される。この想定に基づき，本書では，彼の政治哲学者としての側面を浮き彫りにすべく，コジェーヴとシュトラウス，さらにはシュミットとの対比を行なうことにする。シュトラウスもシュミットも一般的には，右派の思想家と捉えられることが多いため——むろん，何をもって右派とするかという問題はあるが——，彼らの政治思想とコジェーヴのそれとを対比することにより，コジェーヴの考え方の特質が際立つことであろう。

だが，コジェーヴを単に政治について語った人物として描くだけでは，その全体像が見えてこない。というのも，彼はヘーゲルのみならず，パルメニデス，プラトン，アリストテレス，ベールやカント，ハイデガーなどについて，時間論的及び存在論的観点から論じているからである。彼のこのような哲学史家としての側面も本書で取り扱うことによって，より多面的ひいては立体的なコジェーヴ像が明るみとなるであろう。

結局のところ，コジェーヴは哲学史家であり，ヨーロッパ共同体の創設に尽力した官僚でもあり，哲学的観点から政治について語った政治哲学者でもあった。コジェーヴにまつわる，このような三位一体的イマージュを意識しながら，本書全体で議論を展開していきたい。

(8) **本書の構成**

コジェーヴに関する研究を通じて政治哲学の復権を試みる本書では，第Ⅰ部で彼の哲学（あるいは理論）を，第Ⅱ部で彼の政治（あるいは実践）を中心に取り扱う。

第Ⅰ部は第1章・第2章・第3章により構成され，そこではコジェーヴの無神論を取り扱う。第1章で，彼とシュトラウスの間で交わされた論争を，コジェーヴのユリアヌス読解の内容に焦点を当てながら解釈する。第2章及び第3章で，コジェーヴが無神論者として，哲学の歴史をいかに読み解いたか，つぶさに見ていく。第2章ではプラトンの存在論の解釈を中心に考察し，第3章ではヘーゲルの存在論についての解釈を追う。

第Ⅱ部は第4章及び第5章から成り立っており，そこでは，無神論に裏打ちされた彼の国家論を主題に据える。第4章で，コジェーヴとシュミットとの論争を，政治的なもの及び法的なものをめぐる議論であると前提しながら，その内容を解明する。第5章では，コジェーヴが予示した普遍同質国家について，他の思想家たちとの影響関係を明らかにしつつ論じる。普遍同質国家で知られるコジェーヴの国家論は欧州連合（EU）の思想的基盤にある。

第 I 部

無神論

序　無神論の系譜

　筆者がなぜコジェーヴについて論ずるにあたって無神論を取り上げるかと言えば，コジェーヴが以前の無神論をふまえつつも独自の無神論に基づきながら，哲学史を読み解くことで，真理の解明を行なったことに焦点を当てたいからである。

　コジェーヴの無神論について議論を展開する前に，まずは，アンリ・アルヴォンの著作『無神論』などを参考にしながら，無神論の系譜について簡単に要約しておきたい。

　そもそも無神論の意味するところは明白ではない。無神論が神の存在に疑義を挟むことだけを意味するのであれば話は単純であるが，厳密に言えばそうではない。例えば，人間は己の悪しき行為を肯定するために，自分は神の掟に背く無神論者であると思い込み，神を否定しようとすることがある。だが，このような反抗を行なう人間は，自らが否定する神の存在を前提としていることから，この種の無神論とは有神論の直前の段階に位置するものであると言える。筆者は，このような無神論をアルヴォンの用法に従って「自然発生的無神論[(1)]」と呼びながら，それを考察の対象から除外する。なぜなら，その内容は曖昧だからであり，またそれはコジェーヴの無神論と直接関係がないからである。

　ここから過去の無神論（アルヴォンの用語では「歴史的無神論」）について記述していきたい。「歴史的無神論」のほうが「自然発生的無神論」よりも遥かにコジェーヴの無神論を知るうえで重要である。ここでこれまでの全ての無神論者を取り上げることはできないため，コジェーヴと関連性を持つと思われる哲学者たちの意見を中心に考察していきたい。

　最初に，古代ギリシャにおける無神論について見ていこう。

　前ソクラテスの哲学者たちは魂を差し置いて物質を排他的に優先させようと考えた。例えば，物質の源に関して，タレスは水である，アナクシメネスは空気である，ヘラクレイトスは火である，デモクリトスは原子であるとそ

れぞれ主張したことで知られる。中でもデモクリトスの原子論は現在にまで続く有力な考え方である。ただし，アリストテレスが指摘する通り，デモクリトスの原子論は物質の運動の起源を説明しないという問題を抱えていた。

　後に，デモクリトスの弟子であるエピクロスが原子論を発展させた。エピクロスの意見では，原子は自由な意志を持つため，神々の意志が原子の運動に関与する余地などない。エピクロスは神の存在を否定しなかったが，彼が自然法則は神による支配を受けないことから，人間は神に対するおそれから自由であると考えたところに，古代の無神論の萌芽を見て取ることができるであろう。

　中世においては，無神論よりもキリスト教道徳が当然ながら支配的であった。宗教と哲学の関連付けは何世紀にわたっても行なわれたことから，その後の時代に両者を切り離すのにもまた多くの年月を必要とした。宗教が衰退したのは17世紀フランスにおいてであり，そこでは自由思想家たち（libertins）によってエピクロスへの回帰が行なわれた。これらの自由思想家たちの例としては，ラ・モート・ル・ヴェイエ，ピエール・ガッサンディ，ピエール・ベールなどが挙げられる。

　とりわけ，コジェーヴはベールに関心を持っていたことから，ここでベールを取り上げておく必要がある。コジェーヴはパリの高等研究院で1930年代にヘーゲルに関する講義と同時にベールに関する講義も行なっていた。ベールを選んだ理由について，コジェーヴは1936年11月2日にレオ・シュトラウスに宛てた手紙の中で次のように書いている。

　　ベールを選んだのは，寛容の問題に関心があるからだ。彼にとってプラ〈トン主義〉－カト〈リシズム〉であったものは，今日のファ〈シズム〉－共〈産主義〉なんだ。ベールにおいては，中間的立場を取る動機と意味が，現代の「民主主義者たち」よりもはっきりしていると思う。[2]

　ベールは『彗星雑考』（1682年）の中で無神論者の社会を成立させることは可能であると説いたことを根拠に，18世紀以来，伝統的に彼は懐疑主義者であると考えられてきた。しかし，1980年代になると，実はベールはカルヴァン派に基づいた独自のプロテスタントであったという見方が主流にな

っている。コジェーヴの解釈は前者に則っていると考えられ，彼によると「批判的実証主義」を唱えたベールは，一方で「徹底した懐疑主義」へと必然的に行き着くことになる(3)。ところが，先の引用で見たように，コジェーヴの意見では，他方でベールはプラトン主義（すなわち理性）とカトリシズム（すなわち信仰）の中間に位置する見解をあえて選び取ろうともしていた。ベールが完全に信仰を捨て去っていないと考えたコジェーヴにとって，ベールは無神論者であるとまでは言えないことになる。コジェーヴは『ピエール・ベールの『辞書』における同一性及び現実性 Identité et Réalité dans le «Dictionnaire» de Pierre Bayle』の中でベールについて語る際に，無神論という語の使用を避けているため，われわれはこれ以上ベールからコジェーヴへの影響関係を追わないことにする。

コジェーヴの無神論について考察するうえでベールより重要な哲学者は，やはりヘーゲルである。一般的にはヘーゲルは宗教と哲学を融和させたと考えられている。しかしながら，ヘーゲルにおける絶対理念が，本当に彼自身が述べているように神と同一化されるかどうか，疑問に思われる。絶対理念はその産み手である有限な精神と完全に切り離すことができないからである。したがって，ヘーゲル本人の意図は別にして，後の時代の研究者たちが実はヘーゲルは宗教を哲学に従属させようとしていたのではないかと解釈する余地は存分にあったと言える。それゆえに，第4章で見るように，コジェーヴはヘーゲルが深い意味で無神論者であったと主張したのもいわれなきことではない。

ヘーゲル左派に属するフォイエルバッハは，宗教的人間学の見地から人間主義を提唱した。第4章の2でも再び強調することになるが，フォイエルバッハ自身は無神論者として扱われることを拒絶していたものの，彼の哲学は無神論的人間学と評されることになる。

フォイエルバッハの人間主義を受けて，マルクスは人間が神に疎外されているとする宗教的疎外の観念を生み出した。マルクスの無神論は一方で，フォイエルバッハと同様に人間の本質が宗教にあると認めながらも，他方で，宗教とは不幸であると断罪していた。コジェーヴもまた，マルクスの影響を受けて宗教学的考察から人間を捉えつつ，宗教は人間にとって不幸をもたらすものと考えていたことを確認しておけば，ここでは十分である。

マルクスよりも少し後の時代の哲学者であるニーチェの無神論については，「第Ⅰ部の結びに代えて」の「(2)　コジェーヴの無神論とニーチェの「神の死」」の中で詳しく検討する。

　この後，第1章でコジェーヴの無神論が同時代の哲学者レオ・シュトラウスとの関連の中でいかに展開されたか見ていきたい。シュトラウスとの比較を行なうことにより，コジェーヴの立ち位置がより鮮明なものとして映し出されるとともに，コジェーヴがシュトラウスから影響も受けながら，独特の読解法に基づいて過去の哲学史を解釈していくことになったと理解されるであろう。

第1章
コジェーヴとシュトラウス
―― 著述技法及び無神論をめぐって ――

はじめに

　レオ・シュトラウス（1899-1973）とアレクサンドル・コジェーヴ（1902-1968）の思想的影響関係に関して網羅的に明らかにした本は，少なくとも日本においていまだに存在しない。二人の間での議論のやり取りは，『古典的政治的合理主義の再生 The Rebirth of Classical Political Rationalism』の編者であるトーマス・パングルによれば，「20世紀の出版物のうちに現れた最も輝かしい論争の一つである」[1]『僭主政治について On Tyranny』[2]でうかがい知ることができる。また，シュトラウス研究の第一人者である石崎嘉彦によると，彼らの論争は思想史上重要な意義を持つだけでなく，「風変わりなヘーゲル学者と，もっぱらホッブズ学者とばかり考えられていた一人の政治哲学者とのあいだで交わされた議論は，哲学の全歴史とこれまでの人類史の全体を視野に収め，かつ人類の未来までをも視野に収めた遠大な射程をもった議論であった」[3]。
　まず，『僭主政治について』の構成について言及しておきたい。この本の初版の中では，まずクセノフォンの書いた「ヒエロンまたは僭主」という短い論考が掲載され，それについてシュトラウスが書いた，不釣り合いなほど

長い注釈「僭主政治について」が続く(4)。シュトラウスのこの論文は，もはやクセノフォンの先の書物についての単なる解題とは言いがたい。なぜならば，シュトラウスはクセノフォンの他の多数の著作を参照することで，この著作に秘められた真の意義ないし意図を見出そうとしているように筆者には考えられるからである。

　本章では，シュトラウスがクセノフォンの著作に対して行なったように，コジェーヴの『ユリアヌス帝とその著述技法 *L'Empereur Julien et son art d'écrire*』（未邦訳）に対して，注釈を付け加えていくという形式を取って論を展開し，それがコジェーヴ‐シュトラウス論争にとって有する意義を明らかにしたい。本章の目的は，コジェーヴがシュトラウスといかなる点において意見をともにし，また，いかなる点で意見を異にしたか白日の下にさらすことである。端的に言えば，シュトラウスからコジェーヴへと連なる連続性は学術的方法論に関連しているが，両者の対立軸は，啓示と哲学の連関をめぐるものである。このように，宗教と哲学の関連性を取り扱う本章では最終的に，有神論的前提に立脚する哲学と無神論的基盤を前提とするそれとの間の相違点を解明することになるであろう。

　以下では，まず『ユリアヌス帝とその著述技法』が書かれた背景を追った後で，コジェーヴがシュトラウスから継承したと見られる秘教的著述技法について論じる。コジェーヴとシュトラウスが合意して用いた古典読解の手法は方法論的にどのような意味を持つのか読み取りたい。その際に，シュトラウスが秘教的著作物の秘儀を公教的文脈において解釈したように，「注意深く読解すること」によって明らかにしながら，それが孕む解釈学的問題について考察したい。

　次に，コジェーヴがユリアヌスの著作物から読み取った無神論的意図を根拠に，無神論的見解と有神論的立場をめぐる両者の対立について詳述する。この対立は，コジェーヴの側からシュトラウスに仕掛けた哲学的‐神学的論争である。両者の対立の根本にあるのは，知を愛する学としての哲学に対する見解の相違である。

1 『ユリアヌス帝とその著述技法』が書かれた背景

　最初 1964 年に，英訳版論文 "The Emperor Julian and His Art of Writing" が，『古代人と現代人，政治哲学の伝統に関する試論，レオ・シュトラウスに敬意を表して Ancients and Moderns: Essays on the Tradition of Political Philosophy in Honor of Leo Strauss』というシュトラウスの還暦を祝して編纂された雑誌の中に所収された。雑誌のタイトルからも明らかであるように，この論文はシュトラウスに対するオマージュとして書かれた。その後 1990 年になってようやくフランス語版 L'Empereur Julien et son art d'écrire（論文ではなく一冊の本）が出版されたこともあり，ほとんど注目されてこなかったのだが，この本はシュトラウスとコジェーヴの関係性を知るうえで非常に重要な意義を持っている。

　コジェーヴはこの本の中で，レオ・シュトラウスが発見した古代の著述技法を我がものとして，その技法をユリアヌスに適用することを試みた。そのことは，以下のようなコジェーヴによるシュトラウスへの明示的言及からもうかがえる。

　　まさしく注目されるべきであり，実際に注目された著述技法に関する一冊の本の中で，レオ・シュトラウスは 19 世紀以来ともすれば忘れられがちであったことをわれわれに思い起こさせてくれた。すなわち，過去の偉大な著述家たちが書いたものを文字通りに受け取ってはならないし，彼らが著作の中で言いたいことをいつでも全て明言していたなどと考えてもならない。[5]

　ここで言う「著述技法に関する一冊の本」とは，シュトラウスの著作『迫害と著述技法 Persecution and the Art of Writing』（1952 年）のことを指していると思われる。コジェーヴの目には，ユリアヌス本人がそのような著述技法を意識していたことが明白であったにもかかわらず，このローマ皇帝の意図は達成されなかったように見えた。古代の著述技法ではあえて本心を秘匿しながら書くことに留意するが，その理由は哲学に向いているとされる限ら

れた者たちのみを読者として想定していたからである。後に見るように，コジェーヴ自身も同様の技法に従ってこの本を書いた。そのため，コジェーヴはその本を出版することで，公教的には本来の意図を隠そうとするユリアヌスの目的を全く妨げないと考えた。

ところで，コジェーヴは1950年，シュトラウスによるクセノフォン解釈「僭主政治について」に関して以下のように記していた。

> この著作はクセノフォンについて書かれてはいるが，ここで重要なのはクセノフォンだけではない。おそらく，著者がどのように考えているにせよ，このシュトラウスによる書物の本当の重要性は，プラトンの同時代人でありまた同国人でもあった人物について，これまで誤解されてきたかれの本来の思想を明らかにしようとしていることにあるのではなく，この書物が提起し，論じている問題にこそあるのである。[6]

本章では，同様の指摘を，コジェーヴによるユリアヌス読解に対しても適用することができるとする立場を取りながら，その読解法が孕む解釈学的問題とその背景にあるコジェーヴとシュトラウスの対立について論じていきたい。コジェーヴはこの著書において，ユリアヌスが古代の異教（paganisme）を信仰していたのではなく，実は無神論者であったことを証明しようとしている。筆者の意見では，自身も無神論者であるコジェーヴは，シュトラウスの解釈方法を用いながら，一種の挑戦を行なったのである。『ユリアヌス帝とその著述技法』に関して，従来はコジェーヴがシュトラウスへの敬意を込めつつ彼の読解法を模倣しながら，ユリアヌス帝の著作物を分析したと考えられることはあっても，挑戦であると指摘されることはなかった。

その挑戦がいかなるものであったかは，「5　無神論的立場と有神論的見解の対立」で見ることにするとして，ヘーゲル主義者であり哲学史家でもあったコジェーヴはなぜ，唐突な形でユリアヌス帝を選んだのだろうか。その理由は明らかにされていないが，推測されるところでは，第一に，ユリアヌスが一神教であるキリスト教を信奉する者たちを迫害し，キリスト教にとっての異教である古代ギリシャの多神教を復興させたと一般的に解釈されていることがおそらく関係している。第3章で詳しく論じるように，コジェーヴ

はヘーゲル哲学を無神論的であるとまで主張したことからも，彼は無神論者であると推測される。筆者の知る限りにおいて，コジェーヴは著作の中であえて自らが無神論者であると公言することはなかったが，コジェーヴの姪クーズネットゾフは，彼が当時のロシアでの慣習に従って幼少期にキリスト教の洗礼を受けたものの，後に無神論者となったことを証言している。

コジェーヴはユリアヌスを無神論者であると主張したが，ユリアヌスが異教を復興するべく，キリスト教徒を迫害したという歴史的事実は，エドワード・ギボンの著作『ローマ帝国衰亡史』(1781年)やG．W．バワーソックの著作『背教者ユリアヌス』(1978年)などの記述から明らかであり，その事実は皇帝の行動に顕著に表われている。ギボンによれば，ユリアヌスは父なる神の前に犠牲を捧げることを日課としており，一日に百頭を超える牡牛の生血が流されることも珍しくはなかったという。バワーソックによれば，キリスト教の一派であるアリウス派のカパドキアのゲオルギウスが殺された際に，ユリアヌスはその加害者を異教徒であると信じて，何らの処罰を下そうとはしなかった。ユリアヌスが異教徒であり，キリスト教徒を迫害したという史実は，他にも枚挙にいとまがないと考えられている。コジェーヴは，ユリアヌスに関して書かれた歴史的書物に一切言及することなく，また，ユリアヌスの行動にほとんど全く触れることなく，ユリアヌスの著作から読み取れる言説分析だけに依拠しつつ，そうした一般的認識と真っ向から対立する結論を主張する。

2　秘教的著述技法

だが，コジェーヴのこのような暴力的解釈は全くもって無意味だとは思われない。コジェーヴの試みは，実証主義的及び文献学的解釈学に対する，真理の探究の学としての哲学の側からの反論であり，その点において彼はシュトラウスと意見をともにしたと言えよう。この結論を導き出すうえで参考となる資料は，アメリカの哲学者スタンレー・ローゼンによって書かれた『解釈学としての政治学』(1987年)である。ローゼンは，シュトラウスの弟子であり，また，あえて弟子を持とうとしなかったコジェーヴの謦咳に触れた哲学者の一人であり，コジェーヴはローゼンのことを高く評価していた。ロ

ーゼンは，フーコーが言語偏重的であるとして批判する文脈で，以下のように述べている。

> 言語にとり憑かれている人たちは，ついには解釈より他には何もないと確信するに至る。このような確信の政治的含意を理解するためには，われわれは，文献学と正確な学識への前脱構築論者的な固執を脇に置かねばならない。実際，もし解釈より他に何もないとすれば，これらの固執は，彼ら自身の意見の一致，つまりわれわれは解放されたという意見の一致から乖離している。退屈な真理の亡霊より外には「現世」には何もなく，真理は迷信である。(12)

この見解に従えば，言語偏重的思考に陥っている者たちは，文献に書かれた内容を一字一句鵜呑みにしており，彼らは圧制から解放されたことで，自由な言論活動を行なうことにより得られる利点を忘却してしまっていることになる。ローゼンがコジェーヴのことを「言語にとり憑かれている人」とみなしている節はない。コジェーヴは真理の存在を信じ，その探究こそが哲学の役割に他ならないと考えていた点で，シュトラウス同様に歴史主義的相対主義に対して否定的な立場を取った。コジェーヴにせよ，シュトラウスにせよ，過去の哲学書に明確に記述されている事柄はもちろんのこと，あえて明確には書かれていない事柄も考慮に入れつつ，それに対する注釈を付けることで自己の哲学を展開するという独特の手法を採用した。このような手法が原因で，彼らはともすれば思想史の研究者としては，文献学的観点から過小評価されがちである。しかし，実際には，「シュトラウスは，ハイデガー以上に，過去の哲学者の著作を解釈することをとおして開かれる地平に，哲学の新たな可能性を見出そうとした」とされるが，この点においてはコジェーヴも同様であると言える。(13)

コジェーヴは，「歴史の終焉」論及び「主と奴の弁証法」という独自の観点に基づいたヘーゲル読解により名を馳せたが，それは巷に流布しているヘーゲル哲学の解説書の類とは一線を画している。コジェーヴの手法の成果は，彼がシュトラウスと知り合う前から，そのヘーゲル解釈においてすでに顕著に表われている。実際，コジェーヴが，シュトラウスの秘教的技法を取り扱

ったのは，その特異なヘーゲル読解において，この技法を用いたからであるとも考えられる。コジェーヴは，ヘーゲル哲学を分析した際に，18世紀に起きたフランス革命とその完成者としてのナポレオンの台頭という歴史的事件を具体的な例としたことで画期的な解釈をした。「一方においてナポレオンの時代に生き，他方では彼を把握できた唯一の人間であるがゆえに，ヘーゲルはあのヘーゲル，すなわち絶対知を賦与された思想家となったのではないだろうか」[14]と，コジェーヴは言明している。つまり，ヘーゲルの言う主と奴の弁証法の構図は，非現実的という意味での抽象的な観念の総合だけではなく，むしろ現実に存在していた歴史的事象を指示しているとコジェーヴは読んだ。フランス革命に際し，奴隷と貴族という中世においては当然であった社会階層が，少なくとも理念上は廃止され，市民という新たな身分が作り出されたのであった。しかし，ヘーゲルはこのことを，その著作において明白に記述しようとはしなかった。この点で，コジェーヴはヘーゲルのことを古代の著述技法を心得た哲学者であると解釈したと考えられる。

　コジェーヴは『ユリアヌス帝とその著述技法』の冒頭で，シュトラウスの名前を挙げながら，次のように述べる。「過去の偉大な著述家たちが書いたものを文字通りに，受け取ってはならないし，彼らが著作の中で言いたいことをいつでも全て明言していたなどと考えてもならない」[15]。先に論じたように，コジェーヴは，シュトラウスの著作『迫害と著述の技法 Persecution and the Art of Writing』（1952年）を読んだ後に，このような読解法があったことを思い出したと述べていた。しかし，実際にはコジェーヴは1930年代のヘーゲル講義の際に，すでに秘教的著述技法を意識しながらヘーゲルの本の分析を行なっていたのであった。そのような背景にあって，著述技法を意識しながら哲学書を解読すべきであるという点で，コジェーヴとシュトラウスは強く共鳴したのであったと考えられる。

　ユダヤ系の思想家であるシュトラウスは1930年代から40年代にかけて，ファーラービーやマイモニデスといった中世イスラム及びユダヤの哲学者たちの著作を通じて，彼らが迫害を逃れることを意識しながら著述活動を行なっていたことが，かえって言論の自由な時代を生きる現代人よりも，プラトンをより良く理解していた可能性を見出した。ユダヤ教では聖書とは別に，モーセが神から伝えられた法を口頭で伝えるという口伝律法の伝統もあり，

ユダヤのラビにして哲学者でもあったマイモニデスはその伝統を引き継いでおり，シュトラウスも彼から多くを学んでいる。以上のような背景から，シュトラウスは『迫害と著述の技法』に先駆けて，「ファーラービーのプラトン Farabi's Plato」(1945年)を執筆し，古代哲学の新たな解釈方法を示唆した。彼の主張に従えば，古代の著述技法の伝統においては，実際に考えていることと逆とは言わないまでも，あえて本意を隠匿しながら書をしたためる傾向があった。現代における執筆作業の際にも，本音を書かないことは特段珍しくないが，古代の著述家たちの場合には，無意識にではなく，意識的に自己の信条や信念を隠匿した。シュトラウスの核心的見解を引用しよう。

> 一人の有能な著述家がいて，彼は明晰な精神とともに，正統的な見解についておよびその見解の細部に至るまで完全な知識を有しているとする。そのような有能な著述家が，もしこっそりと，そしていわば何気ないような仕方で，彼が他の所ででもはっきりと認め主張しているようなその見解の必然的な前提や帰結の一つと矛盾したことを述べているとすれば，我々はその人が正統的な体系それ自体に対して対立的であったのではないかと考えて然るべきである，というものである。[16]

コジェーヴは，ユリアヌスの著作の中から，時にさして本質的とは思えないような一節を引いて自己の論を構築しているが，その理由は，表面的に見える部分こそ著述家の本音が隠されているとするシュトラウスの見解に影響されているからであろう。シュトラウスが主張するところによれば，先に挙げたイスラムの哲学者ファーラービーは，「望ましい学問及び生き方を自ら発見することを強いられ，前者は哲学によってもたらされ，後者は王の，あるいは政治の術によりなされるのであるから，「哲学者」と「王」は一致する[17]」という結論をプラトンから引き出した。コジェーヴの考えでは，ユリアヌスは哲学者にして皇帝である。プラトンの哲人王に関する理想的教説はよく知られているが，その実現可能性についてあまり真剣に取り沙汰されることがない。コジェーヴは，哲学への寄与が少ないと一般的に考えられることの多いユリアヌスが哲人王であった可能性を示唆しているのである。そうであるとすれば，ユリアヌスの行動は「王あるいは政治の術」であり，その

著作は哲学書であることになり，それは古代の著述技法によって特徴付けられていることになる。シュトラウスの提唱する秘教的著述技法は，全ての古代の哲学者たちが意識していたとされることから，コジェーヴの試みはシュトラウス的流儀に従ったものとして正当化されえよう。また，ユリアヌスが他者の視線を気にして，公的な場と私的な場とで，その行動を区別しようと努めていたことは，次の逸話からもうかがうことができる。ユリアヌスは皇帝に即位してからキリスト教徒を無神論者であるとして公然と非難するようになるまで，10年にわたって表面的にはキリスト教徒であることを装いながらも，異教の神々へ礼拝を続けていたのであった[19]。

コジェーヴは，ユリアヌスの著作の中から，古代の著述技法に関連すると思われる以下の箇所を引用することで，ユリアヌスがシュトラウスと同様に，思考していることを書き記すのではないし，書き記すことを思考していないと予め断わっていることを示そうとする。

(そして，私が直面せざるをえない，第一にして最大の困難は，)私には今，いかなる企みもない関わりを持ったり，遠慮することのない会話をしたりすることが全くできないことである。というのも，今や同様の信頼性を持って話せるような相手が私にはいないからである[20]。

ここで言う「同様の信頼性を持って話せるような相手」とは誰のことを指しているのだろうか。それは，表面上はユリアヌスの崇拝していた過去の偉大な政治家ペリクレス（前495 - 前429）のことであるが，ローブ古典文庫の出版者によれば，実際には4世紀の作家であるサルスティウス（生没年不詳）のことであるとされる。この書は，サルスティウスがユリアヌスと親しかったことを嫉妬した何者かの密告により，コンスタンティウスの命令により追放された後で，サルスティウスに向けて書かれたのであるが，ユリアヌスはあえて誰に宛てて書くか明示せず，独白の形式を取っている。なぜならば，追放されたサルスティウスの名を挙げることは，政治的な危険を伴っていたからと考えられる。サルスティウスの名は，後に編纂者の手により書き加えられたタイトル「優秀なサルスティウスの離別に際しての自己に対する慰め」の中に登場するのみである。

コジェーヴは，以上の背景を考慮に入れず，該当箇所の表面的な意味だけを考慮に入れ，自らが下した結論を裏付けようとして引用してしまっている。しかしながら，コジェーヴの推論する通り，いくらユリアヌスが時の権力者であったとはいえ，誰の前であろうと構わずに自由に自分の意見を語ることはできなかったことが，引用箇所からうかがえることもまた事実である。ユリアヌスが副帝になったのが355年で，皇帝として推戴されるのが360年，その後363年に死んでしまうことから，彼の在位は短かった。それゆえ，彼が絶対権力者であり権力をほしいままにしたとは言いがたいため，コジェーヴの推論には一定の説得力がある。というのも，ユリアヌスが著述活動を行なううえで，政治的な配慮をしていたことは十分考えられ，この点で，ユリアヌスは秘教的技法を心得ていた人物であると推測されるからである。

　だが，ユリアヌスが表面上は異教徒であり，本心では無神論者であったというコジェーヴの仮説を誰の目にも確実な形で裏付ける資料がないために，実証主義的観点からすれば，この意見は大いに疑わしいであろう。そうであるとはいえ，シュトラウスは近代に見られる実証主義的な学問の在り方に対し，そもそも批判的であり，コジェーヴも同様の見解を共有していたものと考えられる。シュトラウスが指摘するように，哲学は古代においては文献講読に基づいて行なわれるよりも，伝承によって師から弟子へと，文字通り秘教的に教授されるものであったからである。したがって，シュトラウスの考えでは，「歴史家に求められるような厳密さの伝統」[21]ばかりが哲学研究において重視され，「過去の最も重要な事実を人間知からア・プリオリに排除するような独断的な厳密さの基準」[22]を捨象することは，少なくとも古代の哲学者たちの著作物を正しく読み解くうえでは適切な方法ではないということになるのであろう。コジェーヴとシュトラウスがともに志向したのは，実証主義的な緻密さにより解釈学を行なうことではなく，多分に恣意を加えながらも過去に書かれた哲学書の新たな解釈の可能性を探ることであった。

　実際，古代の著述家たちが公教的教説と秘教的教説とを区別することを念頭に置いて執筆していた可能性は，完全に拭い去ることができないように思われる。ここでいう公教的教説とは，著作の中に明晰な形で書かれる内容を指しており，全ての読者を対象としており，その中には著者が実際には意図しないことまでも書かれている。シュトラウスによると，プラトンの公教的

教説の中には「高貴なる嘘」が含まれている。むろん，このような発想法は現代の思想史研究の動向に真っ向から対立しており，シュトラウス自身も，「公教的（exoteric or public）教説と秘教的（esoteric or secret）教説とを区別することが，過去の思想の理解のために何らかの意味をもつとは，現在では考えられていない[23]」ことを自覚している。過去の同一の思想家の著作において書かれている内容が文脈及び本によって異なっていたり，矛盾していたりする場合には，単に意見が変容したからであると従来的には考えられがちであり，確かにその場合もありうる。けれども，シュトラウスはあえてそのように考えずに，著者の真意の意図的な隠蔽といった視点から，古典解釈を試みた。シュトラウスの影響を受けたコジェーヴがいみじくも指摘するように，秘教的著述技法は，その存在そのものを認めない者にとっては何も意味しないため有益でも無益でもなく，それを認める者にとっては，洋の東西を問わず，過去に書かれた哲学書の新たな読解方法を提供してくれる有益なものなのである。

　　ユリアヌスのこの著述技法に対して信頼を抱き，私はこれまでのページを書くことで彼の秘密，ましてや誰の秘密をも裏切ることにならないと期待する。というのも，これまでのページは，皇帝が彼の哲学的書物に理解を示す少人数の読者から排除しようとした人々にとっては何も意味しないからである。それらは，彼らにとって全くもって何も意味しない。なぜならば，それらの書物の書き手の心の中では，これまでのページは，大洋を乗り越え世紀をまたぐ，哲学の善き理解者に対してのみ向けられた控えめな救済以外の何物をも含んでいないからである[24]。

　公教的教説と異なり，秘教的教説とは，著作の中に明白に描かれてはいないものの，行間を読むことで明らかとなる著者の真意のことであり，シュトラウスの考えでは，それは一部の慧眼を持つ者のみに向けられている。彼によれば，18世紀の批評家レッシングが，このような公教的教説と秘教的教説の峻別を理解していた最後の人物であり，それ以降はこのきわめて重要な古典解読法が完全に失われてしまったため，そのような方法論の今日における復権に向けてシュトラウスは尽力したのである。

現代を生きるわれわれとしては，シュトラウスとコジェーヴがすでにそうであったように，過去の哲学者について論じようとする際，必然的にその著作を解読せねばならず，文献学的アプローチを回避することはできない。だが，正当な解釈は一つに定まらず，多様であると考えながら，過去の著述家たちが秘教的著述技法を意識しつつ書いたと想定される彼らの著作を読むことは，微に入り細を穿つような解釈学から一線を画することとなる。

3　無神論者としてのユリアヌス

　ユリアヌスは皇帝になった後にも，自らの意見を公の場で隠すことなく（シュトラウス風に言えば，公教的に），語ろうとはしなかった。コジェーヴによれば，ユリアヌスは，その著作の中で神に関する自らの見解を明確な形で語ろうとせず，沈黙を保ち続けていた。なぜならば，コジェーヴの意見では，ユリアヌスは心の底では無神論者であったからである。そしてまた，ユリアヌスは古代ギリシャ・ローマの多神教の神々（divinités païennes）をキリスト教の神に置き換えようとする不合理な操作など不可能であると確信していたからである。コジェーヴの主張通りに考えると，ユリアヌスが『王なる太陽への賛歌 Hymn To King Helios』（362年）において，古代の多神教の神々の中でも，一者たる太陽神を信仰すると述べたことの本心が理解できる。この太陽神信仰はキリスト教及び異教の折衷主義であると考えられるが，そのような試みはそもそも不可能であるとユリアヌス自身が感じていたとしても不思議はない。

　ユリアヌスがこのような態度を取り続けていることは，深層においては神々の存在そのものを否定していると考えられ，コジェーヴはこれを「沈黙的」無神論と名付ける。コジェーヴは背教者ユリアヌスのことを，無神論者であると解釈しており，かなり大胆な仮説を立論していると言える。コジェーヴによれば，ユリアヌスは，「私としては，神々に関して，敬虔な沈黙の中に閉じこもりたいものである」と述べており，無神論者であるとも，キリスト教徒であるとも明言していないとされる。だが，ユリアヌスのこの発言は，「私としては，神々への尊敬及び彼らの役割を獲得した者たちに従って語ることを欲するため」と読むのが通常の読み方であり，少なくともこの発

言からユリアヌスが無神論者であったことを証明するのは困難であろう。

ところで、ユリアヌスはいくつかの著作の中で、神学のテーマを取り扱うことに終始している。例えば、「王なる太陽への賛歌」の中で、彼はキリスト教の神学ではなく、異教のそれをひそかに嘲笑っている。異教徒と思われていたユリアヌスは、このように著作の中では古代の異教に対してなぜか批判的な態度を取った。その理由は、バワーソックの見解では、皇帝と同時代のキュニコス主義者たちが、かつての貧しかった真のキュニコス主義者と異なり、本当は豊かなのに貧しさを装いながら自分たちの権威を高めようとしたからである。表面的に読めば、確かにそうかもしれない。だが、コジェーヴが主張するように、ユリアヌスは無神論者であったという仮説を立てることで、先に挙げた行動と態度の間でのパラドックスを、より深い次元で解くこともできる。また、彼の『キュニコス主義者ヘラクレイオスへ *To the Cynic Heracleios*』(362年)の中では、神話そのものが嘘に過ぎないと明言していたことから、コジェーヴはユリアヌスが唯物論者であり、神や神話といったものを信じないと推測した。このことは次の節で詳説する。コジェーヴからシュトラウスに宛てた1957年4月11日の手紙の中では、以下のように書かれている。「ユリアヌスは、倫理においては、ストア化したキュニコス主義者だ。理論哲学においては、おそらく「デモクリトス派」である。いずれにせよ無神論者だ」。

先の疑問に戻ると、このローマ皇帝は何を恐れて、「沈黙的」無神論という秘教的思考を隠し通して、公教的にはキリスト教及び異教の折衷主義を表明したのであろうか。コジェーヴによれば、ユリアヌスが恐れていたのは、死に瀕している異教徒からの反発では明らかになく、実はキリスト教徒からの反撃であった。一方でユリアヌスはキリスト教徒と戦いながらも、他方ではキュニコス主義を糾弾するに至ったのである。この行動は、皇帝として国を一つに統合するという国家的理由（Raison d'Etat）からも要請される帰結であった。彼はもうすでに力を失っている古代ギリシャ・ローマの多神教を信仰している人々からの迫害など恐れる必要はなかったが、やはり強大な勢力を持つキリスト教徒をないがしろにするわけにはいかなかった。

コジェーヴの友人でありユダヤ系ロシア人の哲学者であるアレクサンドル・コイレが、コジェーヴへ宛てた1958年8月15日の手紙の中で述べてい

る通り，ユリアヌスは無神論者ではあったが，おそらく国家を統一するために人々に同一の宗教を信じさせる必要があり，キリスト教以外の宗教を国教として選んだのであろう。(30) さらに，コイレはコジェーヴの著作の中に「スターリン的な真理の非寛容的な調子」を感じ取ったと辛辣に述べている。(31) 確かに，コイレの言う通り，自分の意見とは合わないキリスト教徒や古代ギリシャ・ローマの多神教の信仰者を迫害するユリアヌス帝は，自らの敵を次々と粛清していったスターリンと何ら変わるところがない。コイレはコジェーヴのことをスターリニストであるとする偏見に由来して，以上の批判を行なったものと考えられる。

コイレの批判は全く無効というわけではないが，コジェーヴの真意はそこにはなく，やや的外れである。これまでも言及してきたように，コジェーヴが問うたのは次のことである。ユリアヌス帝は自らをキリスト教の敵と宣言していたならば，なぜわざわざキュニコス主義者たちを攻撃しようとしたのであろうか。この疑問はもっともではあるが，コジェーヴの考えでは，先に述べたように，政治家でもあるユリアヌス帝が国家を統一するために，やむをえずこのような迫害を行なったのであろう。

しかし史実が示すように，ユリアヌス帝のもくろみ通りに事は運ばず，彼は背教者として同時代人たちから罵られ，結果として，かえって帝国内での混乱を招いてしまった。その点で，コジェーヴも述べているように，ユリアヌス帝の試みは必ずしも成功を収めているとは言えない。

ユリアヌスが自らの意図をあえて常に明かそうとはしなかったことの理由は，単にキリスト教徒からの反発を危惧したからだけではない。そのもう一つの理由は，そのことによって慧眼を持つエリートの訓育を図ることにあったとコジェーヴは主張する。確かに，ユリアヌスは，全ての人に教育を施す必要性を感じながらも，教えるに値する者を特に啓蒙すると述べている。(32) 一般人にとって隠されていることをエリートは見抜いてくれるため，著述家たちはあえて誰にでもわかるように明晰な形で本を書く必要はなかった。ではエリートには，いかにしてそのような所業が可能なのであろうか。

ユリアヌスによれば，哲学的素養を持っていた古代人たちは，「神々の導きの下で」あるいは自分たちで真理の探求を行ない，発見するに至るが，どちらかと言えば神々の導きの下でそうしたほうが好ましい。(33) しかし，コジェ

第1章 コジェーヴとシュトラウス　49

ーヴはこの箇所を引用する際に、古代人たちが「神々(すなわち、ここでは理性、さらには哲学)の導きの下で」真理を見出したと書いた。この点に関して、シュトラウスの弟子でありコジェーヴともパリで何度か交流を持ったアメリカの哲学者アラン・ブルームは、コジェーヴに宛てた1959年4月17日の手紙の中で、次のように批判を加えている。ブルームが原典を確認したところ、ユリアヌスは神々の下で研究する哲学者と、理性に基づいて研究する哲学者とを明確に区別しているわけではないために、このような補足をするのは不適切であると考えられる。この指摘に関しては、ユリアヌスの原文を読めば、確かにブルームの意見の方に説得力があることがわかる。ブルームは、コジェーヴがユリアヌスの書物に潜む秘教的含意は明らかであるとして解釈を急ぎすぎている、と結論付ける。エリートを導くものは神々であるのか、理性であるのか、哲学という抽象的なものであるのかでは全く意味する内容が異なるのに、コジェーヴはこれらを一緒くたにしながら、並列してしまっていることになる。あえて単純化して言えば、神々の導きと理性及び哲学とは同一ではないのである。

　しかしながら、ローゼンによれば、「ソクラテスが述べているように、古典的哲学者は、知性が神であることを意志するのである」。つまり、ローゼンの見解では、古代の哲学者たちは、知性を高めることにより神であろうと欲したのであり、また序論でも書いたように、コジェーヴが自らをゼウスに見立てていたとローゼンは証言している。これは、後で見るように『ソピステス』の冒頭で、テオドロスがソクラテスに対して示した見解にも近い。コジェーヴが無神論者であったことの理由の一つは、哲学を学ぶことによって神の領域に到達できるものと想定していたからであると思われる。シュトラウスもまた、「神なき人間の生」は悲惨であるとしながらも、「哲学は自己神格化である」ことを認めてはいたが、彼は哲学と神の啓示とを両立させることは不可能であることを自認していたことから、哲学と神学の関連性について、両義的な見解を出さざるをえないほどに、その両立不可能性を強く認識していた。コジェーヴが無神論的立場からユリアヌスの著作を解釈していたことから、その試みはシュトラウスの読解術を援用しつつも、シュトラウスへと挑戦することを意味していたと言えるであろう。

4　コジェーヴによるユリアヌスの神話論読解

　コジェーヴは，『ユリアヌス帝とその著述技法』及び 1957 年 4 月 11 日にシュトラウスに宛てた手紙の中で，ユリアヌスの神話論についてもシュトラウス的手法すなわち秘教的著作物の開陳という方法を用いながら検討することで，全く新しいユリアヌス解釈を試みている。ユリアヌスが本当に無神論者であったとすれば，その神話論も神話など全く信じもせずに書いたことになる。シュトラウスは，啓示が歴史的真実に直接的に言及することで真理と関連性を持つのに対して，神話は，その本質において真実とは関係を持たないため，それが虚構であることを認めていると考えられる(39)。

　　哲学は原理の探究であり，それはまったく文字通りには，始原の，第一存在の探究を意味する。このことはもちろん哲学と神話に共通することであって，私はさしあたり，始原の探究が自然の観念の光の下で理解されるとき，神話から区別されたものとしての，哲学が生じてくるということを示唆しておきたい(40)。

　つまり，シュトラウスは哲学において啓示が存在する可能性は捨て去らないにしても，神話については，哲学的思考から除外することができると考えていた。したがって，コジェーヴが展開する，神話が作り話にすぎないという発想法は，シュトラウスの理論からも導出されうるものである。そもそも，神話が作り話（古いフランス語では fable）であるという指摘自体は，17‐18 世紀以降に常に言われてきたことであり，20 世紀においては何も珍しい主張ではない。それでは，古代人であるユリアヌスは神話について，どのように書いているのだろうか。『キュニコス主義者ヘラクレイオスへ』から引用しよう。

　　神話がもともとどこで捏造されたか，そして聞き手の利益あるいは娯楽のために，もっともらしいやり方で誰が初めて作り話を創作したのか知ることはもはやできない。その試みは，最初にくしゃみをした人間，あ

るいは最初にいなかった馬を見つけ出そうとするのと同じようなものである。[41]

つまり、ユリアヌスの定義では、神話とは「信じられるように語られた嘘の話」である。ストア派などの神学者による定義では、それは「「ありそうもない」あるいは少なくとも「理解しがたい」という意味で、信ずることが不可能な様相を呈してはいるが本当の話」である。[42] コジェーヴの主張するように、神話を作り話と言ってのけたユリアヌスは、確かに無神論的に映る。コジェーヴが明記しているわけではないが、無神論そのものは古代ギリシャにもすでにあった。例えば、デモクリトスやエピクロスは唯物論的観点から無神論に傾倒していたが、それはキリスト教に対するアンチテーゼとしての現代的な無神論とは性質が異なるように思われる。第3章で見るように、コジェーヴ自身の無神論は反キリスト的な発想からではなく、むしろキリスト教の最も重要な教義の一つである三位一体論を基にして構想されたことから、それは、ユリアヌスの無神論のような、合理主義的観点から導出されたものとはやや趣向が異なる。

ところで、ユリアヌスは本心では無神論者であることを明かそうとはしなかった。彼は多神教の神々の中で太陽神を頂点に置くという意味では、キリスト教の持つ一神教的性質と近い発想を抱きながらも、あくまでも自分が「異教の敬虔な信者 païen dévot」であると周囲に信じ込ませようとした。また、実際に歴史が現在にまでそのことを伝えている。[43] つまり、現代人にまで自分の意図を隠し続け、偽りの姿を想起させることに成功している。

確かに、コジェーヴの説に基づいてユリアヌスのテクストを追っていくと、この皇帝が『ガリラヤ人（キリスト教徒のこと）に抗して Against the Galilaeans』の中で、聖書における創世の物語は、ギリシャ神話の世界観を模倣したヘブライ人たちが作ったに過ぎず、全くもって荒唐無稽であるとして手厳しく批判を加えている箇所が見つかる。[44] そのことが意味するのは、ギリシャ神話ですら、彼にとっては作り話に他ならないということである。つまり、ユリアヌスはキリスト教的神話にもましてギリシャ・ローマの多神教の神話も信じようとはしなかったにもかかわらず、異教徒としてそれを自分の家臣に伝えようとしたことになる。その理由は、国家的理由である、つま

り帝国において平穏さを維持するために，そのような嘘が必要であることを彼は熟知していたのである。これは，シュトラウスの主張する「高貴な嘘」に他ならない。シュトラウスの意見では，悪意があり害をもたらすような嘘は許されないが，それが国家の役に立つのであれば，時に嘘は許容される。

　すでに触れたように，ユリアヌスと神学者とでは神話に対する態度が全く異なる。神学者であれば，神話ではなくて神的な（divine）現実そのものが神話の中で自らを開示すると考えるのだが，ユリアヌスに言わせれば，もし神話が作り話であるなら，それが語っている事柄も存在しない。それにしても，ユリアヌスの言うように，全ての神話が偽りであるとはいかにして論証できるのであろうか。ユリアヌスにすれば，それ自体がそもそも矛盾しているような神話が，外部の現実と整合性を持つはずがない。コジェーヴの表現では，「正確に言えば，あらゆる神話は矛盾した意味を持っている。なぜならば，それらは定義上矛盾しているからである。表現の中で矛盾がないものはいわゆる神話とは呼べない」(45)。

　神話は表現と意味によって構成されている。というのも，神話は言説の一種であり，言説とは表現と意味の複合体だからである。神話の場合には，えてして言語表現ではなく意味が矛盾しているし，コジェーヴが指摘するように，矛盾していなければそもそも神話と言えなくなってしまう。矛盾していない神話とは事実そのものであり，歴史が取り扱う領域に属することになるであろう。コジェーヴの議論をさらに追っていこう。

　神話の中にも明らかに矛盾しているものと，ひそかに矛盾しているものの2種類があるが，何もそれは神話に限った話ではない。真理を装いたいがために，矛盾している性格を隠そうとするのは，実は詩の本質でもある。詩というのも，確かに神話と同じくフィクションに他ならないけれども，詩の場合に矛盾しているのは，意味というよりもむしろ言語表現のほうである。

　神学者は現実の中に神性を見出そうとして神話を捏造するが，神学者と詩人との最大の違いは，前者が神的事柄を詩の形式において組み込もうとしている点である。

　先に，ユリアヌスの考えでは，全ての神話は作り話であると述べた。それでは，神学者たちはなぜそのようなものを作ったのか。二つの答えが考えられる。

第一に，神話が聞き手にとって有用なものだからである。科学が発展していなかった時代には，人々の好奇心を満たすべく，神話によって様々な現象を説明する必要があった。第二に，神話は気晴らしの役割を果たすからである。神話から神秘的な部分を除外すると，残るのは音の連なりでしかなく，それは詩と同一物である。

　したがって，作り話あるいは嘘の話の類はいつまでも存在し続けるであろう，とコジェーヴは見ている。確かに，テクノロジーが飛躍的に発展した現在でも，作り話がなくなっているとは言えない。作り話の目的は娯楽であるから，意味内容が矛盾していようがいまいが，さしたる問題とはならない。聞き手がいる限り，作り話はなくならず，聞き手がいなくなることはまず考えられない。詩がかつてほどは作られなくなった現在でも，作り話としての神話は映画やドラマ，小説そして音楽といった形で現在も依然として存在し続けている。ところが，神学者たちはこのような娯楽目的の作り話を退けるばかりか軽蔑し，神話が真実を語っていると考え，それゆえに人々にとって有用なものであり続けることを望む。彼らは神話の中にある摩訶不思議な箇所を取り除き，改訂を加える。

　コジェーヴは，それでは，なぜ人々は神話という信じがたい話を信じてしまうのであろうかと問う。一見すると，答えは単純である。つまり，それは彼らが素朴であったり，彼らに知性が欠けていたりするからである。しかし，何も愚かな者ばかりが信じやすいわけではない。例えば，アレクサンドロス大王は自分の現状に満足することはなかったがために，ホメロスのような偉大な詩人を必要とした。コジェーヴによれば，大王は自分が神のように不死身の存在になって，永遠の栄誉を得たいと考えた。詩人は自分の栄光を褒め称えてくれるばかりか，それをより誇大に見せ，しかもそれを後世にまで伝える役割を果たしてくれる。

　コジェーヴが「僭主政治と知恵」の中で示した意見に従えば，アレクサンドロス大王は強い承認願望を抱いていたが，たとえそうであるにしても大王の知性が欠如していたとは言いがたい。彼は軍人である以前に，アリストテレスの弟子であり，哲学者であったこともあり，教養を持った人物であったと考えられる。彼は，自分の栄誉欲を満たすために，人々に神話（ここでは詩と同義）を信じさせ，また自らにそれを信じ込ませようとしたと想定され

る。

　承認願望の強かったアレクサンドロス大王と同様に，ユリアヌスも神話を周囲に信じ込ませようとした[(50)]。ただし後者の場合には，詩ではなく，古代ギリシャ・ローマの信者であるという神話，正確に言えば，作り話を用いたことは前述の通りである。

　さらに，ユリアヌスは哲学においても神話の持つ詩的捏造（invention poétique）が必要であると考えた。その点で，先に見たように，哲学の中に神話の要素を認めないシュトラウスの考えとは対照をなすと言える。そのために，コジェーヴはおそらくユリアヌスの神話論を取り扱ったのであろう。

　それでは，なぜ哲学において詩的側面が意味を持つのであろうか。なぜならば，哲学が一般の人にも有用な形で理解されるには，それがなくては難しいからである。ユリアヌスは，哲学者による神話の利用は，個人の行動規範に関係する倫理学あるいは実践哲学においてのみ正当化されると考える。そして，そのような倫理学は諸個人を教育する目的を持っているのである。

　以上のことから，コジェーヴは，古代の著述家が神話という名の「高貴な嘘」を用いることによって，著作の中で本心を明示することに由来するリスクを回避できると考えた可能性を示唆しているのである。彼の意見を要約すれば，ユリアヌスの場合，自らがギリシャ・ローマの多神教の信者であるという神話を周囲に信じさせながらも，古代からの残党であるキュニコス主義者たちをあえて糾弾することにより，キリスト教徒からの攻撃を避けようとした。

　確かに，このように考えることでユリアヌスの著作と行動の不可解な矛盾を理解することができる。そしてまた，ユリアヌスがキリスト教徒の信仰する神話を不合理なものであると指弾しながら，表向きはギリシャの神々に畏敬の念を示した理由も納得いく形で説明することが可能である。

　ここまで論じてきた神話論を，哲学者としてのコジェーヴの問題意識に関連付けて言えば，次に見るように，彼は啓示が哲学者に真理をもたらしたうえで，それが首尾一貫した形で他者にも伝えられる可能性は全く信じていなかったが，神話がたとえ作り話であったとしても，哲学者の書物において用いられることには十分意義があると考えていた。

5　無神論的立場と有神論的見解の対立

　ここまでは，主にコジェーヴのユリアヌス論そのものを仔細に見てきたが，ここで，それがコジェーヴ‐シュトラウス論争にとって持つ意義を論じたい。先に，コジェーヴがユリアヌスを隠れた無神論者であると叙述することは，コジェーヴによるシュトラウスに対する挑戦に他ならないと書いたが，この挑戦の背景を理解するために，コジェーヴの無神論について論及する必要がある。

　『無神論』（1931年）を書いた頃の29歳のコジェーヴニコフ（フランスに帰化する前のコジェーヴのロシア名）は，「人間は自分が死ぬまで自分が何であるか，どこにいるのか知ることはない。実を言えば，彼は最期まで有神論及び無神論とは何であるか知ることはけっしてないのである[51]」と書いており，いまだ有神論的立場と無神論的立場の狭間で揺れ動いていた。しかし，哲学的思索を続けた後にコジェーヴは啓示と哲学を完全に切り離すことが可能であると確信し，シュトラウス流の神秘主義——これについては後に説明する——とは異なった意味で，人と神とが同一の者となることを信じていたように思われる。

　このような彼の神人論は，もとを辿れば，彼が修士論文で取り扱ったロシアの思想家ソロヴィヨフの説に依拠するとも考えられるが，それはヘーゲルの理論体系の中にも見出される。

> ヘーゲルによれば，（彼が全面的に受け容れている）キリスト教の人間学的理想は，キリスト教神学を「廃棄」しなければ実現不可能である。すなわち，キリスト教的人間は神なき人間，もしくは——もし望むならば——神‐人(かみびと)とならなければ，自己がなろうとするものに現実になることができない。[52]

　キリスト教は，キリストと神と聖霊の間での三位一体論を正統な教義とするが，それが意味するところは，キリストという人間が神であるということであり，神人論に他ならない。したがって，「現実にキリスト教徒であるた

めには，人間自身がキリストにならなければならない」⁽⁵³⁾。コジェーヴがヘーゲル哲学は無神論的であると主張したことの根底にあるのも，神人論である。さらに言えば，彼はキリスト教そのものをある意味で無神論的であると捉えたとすら解釈することができる。このことについては第3章で詳述する。

　ここまで述べてきたことから，クセノフォンについての注釈という形式を取りながら交わした論考を集約したものとして出版された『僭主政治について』の中でのシュトラウスとコジェーヴが交わした議論は，有神論と無神論の対立に一つの震源を持っていたと言える。例えば，コジェーヴはこの本の中に収められている論考「僭主政治と知恵」の中で，やや控え目な形で，無神論的立場から哲学と啓示の関係性に対して否定的な態度を表明している。

> かりに哲学者が，自分は存在についてのなんらかの直接的な個人的洞察によって，あるいは超越的な神に由来する個人的啓示によって真理に到達したということを認める覚悟があるならば，それは自己矛盾した（「ばかげた」）態度ではない。しかし，もしこのことをかれが実際に認めたとして，その場合にかれは，その知識を（口頭であれ著作であれ）他者に伝える哲学的に確かな根拠をもたない（かれらの「承認」ないし賛美を獲得することを目的とするのでなければの話だが，ただしこのことは定義上排除されている）し，またそれゆえかれが真に哲学者なのであれば（哲学者は「理由なしには」行為しない），そんなことはしないだろう⁽⁵⁴⁾。

　つまり，コジェーヴは啓示が人にもたらされる可能性そのものは否定しないが，ロゴスを用いて自説を証明する哲学者が，啓示によって得られた知識について語ることは原理的にありえないと考えているのである。さらに，コジェーヴは，この論文の少し後のほうで，「わたくしたちがもし，首尾一貫した無神論者として，（個々の人間的意識と意志を越えた意識と意志として理解された）神を社会（国家）や歴史と置き換えるとすれば，実際，社会的または歴史的に証明しうる範囲を越えたものはなんであれ，永遠に臆見（doxa）の領域に格下げされる，と言わなければならないのである」⁽⁵⁵⁾と，先ほどより強い口調で自身の無神論的見解を示している。コジェーヴにとって，

臆見と対比される賢知（Sagesse）において，真理の判定者としての共同体や歴史が役割を果たすのであって，そこに神の居場所は全くないのである。コジェーヴはヘーゲル的な「歴史の弁証法」が，神と人間の対話を前提していた古代の神話的起源による弁証法と異なり，神による啓示を必要としないものと考えていた。[56]

これに対し，シュトラウスは次のように述べている。

> コジェーヴは，（中略），無神論や僭主政治等といった恐ろしい事柄について語り，それらを当然のこととみなすのである。（中略）しかしコジェーヴが，いかに考えるべきかを知っており，また考えることを愛している，ごくわずかの人たちのうちに含められる人物であるということを理解すれば，あるいは長年のあいだに定着した知識に照らすことによって，ここに生じてくる衝撃も和らぐ。かれは，今日の厚顔無恥な数多くの無神論者たちの一員ではないし，ましてや権謀術数に長けた独裁者擁護派の一員でもない。まさしく，かれら無神論者や独裁擁護者たちは，もっと早い時代に生きていたなら，宗教的，法的いずれにしても，とんでもない迷信に陥っていたことだろうが，コジェーヴはそういった人間ではないからである。一言で言えば，コジェーヴは哲学者であって知識人ではないのである。[57]

このようにシュトラウスは，コジェーヴが無神論者ではないと思い込もうとしている，あるいはコジェーヴが無神論者であったにしても，哲学に傾倒したことのないその他の浅はかな無神論者とは異なることを強調しようとしていると言える。シュトラウスは，彼と同じくユダヤ人として生まれて哲学者となったものの，無神論者としてキリスト教徒から糾弾された『神学・政治論』の著者であるスピノザが，哲学と啓示という究極的な二者択一の間で揺れ動きながら思索にふけっていたと想定した。シュトラウス自身に関して言えば，彼は哲学と啓示が止揚されることによって両立することなど不可能であることを自覚していたが，その狭間にあって啓示を選択することも厭わないようにも見える。そのことは，次の引用からも読み取ることができる。

合理主義の最終的な崩壊とともに，理性と啓示との，不信仰と信仰との多年におよぶ闘いは，人間の思想の局面においてすら，原理上は啓示に有利な仕方で解決された。理性は諸々の主体と客体について知るだけであるが，生きて愛する神はたしかに一つの主体を無限に上回るものであり，一つの客体，つまり人が超然と無関心に眺めることのできる何かではけっしてありえない。⁽⁵⁸⁾

　だが，考えることを愛する者としての哲学者であったシュトラウスは，コジェーヴやヘーゲルが高らかに掲げた人間的理性の不完全性を指摘しながらも，哲学が啓示の内容を説明する能力が欠如していることを認めるにせよ，二律背反的な煩悶の中でも哲学し続けることをけっして諦念しようとはせず，次のように明言する。「啓示が可能であることを認めることは，哲学的な説明と哲学的な生き方が必然的に，真の説明で正しい生き方であるわけではないということを認めることを意味する⁽⁵⁹⁾」。というのも，哲学とは第一原理を探し求める学であり，したがって真理はただ一つに収斂するものであるため，両者ともに真理を所有していると強く主張する「哲学と聖書」は互いにとって敵であるので，われわれにとってそれらは二者択一されるべきものである。⁽⁶⁰⁾しかし，シュトラウスは自分がどちらを選択するのか著作の中では明示しない。それはなぜだろうか。
　シュトラウスはそもそも哲学に関して，「哲学は本質的に探究であり，けっして（哲学から区別されたものとしての）知恵にはなりえないがゆえに，哲学は，問題の方が常に解決よりも明白であるということに気づく⁽⁶¹⁾」として，解答を先送りすることを正当化していた。ここに，解答を考え続けること自体に意義を見出す，哲学すること自体についての彼の態度が見て取れるであろう。
　このことから，コジェーヴにはシュトラウスが有神論者であることを振る舞っているかのような態度を取っているように見えたのではないだろうか。そうであるならば，コジェーヴは「ユリアヌス帝とその著述技法」を書くことで，シュトラウスの有神論的見解に疑問符を突き付ける意図があったものと推測される。コジェーヴは，そのことでシュトラウスの反応を試したかったのであろう。その証拠として，コジェーヴはシュトラウスに宛てた 1957

年4月11日の手紙の中で，ユリアヌスが無神論者であることを発見したと述べたうえで，シュトラウスにその根拠が書かれているユリアヌスの著作を読むことを勧め，それについてどう思うか知りたいと書いている(62)。

　コジェーヴは，上で見てきたように，合理的思考に基づいた無神論を古代のユリアヌスの著作にも適用することで，新たなユリアヌス像を示すとともに，神話が哲学研究において有する意味を明らかにしようと試みた。神から人間への啓示の可能性や，啓示の哲学が占める位置付けなど慮る必要性を感じていなかったコジェーヴは，シュトラウスの曖昧な態度に対し，なぜ啓示を唾棄してあからさまに哲学の側に立たないのかと挑戦状を叩きつけたのである。ただし，その挑戦を含んだ論文である「ユリアヌス帝とその著述技法」が，シュトラウスへのオマージュへの寄稿という形式を取ったこともあり，コジェーヴの手法もまた控え目なものであり，その手法でもって，二人の間での神学 - 政治論に由来する対立項について直截に論じることはなかった。したがってわれわれは，コジェーヴのユリアヌス論自体が秘教的発想法に基づいて書かれたものであることを念頭において，それを分析する必要がある。

　シュトラウスはコジェーヴのこのような挑戦に気付き，1957年4月22日の手紙の中で「ユリアヌス等々に関する君の諸発見を知り，私は極めて興味を抱き，かつ満足したが，全くもって驚嘆したというわけではない。神秘主義は，哲学が立ち現れるひとつの形態なのだ（『ソピステス』冒頭を参照せよ）。君の発見は，ファーラービーの可能性をより理解可能なものにする」(63)と述べる。『ソピステス』の冒頭では，ソクラテスが「ホメロスの言うところによれば，正しい慎みの心を分けもった人間には神々が付き添ってくださる」と話している(64)。それに対し，テオドロスは，対話に招いた客人のことを「神であるとはけっして思いませんが，神のような人であると思います」，さらに，「私としては，哲学者なら誰をでも，そのように呼んでいるのですから」と彼は続ける。シュトラウスの述べる通り，自己と神の融合を果たすことを目的とする神秘主義の立場に立てば，哲学において神からの啓示が果たす役割を見過ごすことはできないと考えられる。彼はホッブズやヘーゲル及びコジェーヴと異なり，「人間としての人間は，聖なる拘束の自覚」(65)に導かれるものであるという前提条件の下で，その思想体系を築いているからであ

る。
　しかしながら，シュトラウスが，コジェーヴの挑戦を著しく不快なものとして受け止めなかったのは，彼が次のように考えるからである。

> 哲学者と神学者の両方であることは誰にもできないし，実際にまた，哲学と神学の抗争を超える可能性も，両者をあえて総合しようとする可能性も存在しえない。しかし，我々は誰もがどちらか一方にはなりうるし，またなるべきであり，哲学者は神学の挑戦を受けとめ，神学者は哲学の挑戦を受けとめるのである。(66)

　シュトラウスが自己を神学者として規定していたかは定かではないが，先の引用でも見た通り，彼はコジェーヴが哲学者であると明言していたことから，神を信ずる者としてその挑戦を受けて立つ覚悟はできていた。そして，その挑戦に対して決定的な答えを出すことはなかったものの，やや逆説的ではあるが，自らの内で反芻することを快く感じたのであろう。この点において，シュトラウスに宛てた1957年7月1日の手紙の中で，「ヘラクレイトス主義者の「相対主義」（マックス・ウェーバー流の歴史主義）に抗してヘーゲル主義者の「絶対主義」」を掲げながら，問いに対する答えを出すことを哲学者の究極的な使命であると信じ，哲学者が賢知を探り当てることにより賢者になることを重視していたコジェーヴとは対照的である。シュトラウスにとって，聖書と哲学のどちらを取捨選択すべきか，哲学者として答えを出すことが信仰を捨てることを意味していたと考えれば，無神論の立場を取る哲学者は，コジェーヴ同様に哲学の側に立ち，単一の解答を追い求めることが可能であるように思われる。
　その後，コジェーヴが『異教哲学の体系的歴史に関する試論 *Essai d'une histoire raisonnée de la philosophie païenne*』(69)というタイトルの本を執筆していることを知ったシュトラウスはコジェーヴに宛てた1962年5月29日の手紙の中で，その「異教」という表現から，驚くべきことにコジェーヴが古代の信仰に回帰したものと推測して満足したと述べている。さらにその後シュトラウスはコジェーヴに宛てた1965年6月3日の手紙の中で，彼はコジェーヴのユリアヌス論について，「それは迫害と著述の技法が何かの妄想では

ないということを示しているがゆえに、私は非常に満足した」[71]と書きながら、その評価を改善した。実際には、コジェーヴは古代ギリシャの異教を信奉するようになったわけではなく、無神論の立場から古代哲学の読み直しを行なったに他ならなかったが、例えば、コジェーヴが哲人王ユリアヌスのプラトン読解から受け取った秘教的意義は、プラトンはイデア界の存在を認めなかったということである。なぜならば、「ユリアヌスが理解した限りでのプラトンによれば、いかなる場合にも、「魂」は不死ではない」（コジェーヴからシュトラウスに宛てた1957年4月11日の手紙）[72]からである。これは第2章の主題となる。

おわりに

ブルームの言う通り、コジェーヴによるユリアヌス解釈は、自らが作り上げた形式にあまりにこだわりすぎていて細部を詰めていない箇所も見受けられる。それでも、ユリアヌスが実は無神論者であり、異教徒を装っていたに過ぎないという説は、一定の説得力がある。ユリアヌスに関して書かれた歴史的資料を辿ることではなく、彼によって書かれた著作を実際に読むことによって、彼が実は無神論者でありながら神話論を書いた可能性は拭い去ることができないように思われる。本章で示したように、そのことにより、異教徒であるはずのユリアヌスが同じく異教徒のキュニコス主義者を弾劾したことの理由も明らかとなる。コジェーヴのような無神論的哲学者にとって、ユリアヌスがその著述において明確に自己の無神論的心情を吐露するのを忌避しようと試みたことは、納得いくものであった。その意味で、無神論者にとって、シュトラウスが取り扱った秘教的著述技法は有用であると言える。

本章では、コジェーヴとシュトラウスの論争の内容を理解する手掛かりとして、コジェーヴのユリアヌス論を取り扱った。その際に、彼がシュトラウスを意識してこの論文を書き上げたことを解釈の糸口とした。秘教的著作を読み解く際には、誰に向けて書いたかを考慮に入れることも肝要であると考えられるからである。ここまで、コジェーヴとシュトラウスという二人の哲学者たちがいかなる点で対立し、いかなる点で同調し、またコジェーヴがシュトラウスの理論を用いて何を導き出したか明らかにした。結局のところ、

ともに哲学者であるコジェーヴとシュトラウスとでは，知を愛する仕方が異なるのである。すなわち，前者は哲学的問いについての決定的な答えを出すことを主眼に置いたのに対し，後者は答えを常に先送りにして問いについて思索にふけることで，呻吟するというよりも，考えることそのものを享受したのであった。

　それに対し，彼らは方法論的には共通の手法を採用した。その文献読解法に関しては批判の対象となりやすいため，それを用いる際には相当に慎重になる必要がある。とはいえ，コジェーヴの無神論的ユリアヌス読解やヘーゲル解釈に見られるように，過去の哲学者たちの著作を解読する際に，字面通りに読むのではなく，簡明直截に書かれていない事柄を注意深く読み解くことは，これまで発見されてこなかったような実り豊かな結果をもたらしうる，新たな文献研究の地平を切り開く可能性を秘めていると言えよう。

　次章では，コジェーヴが無神論的立場を取りつつ，秘教的著述技法を意識した読解術を用いながら，プラトン及びヘーゲルの著作を分析したことについて論じる。

第2章

プラトン読解入門
――概念及び永遠性の関連に着目して――

はじめに

　アレクサンドル・コジェーヴが古代哲学について論考を重ねていたことには，これまであまり焦点が当てられてこなかった。彼は1968年，つまり亡くなった年に行なわれたジル・ラプージュとのインタビューに際して，東洋の宗教哲学に詳しいカール・ヤスパースの指導の下，ハイデルベルク大学で学んでいた学生時代を振り返りながら，次のように語っている。

　　私が仏教に興味を持ったのは，そのラディカリズムゆえでした。それは唯一の無神論的宗教（la seule religion athée）ではありますが，研究を続けるうちに，自分が間違えた道へと進んでいたことに気が付いたのです。私はギリシャで2400年前に何かが起き，そこに全ての源と鍵があると理解しました。最初の言葉が発せられたのはそこでした。[1]

　コジェーヴは無神論的観点から古代哲学へと関心を抱いていた。近代において哲学が完成されたと信じ，哲学の終焉も意味する歴史の終わりを唱えたコジェーヴが，歴史の始まりにいた哲学者といかに対峙していたか知ること

は現代人にとって重要である。この対峙を行なった背景には，古代への憧憬を露わにするハイデガー及びレオ・シュトラウスに対抗する意図がおそらくあった。彼のギリシャ哲学解釈を取り扱うことは，宗教と哲学の関係について考えるうえでも有意義である。より具体的に言えば，古代における（ギリシャの）異教と存在の関係について考えるうえで，コジェーヴの解釈は注目に値する。シュトラウスが指摘しているように，コジェーヴはギリシャ思想とユダヤ–キリスト教の合一を図っていた[2]。コジェーヴにとって，有神論者であると考えられるプラトンは，とりわけ取り組むべき相手であった。

　コジェーヴによるギリシャ哲学研究の成果は，『概念・時間・言説 *Le Concept, le Temps et le Discours*』（1952-1953年に執筆）及び『異教哲学の体系的歴史に関する試論 *Essai d'une histoire raisonnée de la philosophie païenne*』（1953-1955年に執筆，3巻本，未邦訳）の中に結実している。これらはコジェーヴの著作の中でも，これまで言及されることがきわめて少なかった。ドミニック・ピロットの表現を借りると，次の通りである。

> 浩瀚な『異教哲学の体系的歴史に関する試論』（1968年）——その双生児にして短縮版である『概念・時間・言説』（1953年）は多くの場合に，数多ある百科辞書的な解説書の中で，わずかに控え目な考察をなされただけであった。このように興味を持たれてこなかったことは，多くの難解な図式や数学を用いた「論述形式 topoï」とおそらく無関係ではあるまい[3]。

　本節では引用文中の2冊に加え，『ヘーゲル読解入門』（1930年代の講義を基にして，1947年に出版）も参照しながら，上で挙げた古代の著述家の作品群も引用する。

　ところで，コジェーヴは古代哲学に関する自らの研究書に対し，『異教哲学の体系的歴史に関する試論』というタイトルを付けた。第1章でも言及したように，この本の出版前に，タイトルのみを伝えられたユダヤ系の哲学者レオ・シュトラウスは，コジェーヴに宛てた1962年5月29日の手紙の中で，「その形容詞｛異教の Pagan｝が示唆しているように，君が君の父祖たちの信仰へと回帰したことがわかって私は喜んでいるのだ」[4]と述べている。このよ

うに有神論的態度を見せるシュトラウスは、コジェーヴがもはや無神論者ではなく、ギリシャの異教を信ずるようになったとみなしている。だがむろん、そのような時代錯誤的信仰を持つことは不可能に近い。彼は無神論者として、イデア界の存在を認めずに、したがって魂が不滅であることを疑いながら、プラトンの著作を分析したのである。しかしシュトラウスは、コジェーヴが無神論的観点から古代哲学を解釈したことに気付くことはなかった。コジェーヴはプラトン哲学が内包する宗教的側面に着目したが、この着眼点は異教への信仰を持たずしてプラトンを読む現代人にとって示唆的である。コジェーヴが理解した限りでの無神論者ユリアヌスは、次のように考えている。

> プラトンの「神話」の内容はまた虚偽でもある。〔この形式が「信じられうるのは」、まさしくそれが実際に信じられているからに他ならない〕。つまり、〔ユリ〈アヌス〉が理解した限りでのプラトンによれば、〕いかなる場合にも、「魂」は不死ではないのである。

コジェーヴはプラトンを通じて、パルメニデスにまで帰着することで哲学史を読み直している。本章では、コジェーヴの無神論的な観点に立ち、ヘーゲル主義的時間性の観念を基礎に据えながら、古代哲学史における存在論及び現象学を、プラトン的な二分法に着目しつつ、解題したい。その際に、コジェーヴの読解の利点及び問題点の両方を見据えながら、その読解の意義を問い直していきたい。ただし、コジェーヴがパルメニデスについて言及する際に、プラトンの著作『パルメニデス』に相対的に重きを置いていることから推測されるように、実際に彼が重視しているのはプラトンのほうであるため、本章もプラトン解釈により多くの分量を割く。

1　プラトン解釈の特質

本章が取り扱うのは、プラトン哲学自体というよりも、コジェーヴの描いた哲学史におけるプラトンである。コジェーヴはプラトン哲学をプラトン本人あるいはその同時代人が理解していたように開示することに重きを置いていない。そうではなく、彼はヘーゲル主義的観点に立脚して、すなわちヘー

ゲルが哲学史の頂点に君臨すると信ずる立場に立つことで，古代哲学が後世に与えた影響を意識しながら，プラトン哲学がすでに克服されたという前提で，事後的にプラトンについて論じるところに，コジェーヴによる解釈の特質がある。彼は『概念・時間・言説』の中でヘーゲル哲学が真理へと到達したと主張している。

> 一方で，歴史上真に偉大な哲学者のうちヘーゲルは最後の哲学者であり，このことに真面目に異を唱える者などいないだろう。他方，本書の目的は，ヘーゲルが最初の賢者であり，一般的に言えば最後の哲学者であり，語の本来の意味において最後の「歴史的人間」であることを示すことである。[7]

したがって，ヘーゲル以降には哲学が存在しなかったということになる。このような視点に立ちながらコジェーヴがプラトン読解を行なったことに関して，彼が生きていた時代に，その論文の英訳 The Emperor Julian and His Art of Writing（1964年）を行なったことのあるジェームズ・H. ニコルズ・ジュニアの言葉を借りれば，次の通りである。

> コジェーヴは実際に，しばしばプラトンが特定の対話の中で何を言おうとしているか正確に理解しようという熱意を示してはいる。だが，ヘーゲルの知の体系を導入するという文脈で，コジェーヴはプラトン哲学が乗り越えられたということを心得ていると信じる立場から，歴史主義的研究方法のほうを優先させる。[8]

進歩史観に基づくコジェーヴのプラトン読解は一見「歴史主義的」に思えるかもしれないが，実際には彼は歴史主義者がそうであるように相対主義に陥ってはおらず，社会が哲学を決定するとも考えない。[9]逆に哲学が社会を決定すると彼は主張する。[10]

その主張の是非はともかく，彼に従えば，パルメニデスの一元論，プラトンの二元論を経てヘーゲルの三位一体論へと行き着くことで議論が進歩したものと考えているにもかかわらず，[11]これまでコジェーヴのプラトン解釈は見

第2章 プラトン読解入門

過ごされてきた。ドミニック・ピロットの『アレクサンドル・コジェーヴ *Alexandre Kojève*』(2005年，未邦訳) の中でもコジェーヴにおけるパルメニデスやカントには焦点が当てられているのに，そのプラトン解釈はほとんど論究されなかった。また，コリン・コードナーは「プラトンの概念 The Concept of Plato」(2009年，未邦訳) の中で，コジェーヴの著作の中で『入門』のみを参照しながら，コジェーヴによるヘーゲルのプラトン理解を明らかにしようと試みたが，その中ではプラトンの二分法は議論の俎上に上がってはいない。

　コジェーヴはプラトン哲学を読み解く際に，存在の「三位一体論的」性質の内に真理のあるべき形式をヘーゲルが見出したことを念頭に置いた。ヘーゲル哲学における三位一体論については第3章で詳説することになるが，コジェーヴは存在・無・(存在と無の間にある) 差異の三者が融合することで，真理に到達することをヘーゲルに依拠しながら主張したと書いておけば，ここでは十分である。というのも，存在と無に関する考察こそ，コジェーヴの解釈したプラトン哲学の中心的主題だからである。そしてこの考察は，プラトンの存在論及び現象学という主題と関わりを持つ。

2　概　　念

　古代哲学における存在論及び現象学に迫る前に，コジェーヴが論じている概念 (Concept) とはそもそも何を指しているか明らかにしておきたい。彼は『概念・時間・言説』の中で，概念の定義をヘーゲルに負うとしながら，次のように述べている。「概念とは，把握可能であるもの (把握可能なものとして取り上げられたもの) の統合された – 全体性である」，あるいは，「概念とは，理解可能であるものすべてを包括する – 意味である」[12]。人間が事物を理解ないし把握する際に用いるのが言葉であるが，それ自体は音及び文字に過ぎないことから，コジェーヴは言葉のことを形態素 (morphème) と呼ぶ。

　コジェーヴは言明していないが，形態素とは，彼と同時代人であるフランスの言語学者マルティネが用いた用語であり，言語の中の最小の表意単位を意味する。このような形態素は，実際には現前に無い事物を表象させる作用

を持っており，人はそれなくして全く何も思考することができない。この形態素は，哲学において伝統的に使われてきた用語で言えば，観念（notion）のことを指している。形態素は，広がりを持つ物質である事物とは異なっており，人間は形態素を駆使することで，一種のテレパシーとも言うべき思念伝達を行なっている。コジェーヴの表現を借りれば，形態素とは「魔術的」事物であり，それはまた「音声や書記等による意味を持つ「自然的」事物」でもある。形態素が持つ，このような特殊な作用のことをコジェーヴは「いま・ここ hic et nunc」からの分離であるとしているが，この形態素が現に世界に存在していることは，われわれにとって疑いようがない。個々の形態素は，それぞれ異なった意味を持っているのだが，全ての意味を包括する一つの形態素が存在すると考えることが可能であり，それは概念と呼ばれる。

　概念が時や場所の制約にとらわれない普遍的なものである時に，それは真理の名で呼ばれるに値する。定義上，概念という包括的な観念は，全ての観念の意味を「いま・ここ」に表象することができることになる。つまり，このような概念は多くの異なった意味の共存の下に存在しているため，互いに矛盾するような意味をも包含している。いずれにせよ，このような概念というのは，コジェーヴによれば，「単一にして全体的 uni-total」なものであり，また「一者にして唯一 un et unique」のものである。あるいはまた，「概念とは，統合された全体性〔＝把握可能（concevable）であるもの（把握可能なものとして取り上げられたもの）の単一－全体性〕である」ともコジェーヴは述べている。プラトン風に言えば，概念は諸イデアの中のイデアなのである。いかなる形で言説が発展してきたか知るうえで，概念と時間との関連性，また概念と永遠性とのそれを知ることは重要な意義を持っているとされる。

　コジェーヴに従えば，哲学の歴史が行なってきたのは，概念に関する言説を発展させることに他ならない。ところが，まさにこの点にコジェーヴのプラトン解釈の難点がある。例えば，コリン・コードナーは，プラトンが「概念」にあたる用語ばかりか，「時間」や「永遠性」に相当する用語を使用していないことを指摘する。それだけならば，まだ用語の問題であり，プラトンが「イデア」の語を用いることで，概念に近い発想法を示していたと言えなくもない。より大きな問題点として，コジェーヴが『ヘーゲル読解入門』

の中で,存在物を認識すること,すなわち概念的把握は存在物を支配下に置くことであると信ずる点をコードナーは強く批判する。

> 歴史の終焉時に,『ヘーゲル読解入門』の人間は,あらゆる現実的なものを経験的現実へと変形する,すなわち神の化身である人間は存在する全ての物を支配するのである。概念的把握は,この意味で把握されれば,そうすることで「拘束して解放する」(マタイ伝16章19節)力をもたらすような把握である。それは最も深い意味で,製作して支配しなくてはならないとする類の把握である。(16)

このように,コジェーヴのヘーゲル解釈について語る際に,彼が「認識することは支配することである」という視点に立っていることを批判することには一定の有効性があるであろう。ただ,そのような批判は,コードナーの場合には『ヘーゲル読解入門』に限定したコジェーヴ解釈に則っている。この批判は,本章で主に取り扱う『概念・時間・言説』及び『異教哲学の体系的歴史に関する試論』の中でコジェーヴが主張していることにまで及ばない。というのも,これらの本の中でコジェーヴが試みているのは,『精神現象学』のみに依拠して,概念的把握により人間の自然に対する支配を確立することではなく,『精神現象学』に加えて『大論理学』の分析を行ないながら,真理を探究することだからである。先にも言及した通り,筆者の考えでは,『大論理学』を基にして書かれた『概念・時間・言説』では,ヘーゲル主義的な真理の存在様式について解き明かすことが主題となっている。コジェーヴはヘーゲル哲学において,概念が永遠性ではなく,(人間がその中を生きる)時間と結び付けられていることを強調している。

以下では,概念と永遠性の連関について語った古代の哲学者としてコジェーヴが挙げた,パルメニデス及びプラトンについて順に見ていきたい。

3　パルメニデス的存在論の解釈

コジェーヴの見解では,パルメニデスにおいて,概念は永遠的なものであるどころではなく,永遠性と一致するとされ,それは生成されるという性質

を持たず，永遠に同一性を保つものである。[17]パルメニデスの哲学の中では，人間の語る言説においても，それが対象とする存在においても時間が介在する余地がない。存在自体について初めて語った哲学者であるとされるパルメニデス自身は，概念に該当する語を用いてはいない。彼の語るところの存在自体が指しているものは，「存在するものすべてに共通するもの」であり，コジェーヴの用語で言えば所与存在（Etre-donné）のことである。[18]

　パルメニデスにすれば，いかなる形を取るものであれ，存在するものについてしか語ることができず，論理的に考えれば存在の外には何も存在しない。存在するかどうか疑わしい事物――例えば宇宙人――について人は語ることもあるが，それは言説の形で存在していると言える。コジェーヴの意見では，言説（ギリシャ語で「思考する」という意味の動詞 νοεῖν）及びその対象（ギリシャ語では「思考」を表わす名詞 νόημα）が一致するところに真理が誕生すると考えられる。[19]それが意味するのはどういうことであろうか。

　言説と対象の両者はともに存在の一部であるから，一体をなす。存在とはそもそも，一にして唯一のものであり，換言すれば，存在は一体性（unité）と唯一性（unicité）とを兼ね備えている。そして，存在においては過去と現在と未来の間での差異や区別はなく，存在は時間内で持続することがない。パルメニデスは，今日にまで伝わっている数少ない断片の中で，詩的表現を用いつつ以下のように論述した。

> 　語られるべき道としてなお残されているのはただ一つ――すなわち（あ・るものは・）あ・るということ，この道には非常に多くのしるしがある。すなわちいわく　あ・るものは不生にして不滅であること。なぜならば，それは姿完全にして揺がず　また終わりなきものであるから。またそれはあ・ったことなくあ・るだろうということもない。今あ・るのである――　一挙にすべて，一つのもの，つながり合うものとして。（「自然について」断片8）[20]

　パルメニデスの考えをあえて単刀直入に述べれば，あるものはあるのであり，ないものはない。ヘーゲルはこの命題がトートロジーに過ぎず，「昔の形而上学では大きな意義」を持ったと『大論理学』の中で皮肉交じりに批判

した。だが、パルメニデスにとってそれは循環論法ではなく、ないものについてわれわれが語ることはできない、つまり、存在するものについてしかわれわれが語ることはできないこと、そして、存在するものは永遠に不変であることを彼は主張している。パルメニデスの言葉を借りれば、「あるもの（のみ）があると語りかつ考えねばならぬ。なぜならそれがあることは可能であるが無があることは不可能だから」（「自然について」断片6）。このことから明らかであるように、パルメニデスにとっての「現在」には時間性が関与する余地がなく、それは永遠性そのものである。したがって、彼の構想した「一なる存在」も、それについて語る言説も等しく永遠的である。それゆえに、「真なる言説は、いつでもどこでも（すなわち必然的に）同じである」とコジェーヴは解釈した。パルメニデスの説では、存在は本性上同質的なものであり、常にどこでも必然的に自己同一的なものでなくてはならないことになる。

コジェーヴによれば、真なる言説は確かにパルメニデスの主張する通り一でなければならない。なぜならば、首尾一貫しておらず、自らが述べることと反対のことを同時に述べるために、矛盾しているような言説とは誤った言説（ないし誤謬）であり、それは一でも唯一でもなく、多（multiple）である。コジェーヴの指摘するように、パルメニデスは、このように誤謬を述べる人々が「あらゆるものについて逆向きの道」を辿ると比喩的に表現している（「自然について」断片6）。このような誤謬に基づきながら存在について語る時、存在と無とを同一化するとともに区別してしまうという矛盾をきたす。よって、誤謬とは異なり、真理は一個同一の存在と合致するような一にして唯一の言説でなければならないことになる。

パルメニデスの上述の意見に関してコジェーヴの指摘するところでは、パルメニデスが存在について語る時（すなわち言説を作り出す際）に、自らが語っている言説が主観的であることを「無視」ないし「忘却」してしまっていることに問題がある。パルメニデスは自身の言説に客観的な装いを持たせるために、存在そのものという抽象的かつ客観的な観念について語ったと言える。彼はひそかに自らを特権的な位置に据えながら、存在について語ろうとしたのである。しかし、実際には言説とその対象はともに存在の一部である。そもそも対象とは存在するものであるが、言説も存在しているからであ

る。コジェーヴの考えている通り，この両者が同一となるところに真理が現われてくると言えよう。彼のパルメニデス批判の核心にあたる箇所を引用しよう。

> 存在 - 論的言説の目標に到達することを急いだパルメニデスは，自己の言説が，人が - それについて - 語る - 存在について語るものであることを忘却した。それゆえパルメニデスは誤って，人が - それについて - 語る - 存在と存在について - 語る - 言説が一をなすと考えた。その結果パルメニデスは，一なる存在を永遠性と同一化させてしまったのである。[25]

つまるところ，パルメニデスの存在論の枠組みでは，対象あるいは感覚的事物が構成する現象界について説明できないために，真理へと到達することができない。パルメニデスの哲学体系においては，存在論のみが論じられ，現象学が誕生する余地がないのである。そうとはいえ，ヘラクレイトスの思想に端を発すると思われる現象学の枠組みの中では，われわれの言説はその時々によって常に変動しうるものであるために，単なるお喋りに堕する。

このことについて，『異教哲学の体系的歴史に関する試論』の中のコジェーヴの言葉を引用しよう。「いくぶん図式化すれば，パルメニデスの哲学は（「結局」）孤立した存在論に帰し（それに，その「分離」ゆえに存在論はまた沈黙に帰する），他方で哲学はヘラクレイトスの掌中で孤立した現象 - 学に帰する（現象学は，その「分離」ゆえにお喋りに堕する）」[26]。存在主義とでも言うべきパルメニデスの存在自体への偏愛を超克しようとするコジェーヴは，哲学的真理の存在可能性の否定へと逢着するヘラクレイトスにも抗しながら，独自のプラトン解釈を展開していく。パルメニデスの存在論を批判しつつ継承した，プラトンの存在論及び現象学を次に見ていきたい。

4　プラトン的存在論及び現象学の解釈

(1) 存在と無

コジェーヴ自身が指摘しているわけではないものの，筆者の見解では，プラトンが中期に執筆した，最もプラトン的な著作とすら言われる『饗宴』の

中でも, パルメニデス的真理の存在様式は継承されている。そのことは, 女性占い師のディオティマが, 唯一無二の絶対的な真理である美そのものの性質について語った次の台詞からうかがえる。

> まず第一に, それは常住に在るもの, 生ずることもなく, 滅することもなく, 増すこともなく, 減ずることもなく, 次には, 一方から見れば美しく, 他方から見れば醜いというようなものでもなく, 時としては美しく, 他方から見れば醜いというようなものでもなく, 時としては美しく時としては醜いということもなく, またこれと較べれば美しく彼と較べれば醜いというのでもなく, またある者には美しく見え他の者には醜く見えるというように, ここで美しくそこで醜いというようなものでもない。(211)[27]

ディオティマに関しては, 実在したかどうか判然としない。彼女の発言は, 実はプラトン自身の意見を代弁しているのかもしれない。その是非はともかく, 彼女の考えでは, 真理とは永遠的性質を持つ一者であることは明白であり, ソクラテスも彼女の意見に説得されたと述べている (212)。さらに, プラトンは『饗宴』と同様に中期に書いたとされることの多い『パルメニデス』[28]の中で, なぜか自らのイデア論を執拗な批判にさらしたことから, 彼が『パルメニデス』を書いた頃には以前に主張していたイデア論を放棄していたとも言われる。単純に考えれば, そうかもしれない。だが, コジェーヴによれば, プラトンはこの本の中で, パルメニデスが述べるところの一者が時間外にあるので, 実のところ言表不可能 (ineffable) であることを示そうとしているのである。

そして, コジェーヴの意見では,「プラトンは『パルメニデス』のイデアを一者と同一視している」[29]。この意見は何も突飛なものではない。129A では, ソクラテスは「あなたは〈似る〉ということ（類似性）が何らかの種目（形相）としてそれ自体で独立に存在することを認めませんか」[30]とゼノンに向けて発言している。その発言に対して, パルメニデスも 130A で「何とも感心のほかないよ」と述べることで, 肯定的な態度を示す。そのうえで, 彼はイデア論を耳にした者たちの指摘するこの論の抱える難点について,「イ

デアなんてものは存在しないのだ，またたとえ万一存在するとしたところで，それは人間の性をもつものには不可知」（135A）であると述べる。ところが，パルメニデスはイデア論を決定的に反駁することはない。それどころか，彼はソクラテスに対して，自らの提唱する「一つのもの」（あるいは一者）の観念を手掛かりにすることで，イデア論を発展させるべきであると指し示そうとしている。

> もしも誰かがね，ソクラテス，今度は逆に，以上にあげられた困難や他にもこの種の困難が出されるのを望見して，およそあるものの形相となるものの存在を許すまいとし，それぞれ一つのものについて何か形相となるものをはっきりきめようとはしないとしたら，自分の考えをどっちへ向けたらいいのかさえもわからなくなるだろう。イデアが存在のそれぞれについて恒常的に同一性を保って存在していることを認めまいとするからにはね。（135C）

このようにパルメニデスはイデアの恒常性を指摘した後で，個々の形相の総体である一者について議論を展開していく。したがって，イデアと一者とを同一のものであると認める説は正当であると考えられる。また，一者に関する説を延々とパルメニデスが述べることに終始する『パルメニデス』を書いた時期のプラトンは，イデア論を手放したわけではなかったことになると筆者には思われる。

さらにコジェーヴの解釈に従えば，語ることができないものとしてのイデアは，『パルメニデス』の中では一者と言い換えられながら，その存在が肯定されるとともに，その非存在も暗黙裡に認められている。この見解が正しいかどうかを検証すべく，プラトンが『パルメニデス』の中盤で，パルメニデスの意見を挙げ連ねている箇所を引用しよう。「それ〔一なるもの〕は名づけられることもなければ，言論で取り扱われる（説明される）こともなく，思いなされることも知られることもなく，またおよそ存在するもののうちの何かがそれを感覚するということもない」（142A，〔 〕内は執筆者による補足）。ここで明らかなのは，パルメニデスが主張する存在そのものとしての一者について考察を重ねていった結果，それは存在しないことになってしまうばか

りか，言表不可能でもあるとプラトンが示唆している可能性である。このように解釈すれば，プラトンが『パルメニデス』の中で，イデア論をパルメニデスの手厳しい批判にさらしたことの背景にある隠された真意が理解できよう。プラトンがこの世に存在している現象を「ありかつあらぬもの」であると認識したことと同様に，イデア自体も「ありかつあらぬもの」あるいは，コジェーヴ風に言えば「存在かつ無」であることになる。[31]

パルメニデスの存在論において，ないものはないと断言されているはずであるにもかかわらず，ないはずのものについて語るという不合理がコジェーヴにとって問題である。このことについて，彼は次のように述べる。

> パルメニデスが〔一個同一の文章で〕存在はあるとだけでなく，〔無は言表不可能であると断言した後で〕無はないとも言っているのは，言い違いや避けることのできた「軽率さ」のせいではない。本当は，たとえあるもの，すなわち存在「だけ」を語ろうと欲したとしても，非‐存在(Non-Etre)（＝無 Néant），すなわちあらぬものをも語ることを余儀なくされるものなのである。[32]

これに対して，プラトンの存在論においては，存在と無という対立する二者があることになるとコジェーヴは指摘する。存在と無は，互いにとって対観念である。当然ながら，プラトンが実は二元論者であるとする解釈は古くからある。[33] プラトンは存在論（イデア界）と現象学（現実界）とを架橋して両者を一つに統一しようと試みたと考えるならば，彼の哲学は一元論的であるとも二元論的であるとも解釈できる余地があるように思われる。しかしながら，イデア界の存在を認めない無神論的立場に立脚すれば，プラトンが身体の世界を脱却して魂の世界へと一元論的統一を図ったという見解は受け入れがたいであろう。それゆえ，コジェーヴにしてみれば，プラトンの存在論は二元論的構造を持っていることになるのである。

ところで，コジェーヴの議論を敷衍して言えば，西洋哲学の歴史においては，無の観念が軽んじられており，それゆえに西洋の言語で「無について語る」という言い方をすることすらも容易ではない。例えば，フランス語ではrienという語は否定的な意味を含む文で使われることが前提とされている。

このような事情を鑑みて，コジェーヴは無について語るために通常用いられる rien に加えて，néant, non-être 及び in-existant という語を導入した。このことは，コジェーヴが若かりし頃に東洋思想に傾倒していたことと無関係ではないであろう。彼は 1926 年にハイデルベルク大学で学位論文を提出する際，サンスクリット語及び中国語の口頭試問も受けて合格しており，さらに 1930 年代には日本思想も含む東洋の思想に関する書評を発表していた。

　いずれにせよ，コジェーヴが西洋哲学史の中で軽視されてきた無の観念に着目することで示そうとしたのは，実はプラトンの存在論には存在と無という二つのものがあるという一つの帰結であった。コジェーヴはパルメニデス由来の西洋哲学史の伝統に従い，無は存在しないことを認めながらも，存在について語る際に，同時に「無という不在の現存 la présence de l'absence du Néant」についても語らなければ，言説的真理の可能性自体を説明することができないと指摘している。そのことは以下の引用からうかがえる。

　　所与 - 存在における無という不在とは（ないし，無という不在の現存とは），所与 - 存在における存在の現存と全く同じく，所与 - 存在を「構成する」事柄である。なぜなら，無という不在の現存がなければ，所与 - 存在は，それについて「何とでも」語れる対観念（Dyade）に過ぎないことになるからである。より正確には，無という不在の現存がなければ，「存在は無と異なる」と言うことさえできなくなる。

したがって，存在と無は並列して論じられるべきであることから，プラトンのイデア論は存在と無の二元論から成り立っているとコジェーヴの解釈に即して述べることができる。なぜ存在のみについて語ることではなく，それに加えて無について語ることが重要なのかと言えば，そうすることによって言説的真理を展開できる可能性が生ずるからである。

　コジェーヴは無について，ある重要な注の中で次のようにも語っている。

　　無は，言ってみれば疑似 - 観念である。疑似 - 観念は，どんな疑似 - 観念とでも，すなわち，矛 - 盾した「意味」を持ついかなる「観念」とでも置き換えることができる。意味を欠いた形態素としての「無」は，一

つの記号(symbole)である。(この記号は都合によって,「数学的」記号"ゼロ","0",ないし他の任意の記号に置き換えても良い)。[38]

　このように,無は正真正銘の観念である有とは異なり,それ自体では存在しないという意味では,「疑似-観念」に過ぎないと言える。だが,無は存在との関係においては重要な意義を持つことになる。換言すれば,存在にとって,無の現存という事実はけっして無視することはできない。それゆえに,先の『パルメニデス』からの引用にあったように,プラトンは存在について語る際に,もし無がなければ「一と一以外のもの」については,何とでも言えることになってしまうことになるため,正しく語ることはできないとコジェーヴは考えている。そのため,存在について正しく語ろうとすれば,無についても必然的に言及することになるとコジェーヴは結論付けようとしている。

(2) プラトンの二分法

　『パルメニデス』から引用した際に,プラトンは「一」と「一以外のもの」という区別をしていると書いた。確かにそれ以外の箇所でも,プラトンはパルメニデスの台詞「一を一以外のものとは異なると言う場合,一以外のもののもつ異なりを言うのではなくて,一のもつ異なりを言うことになるからである」(『パルメニデス』160E)の中で,「一」と「一以外のもの」という二分法を用いている。さらに,プラトンはパルメニデスが「一はいつも有をもち,有もまた[いつも]一をもつから,いつも二つのものが生じて来て,いつになっても一つではないということが必然となる」(『パルメニデス』142E-143A)と述べたと書き記している。プラトンはまた別のテクストで,劣悪なるものを極力排除することで社会平和を実現するべきだと息巻くテオドロスに対して,ソクラテスが「でも,その劣悪なものがなくなるというわけにはいかんでしょうよ,テオドロス,何かしらん,いつもすぐれた善いものにはそれの反対のものがなければならないのですからね。それにまたその悪くて劣ったものが神々の間に居場所をもっているというわけにもいかないし」(『テアイテトス』176A)[39]と発言したと書いている。プラトンは善のイデアに対する悪のイデアの存在を,それがたとえ下等なものであるにせよ,一応は

認めているのである。そして同様にソクラテスの口を通じて，一と一とが組み合わされば二になるという，常識的に考えれば正しそうに思われる命題にプラトンは疑義を挟み，それが実は不合理である理由を次のように叙述している。「これらのそれぞれがお互いから分かれて別々にあったときには，それぞれは一であって二ではなかったのに，相互に近づいたときには，相互の近くに置かれたというこの接近が，それらが二になることの原因だった，というのはまことに不可解なことだからだ」(『パイドン』97A)[40]。数学的に（あるいはソクラテス風に言えば「自然学的」に）正しい事柄が，現実世界において必ずしも正しいとは限らないとプラトンは想定しているため，ある一つのものと全く別の種類のものを単純に合わせても二つになるとは考えがたいことになるのであろう。いずれにしても，彼が二という数字に固執しながら議論を展開していたことは確実である。それでは，プラトンはなぜ，このような二分法を導入したのであろうか。

　その理由は，先に述べた通り，存在しないはずのものについてパルメニデスが語るという矛盾に陥ってしまっているからだけではない。そもそも，何かについて述べようとすると，必ずその何かが何でないかについても言外で述べることになるとコジェーヴは指摘する。そのことは次の文章から読み取ることができる。

　　単一‐全体的存在である存在のこの全体について語る時には，（〔明示的に〕語られる）同は存在であると（真言する（dire *vrai*）ため，矛‐盾なく語ろうとするなら）言わなくてはならない。またこう言うこと自体によって，（〔明示的には〕語られない）他は存在ではないと，あるいは同じことだが，他は非‐存在ないし無であると，（少なくとも黙示的に）言うことになる[41]。

　例えば，花が赤いと述べることは，それが青や緑などの他の色でないということを暗に示唆している。コジェーヴ自身が述べているわけではないが，また別の例を挙げると，われわれはあえて「首の長いキリン」と普通は言わないように，もしも仮に全ての花が赤いとすれば，わざわざ花は赤いと述べる必要性はないのであるから，その場合には，「赤い花」という観念は，

「花」という観念へと収斂されるであろう．同様に，物理学において正の粒子について語るためには，負の粒子が存在するという前提を，少なくとも理論上は要請するのである．(42) したがって，コジェーヴは『異教哲学の体系的歴史に関する試論』の中で，パルメニデス的一者について論究する際に，「ただ，もしも単独の一者しかなかったとすれば，それについてわれわれは何も——それが単独であるということですらも——言うことはできないであろう」(43) と論じたものと考えられる．

コジェーヴの立論では，哲学者であるとともに，古代ギリシャの多神教を信奉していたという意味で信仰者（Religieux）でもあるプラトンは，この世界の外に何も存在しないことを認めたくはなかったため，イデア界にパルメニデスの言うところの一者があると想定するに至ったと推測される．(44) 次の引用で見る通り，パルメニデスの指摘をそのまま受容したプラトンの考えでは，一者がなければそもそも言説が真であると言うことはできない，とコジェーヴは述べている．「3　パルメニデス的存在論の解釈」で，言説は対象と一致することで真となると論じたが，プラトンにとって，それが真となるためにはイデア論を持ち出す必要があるように筆者には思われる．「4　プラトン的存在論及び現象学の解釈」の「(1)　存在と無」で論じたように，一者とイデアを同一視するプラトンは，イデア論を放棄しないために，一者の理論を受け入れたものと考えられる．プラトンは，一者を排除してしまったならば弁証法（dialectique）(45) の長所をも消し去ることになるとまで認めている（『パルメニデス』135C）．プラトンが表面上は二者ではなく，一者に固執した理由について，コジェーヴは以下のように書いている．

> プラトンは，言表不可能な全く‐単独の‐一者がなければ，言説自体が真でありえなくなることを『パルメニデス』で示したと，強く確信していた．それだけにプラトンは，執拗なまでの熱意で（そして哲学的良心で）一者を主張したのである．(46)

プラトンは感覚界に存在している所与存在以前に在るものとして，来世にいる一者を前提に置いたのだが，この一者とは，つまるところ超越的な神に他ならない．われわれがこの神について語るには，沈黙の内で神の側から啓

示が下るのを待つしかない。コジェーヴの推論に従って，プラトンは哲学者であり，また信仰者でもあると考えれば，プラトンがあくまでも一者に拘泥したことは何ら不思議なことではない。

さらにコジェーヴに従えば，一者は，現実の空間において広がりないし延長を持つことはなく，過去・現在・未来というように，時系列に従って分割されることもない。それゆえ，一者のイメージは球体というより，点であると述べたほうがより的確に本質を捉えていると言えるであろう。このことに関して，『異教哲学の体系的歴史に関する試論』から引用しよう。

> あらゆる同一物の（空間的な）差異が，何であれ異質な物の（時間的な）同一性によって「補正 compensée」されるという意味で，「点である」または「唯一のものである」と言っていいような所与存在そのもの，または存在する‐空間‐時間性（Spatio-temporalité-qui-est）の構造をこの点は図表的に表象する。

ただし，一者はそもそも言表不可能であることから，一者という観念は疑似‐観念（pseudo-notion）に過ぎず，意味を欠いた記号であり，また疑似‐形態素（pseudo-morphème）である。プラトンの論理に基づくならば，諸現象は「いま・ここ」から切り離されるばかりではなく，持続からも分離される。諸現象はこうして，諸観念の意味，さらにはイデアへと生成することが可能である。そして，諸々のイデアは，イデアの一体性を通じて，一者を分有することになる。そもそも真なる言説とは一つに収斂されるはずであるから，以上の経緯をもって言説が真理となることが保障される。

ところで，コジェーヴが言うように，プラトン的な二者は一者を分有し，また前提としている。このような二者あるいは「二なる存在」とは，有と無から成立しているが，この有と無の間には差異が認められないために，それは差異なき同一性のことであると言える。もし仮に有と無の間に差異があるとしたならば，それに関わる言説はもはや二者ではなく，有と無と差異の三者になってしまうであろう。次の引用で見るように，コジェーヴは，実はプラトン自身がヘーゲルと同様に，言説が弁証法的構造を取る際に結局は三者になることを心得ていたのではないか，とまで述べる。

おそらくプラトンは，三なる存在についての言説は〔遅かれ早かれ〕その「帰結」として，〔真なる，ないしは少なくとも矛‐盾のない〕言説から，パルメニデスの一者を完全に駆逐することになると「予‐知」していた。(中略) プラトンは我々の生きる世界で生き，世界について語っているのに，この世界より他には何も存在しない，この世界より他の何物も存在しない，と言うことが真であると認めたくなかったのである。[49]

　一見すると，引用の前半部については，その根拠を示していないことから，やや説得力に欠けるように思われる。しかしながら，コジェーヴがレオ・シュトラウス流の「秘教的著述技法」を意識した読解法を試みていたことを考慮に入れるならば，必ずしもその説は誤りとは言えない。プラトンは哲学者でありかつ信仰者でもあったことから，先の引用で見たように，彼はこの世の外に神の世界がないことを認めるわけにはいかなかった。換言すれば，彼は宗教的見地から，われわれが語る個々の存在物に対し，超越的な存在であり，言表不可能でもある一者が在ること，そしてその一者について語りうることを認めたかった。そのため，彼はたとえ弁証法的合一の可能性に気付いていたにしても，そのことにあえて言及しなかったのであろう。
　先にコジェーヴの見解に沿って，プラトンの存在論における二者が一者を分有し，また前提すると書いたが，同様に，所与存在は永遠性を分有し，また前提とすると考えられる。この所与存在とは多数のものであり，永遠的な諸々のイデアの集合である。結局のところ，プラトンにおいて，所与存在を一体的に統合する概念は永遠的であり，また永遠性を分有していると言える。このように，プラトンの言説は永遠性と関連付けられるのであって，時間とは無縁である。プラトンはその存在論において，現象を「殺す」こと，つまり全ての時間的持続を剥奪することによって現象を救出しようと試みたのであろう。ただ，彼の仮説に基づいても，人間の言説が時間的持続を有することを説明できず，ひいては存在論に歴史という時間があることも説明できない。プラトンが後の時代の哲学史を知りえないことに関しては，やむをえない事実であろう。しかし，彼が言うように，神的かつ超越的な一者が時間内で，時間を超越しながら「神秘的沈黙」なるものを開陳できるということは

矛盾を孕んでいる。

　そこで，プラトンは存在が実は二者であると主張することで，この矛盾を乗り越えようとしたのであろう。プラトンが『パルメニデス』の中で，自らが提唱するイデア論をパルメニデスによって反駁させながらも，イデアと一者とを同一視したことは，一見したところ不合理に見える。しかしながら，諸イデアを統合するような一者を想定し，諸現象と一者とを関連付けることに，プラトンは真なる言説を作り出す可能性を見出したと考えられる。このことについて，コジェーヴは次のように具体例を挙げながら論じている。

　　馬について語れるためには，諸々の馬（あるいは少なくとも一頭の馬）を見たことがあるのでなければならない〔この点に関し，プラトンはアリストテレスと同意見である〕。ただし，諸現象が「対応する」諸イデアを参照しないなら，また，これら諸イデアそのものが（言表不可能な）一者に「関連付けられ」ていないなら，諸現象について真なることを言うことは全くできない。(50)

　つまり，まず，感覚によって捉えられた諸現象と諸イデアが結び付けられ，次に諸イデアが一者と連携されなければ，真理的言説を作り上げることができないのである。

　さらに，コジェーヴはイデアに関して，イデア自体について語ることはできないが，イデアに数を付けることができると考えた点で独創的なプラトン解釈をしていると言える。彼の言うように，そもそも一（者）がなければ，数自体がこの世に存在しないことになる。

　　イデアを言表不可能な一者に「関連づける」のでなければ，イデアについて何も言うことはできない。そうするには，まずその数を示し，それから「対応する」諸現象を知覚したうえで，ある名（＝意味を付与されている語）をその数に付け，そして（本来の意味で）語れば良いのである。イデアの数は「叡智界 monde intelligible」の序列のうちに位置を占めており，この「観念的」位置が，「現実世界」（コスモス）のなかに，「対応している」諸現象の現存在の場所（トポス）を決定する。(51)

第2章　プラトン読解入門　　83

それゆえ，諸現象，イデア及び一者が正確に関連づけられる限りで，それに関わる言説が真であると判定することができる。逆に言えば，もし一者及びイデアとその現象との対応関係が明確でなかったならば，人はこの世界の中で正しいことを語ることはできないため，哲学者にとって真理の探究はできないことになってしまう，とコジェーヴはプラトン哲学を分析しながら暗に示唆しているように思われる。

　先に述べたように，コジェーヴの読みでは，パルメニデスは概念（パルメニデス自身の言葉では一者）が永遠性そのものであり，それ以外のものではありえなかったと考えていた。プラトンの思想からすれば，概念（プラトン自身の言葉ではイデア）は，唯一かつ同一の時間外の実体であるところの永遠性と関連を持つという意味で，永遠的である。また，概念は複数の現象の形を取りながら，われわれの眼前に何度でも登場しうる。したがって，われわれの生きている現象界において流れている時間は循環的であり，その循環性（＝円）の中心点には神という一者が位置している。アリストテレスであれば，この中心にいる神は不動の動者であると述べるであろう。

　ところで，この複数回にわたって現出する永遠的概念は，その度ごとに変化するものではなく，毎回必ず完全に同一物でなくてはならず，したがって，それと永遠性との関係も常に不変である。この関係は，概念と永遠性との間で一方向的に作用するのではなく，相互性を伴いながら互いに影響を及ぼし合うために，永遠性は真理としての概念を取り込むのである。このことに関して，『ヘーゲル読解入門』の中のコジェーヴの言葉を引用すれば，概念と永遠性の間での「二重の関係こそが真理あるいは実在の開示，すなわち本来の意味での概念を構成する[52]」。

(3)　プラトン哲学における宗教的要素とそれに起因する問題点

　ここまで『概念・時間・言説』を中心にコジェーヴのプラトン解釈を追ってきた。本項では主に『ヘーゲル読解入門』に基づきながら，プラトンの哲学（とりわけその存在論及び現象学）に内在する宗教的要素とその要素に起因する問題点について，コジェーヴがいかに考えていたか論じたい。

　時間内に置かれた概念は，人間にとって永遠性を伝達してくれる唯一のも

のである言葉によって表現される。しかしまた,「プラトンの神学」――プラトンが信仰に基づきながら哲学したことを鑑みて,そのような言い方が許されるとすれば――において,真理とともに生きようとすれば,循環する円から抜け出て,時間外で生きるしかない。したがって,絶対知は時間の中にありながらも,時間と無関係でなければならないことになってしまう。この点でプラトン哲学は,神について口にすべきでないとする神秘主義と親和性を持ち,この口にしてはならない存在者は言語以外のものによって,人間の下に啓示されることとなる。それでもこの神秘主義は,エピステーメーなくしてドクサのみを認める「悲観的懐疑主義」あるいは「相対主義」とは異なり,真理の存在可能性自体については肯定的な立場を取る。

『ヘーゲル読解入門』におけるコジェーヴの議論をさらに追っていこう。プラトンにおいて,人が自由に行動すれば概念を認識する行為へと向かうとされる。このことに関連するコジェーヴの言葉を引用しよう。

> プラトンは,徳を教えることが可能である,対話によって,すなわち言説によって教えることが可能である,と信じていたが,――明白に彼にとって自由な活動は概念的認識の活動と同一の本性を有していた。すなわち,彼にとってこれらは唯一にして同一のものの相互補完的な二側面であった。

そして,コジェーヴの述べる通り,自由を誰もが合意するように定義付けることは困難であるが,あえて定義付けなくてもわれわれはそれが何を指しているか心得ている。自由ではない人間とは動物に他ならず,自由な行為は過去から説明することも特定することもできはしない。人間は語る限りにおいて自由であり,また語りながら概念を構築する。こうしてプラトンにおいて,語る行為を通じて,自由と概念が結び付くのである。

しかし,プラトン哲学の論理を突き詰めていくと,概念は時間外にあるため,自由な行為も時間的現実の外部に位置することとなる。自由な行為とは選択であるが,この選択が時間外でなされるとすれば,それは人間が生まれる前にすでになされたことになる。プラトン以降,霊魂二元論を唱えるグノーシス主義者及びキリスト教徒たちは,この時間外での行為は天使によって

なされるものと解釈した。そして，『ヘーゲル読解入門』におけるプラトンの体系に関する記述の結論部で，コジェーヴは次のように述べる。

> プラトンにおけるように，永遠性が時間の外に位置しているならば，体系は厳密に一‐神論的かつ根本的に超越主義的である。すなわち，神の存在は，本質的に，神について語るものの存在と異なっており，この神的な存在は絶対的に一にして唯一である，すなわち永遠に自己自身に同一でありどのような変化をも排除する。[56]

プラトン哲学の体系が一神論的かつ超越主義的であるというコジェーヴのこの見解自体は，キリスト教神学による古代ギリシャ文化の接触，とりわけ新プラトン主義の摂取を考慮に入れてみると，従来の説から大きく逸脱してはいない。[57]周知のように，キリスト教神学は，アリストテレスによる「不動の動者」の説を経由して，次に新プラトン主義者の中でもプロティノスに由来する「一者」からの流出論を経て，アウグスティヌス，さらに後の時代にアクィナスの手により，新プラトン主義を統合することで成立した。新プラトン主義は多神教的ではなく，超越論的かつ一神教的である点ですでにユダヤ‐キリスト教的性質を持っていたのであった。

ただ，プラトンが『パルメニデス』の中で，パルメニデス的一者の発想を受け入れたことからもわかるように，プラトンに見られる古代ギリシャの宗教は，単なる多神教ではなく，多数の神の存在を認めつつも，その中の一神のみを信仰する単一神教（hénothéisme）である，つまり，神々の中でもゼウスという最高位にある神の存在を認めてもいたというコジェーヴの指摘は意義深い。このことについて，『異教哲学の体系的歴史に関する試論』の中の表現を借りれば，「たとえ異教徒たち（païens）がヤーウェの，すなわちユダヤ人たちの人間の姿をした（anthropomorphe）神の「排他的」唯一性を拒否していたにしても，彼らは（超越的）神性の単一的性質をもともと認めていたからである」。[58]

プラトン哲学の背景にある宗教的要素については以上の通りであるが，問題はこの体系が超越主義的であることにあり，それゆえに時間内を生きる人間にとって真理への到達が困難なことにあるとコジェーヴは考えているよう

に思われる。彼の意見では，超越論的性質を有するプラトン哲学に典型的に見られる神学的体系は，概念の中に永遠的実体としての神を見出そうとする。この体系においては，なぜ引力が存在するか，地球とは何であるかについては説明することはできないものの，それは空間に関わる幾何学を作り上げることはできるとコジェーヴは指摘している(59)。しかしながら，そのような幾何学は，時間と結び付いておらず，超越性とのみ関連性を持つために，時間的，現世的現存在の中にいる人間について語ることができないと彼は批判する。さらにまた，コジェーヴはアルゴリズムについても批判的である。アルゴリズムと哲学の間でのこのような性質の相違に関する，コジェーヴの挑発的意見を引用すれば次の通りである。

> アルゴリズムの次元においては不確定性も矛盾も存在しないが，実在するものを開示する真実の言説（ロゴス）が存在しない以上，本来の意味での真理もまたそこには存在しない。アルゴリズムから物理学的言説に移行しようとすると，種々の矛盾と不確定な要素を導入してしまう。したがって，物理学（及び科学一般）の領域に真理は存在しない。ただ哲学的な言説だけがそれに到達することができる。なぜならば，ただこれだけが具体的な実在するもの，すなわち存在の実在する総体に関わるからである(60)。

つまりは，抽象的なアルゴリズムを用いた物理学ではなく，実在するものを現実存在としての人間と関連付ける哲学のみが真理を解明することが可能であるとコジェーヴは考える。彼が現実界の存在物に関する真理について，もっぱら言説を用いながら開陳することこそ哲学者に課された使命であると確信していたことは，『概念・時間・言説』の中の次の一節からも伺える。

> 哲学者だけが「真理において」生きようとするのではないのと全く同じく，哲学者だけが語ることを欲するわけではないけれども，しかし哲学者だけが，言説的以外の真理を認めず，ただ真理の名においてのみ語ろうとする人間たちである(61)。

第 2 章　プラトン読解入門

そして，時間内を生きる哲学者は，単に物質的ではない人間的世界を時間と結び付けることで真理を見出すことができる。プラトンの体系に関するコジェーヴの批判の結論を確認するため，再び『ヘーゲル読解入門』から引用しよう。

 人間的世界との関係では，この体系からはせいぜい「天使の」現存在は解明されえようが，歴史的生，すなわち人間の時間的現存在は，いかなる意味をも価値をも奪われてしまうのである。⁽⁶²⁾

こうしてコジェーヴは，人間が時間的現存在であることを前提しながら，人間にとっての真理を解明しているヘーゲルの哲学を礼賛するに至るのである。このことは第3章で詳しく論じる。

おわりに

コジェーヴが指摘するプラトン哲学の問題点について，要約したい。概念が真なるものである時，それは真理と呼ばれる。真理は普遍的——言葉遊びに過ぎないように聞こえるかもしれないが，不変的とも呼び換えられよう——であるから，いかなる変化も被ることがないはずであり，プラトンのように，それを永遠的あるいは非時間的なものと考えることも可能ではある。しかしながら，その場合，人間は時間内にしか生きられないため，かかる真理を発見することができるかどうかは疑問が残る。結局のところ，古代ギリシャにおいて，概念と（人間的）時間を結び付ける発想がいまだ存在せず，概念がもっぱら永遠性との関わりの文脈において論じられてきたことが，コジェーヴにとっては不満であった。イデア界では，概念は永遠性と親和性を持っているのだが，「合理的」あるいは無神論的観点からすれば，われわれが住まう世界の外にある，いわば「世界外存在」は認められないのである。とはいえ，ヘラクレイトスが考えたように概念が流動的かつ可変的なものであるとしたら，哲学的真理そのものが存在しえないことになってしまう。コジェーヴはイデア界の存在について否定的な立場を取るが，それでもやはり永遠的な哲学的真理の存在可能性は認めており，哲学の目的とは真理の探究

に他ならないと信ずるため，真理をイデアの領域へと還元しないような体系を見出すべく，本章で見たようなプラトン読解を行なったと考えられる。プラトンに準拠すれば，われわれの生きている世界の外部に現象の本質すなわち真理があることになる。だが，時間内を生きるわれわれがかかる現象の本質を認識することは，啓示にでも頼らない限り基本的に不可能である。これがコジェーヴの考えるプラトン哲学の問題点である。

　ここでコジェーヴのプラトン読解に見られる偏りについて指摘しておきたい。コジェーヴの意見では，時間内で生きる人間が作った概念もまた，哲学史を通じて時間内で持続するのであり，つまりそれは概念の作り手が死んだ後にも書物，それもヘーゲルの書物の中で，そして現在生きているわれわれの意識の中で生き続ける。『ヘーゲル読解入門』における，歴史の終焉に関する記述の中でコジェーヴは次のように書いている。

　　周知のごとく，ヘーゲルにとって，この歴史の終焉は一冊の書の形で学が到来することによって，すなわち世界の中に賢者あるいは絶対知が現れることによって画されるものであった。(65)

　「絶対知」をより一般的な語である真理へと置き換えるならば，ヘーゲルの本が真理を開示していることになる。コジェーヴによると，さらに，人間には存在についての言説を，人間的時間としての歴史の中で次の世代へと伝達することができるとされ，次の世代はその言説の内容を発展させていくことが可能であるとされる。それゆえに，哲学の歴史において，存在論及び現象学が発展していくことができるとコジェーヴは結論付けているようにわれわれには思われる。しかしながら，ヘーゲルを頂点に置くコジェーヴの哲学史観は大きく偏ってしまっていると言える。

　そのような偏向はあるものの，コジェーヴの見解を敷衍して言えば，パルメニデスが存在論の祖であり，ヘラクレイトスが現象学の祖であるとするならば，プラトンはたとえ身体の領域に関わる現象界を軽んじて，不可視の心の世界であるイデア界を志向していたにしても，存在論と現象学とを架橋しようとしていたと言えよう。プラトン哲学が二元論的性質を有することを認めるならば，その後の哲学の歴史が存在論と現象学へと交差しつつも枝分か

れして発展していくことは必然であったと考えられる。それゆえに、ヘーゲルがこの二つの学を探究して、『精神現象学』と『大論理学』を執筆するに至ったのは、何ら驚くべきことではなかったと思われる。

　最後に、コジェーヴのプラトン読解の利点を、再び明確に示しておくことで本節を締めくくりたい。

　コジェーヴの説を敷衍して言えば、プラトンは『パルメニデス』の中でイデア論を放棄したわけではなく、パルメニデスの一者とそのイデアとを積極的に同一化しようとすることにより、イデア論の立て直しを図ろうとした。そして、プラトン哲学の内には二分法が見られるが、この二分法は一般的に考えられているように心身二元論あるいは二世界論としてのみ理解されるべきではない。2で見たように、その二分法はさらに有と無、善と悪の対観念にも関わり、ひいては、一と有、一とまた別の種類の一という次元や類型の異なる観念同士、いわば非対観念をも含意しているのである。魂は可死的であると前提する無神論的立場からすれば、プラトンは反二元論的世界像を奉じながら、物質としての身体から魂へと帰着しようといたのではなく、実は二元論的世界観を抱いていたと解釈される。イデア界と現実界の二世界論に限定されず、概念と永遠性の関係を考慮に入れつつ、特異な二分法に注目したコジェーヴの解釈は特筆すべきものであろう。

　次章では、コジェーヴがヘーゲル哲学を礼賛した根拠に迫りたい。

第3章

「無神論的」あるいは人間学的なネオ・ヘーゲル主義
――「三位一体論」の観点から――

はじめに

　コジェーヴがヘーゲル主義者であることはよく知られた事実であるが，本人もそのことを認識しており，生涯にわたりその認識を抱き続けた。前章でも言及したように，コジェーヴの考えでは，ヘーゲルこそ古代ギリシャから連綿と続く哲学の完成者にして，真理の発見者である。「ヘーゲルの賢知については措いておくとして，ヘーゲル哲学が最後の哲学であることは異論の余地のない事実なのだから，必然的に，ヘーゲル以降は他に哲学が存在しなかったことになる」と『概念・時間・言説』(1952 - 1953年に執筆) の中では書かれている。また，『ヘーゲル読解入門』の中では，ヘーゲルが絶対知及びあらゆる知を保持する賢者は自己を完全に把握しており，そのような賢知を達成したのはヘーゲル自身であると大胆に宣言したとコジェーヴは述べている。また，コジェーヴはヘーゲル哲学が円環的性質を持つとも主張している。何を根拠にして，このようにコジェーヴは不敵にも主張するのであろうか。筆者の意見では，ヘーゲル哲学が「無神論的」性質を帯びており，それゆえに真理への到達に成功したと彼が考えたことにその問いの答えが隠されている。

コジェーヴは自らの哲学を，彼が最後の哲学であると信じていたヘーゲルの哲学と意図的に同一化したことから，両者を完全に切り離すことは不可能に近く，コジェーヴに固有の主張を解明する作業は困難である。このような背景にあって，彼は『概念・時間・言説』の序文に続く節に「ヘーゲル主義的な知の体系改訂の試み Essai d'une mise à jour du *Système du Savoir hégélien*」という題を付けた。その題を付ける際に，名詞「ヘーゲル」ではなく，あえて形容詞で「ヘーゲル主義的な」という表現を選んだことについて，コジェーヴによれば，そうすることで，ヘーゲル哲学を内容的に損なうことなく，その中身を自分にとって適切な形へと修正する権利を自分が保持すると信ずることを示す意図があった。[3] レオ・シュトラウスの表現を借りれば，コジェーヴはヘーゲル哲学そのものではなく，「ネオ・ヘーゲル主義」を展開したと言える。[4] 本章では，コジェーヴが『精神現象学』のみならず，『大論理学』の解釈を通じて思索した存在論を，「無神論的」あるいは人間学的視点から分析することで，彼がいかにヘーゲルの「知の体系」を改訂したか検討したい。本章の関心は，時に「暴力的」とも評される彼のヘーゲル解釈の問題点を指摘することではない。[5] コジェーヴ自身が，トラン・デュク・タオに宛てた 1948 年 10 月 7 日の手紙の中で，ヘーゲルが正確に何を述べたかったかということにさほど興味を持っていないと真情を吐露し，[6] またレオ・シュトラウスに宛てた 1962 年 3 月 29 日の手紙の中でも，皮肉を込めて「哲学的な紳士たちがヘーゲルについて何を考えあるいは述べるのかといったことは，私にとっては本当にまったくもって関心のない事柄なのだ」[7] と述べていることからも，コジェーヴがヘーゲル哲学を継承しつつも，あくまで自らの思想を醸成しようとした彼の試みを検討することは正当化されるであろう。

　ヘーゲル哲学の核心に人間主義を認めるコジェーヴは，「人間は人間にとって神である」という定式で有名な，フォイエルバッハによるヘーゲル解釈の伝統を引き継いでいると言える。だが，神をめぐる論争の中で，実は神的なものへの回帰を試みていたフォイエルバッハが無神論者の烙印を押されることを拒絶したのと異なり，[8] コジェーヴはキリスト論を交えながら，自覚的な無神論者として人間学的見解を表明した。フランシス・フクヤマの「功績」——それ自体が多くの問題点を孕んではいるが——もあり，コジェーヴ

がマルクス主義的手法を用いてヘーゲル哲学から「歴史の終焉」論を看取したことはよく知られている。しかし，コジェーヴがヘーゲル哲学を敷衍しつつ，三位一体的構造を意識しながら存在論を展開したという事実は，十分に論じられてこなかった。ヘーゲルの存在論における三位一体的要素にコジェーヴは重きを置いたのであるが，まさにその要素が無神論的性質を含有するのである。それゆえに，筆者は第1章の中で「コジェーヴ自身の無神論は反キリスト的な発想からではなく，むしろキリスト教の最も重要な教義の一つである三位一体論を基にして構想された」と言及したのであった。

1　ヘーゲル自身が展開した存在論

　まずは，ヘーゲルが存在についてどのように思考を重ねたか見ていきたい。この章では主に『大論理学』を取り扱う。『精神現象学』がまだ若かりし頃のヘーゲルによって書かれたこと，また『大論理学』の第一版（1812年）が中期のヘーゲルによって書かれたこと，さらに，その死の直前に『大論理学』の第二版（1831年）が出版されたこと，その際に，本章の中心的関心事である「所与存在」の章が大幅に書き換えられたことから，ヘーゲルの体系の完成が『大論理学』で実現された可能性があると考えられる。ヘーゲル研究者の岡本裕一朗によれば，『大論理学』は『エンチクロペディー』の一部である『小論理学』と並んで，ヘーゲル哲学の体系の到達点を示す主著と呼ぶに値する。『大論理学』の中で展開されたヘーゲルの主張の意図は，存在と無とは同一物であるという，一見したところ矛盾に満ちた命題を証明することにあるが，そもそも両者が本来的に異なるものでなければ，この命題も成り立たない。ヘーゲル自身が『大論理学』の中で展開した存在論を要約すれば次の通りである。

　存在は絶対者と同一のものであり，神——ここでいう神とは，ユダヤ‐キリスト教的な神ではなく，実在する全てのもののこと——を指す。いまだに規定されていない純粋存在とは直接態のことである。換言すれば，存在そのものは純粋な無規定態であり，空虚である。その意味で，それは無に等しい。存在とは，規定を与えられていない直接的なものであるのに対して，無はもともと純粋無の状態においては規定を与えられていなかったが，いまは（ヘ

ーゲルによって）規定を与えられている直接的なものである。存在は，直接態においては他のものと等しいわけでも，等しくないわけでもなく，自己とのみ同一である。ヘーゲルは，この直接態である存在のことを純粋存在と呼ぶ。他方で，無とは「自己自身との単一な相等性であり，完全に空虚であること，規定や内容の欠如していることである[11]」。無とは，いまだに何の規定も受けていないものであることから，当然のことながら純粋無と同一である。純粋無は存在同様，空虚な直観作用あるいは思考作用のことであり，純粋無は規定されていないという点で存在と同一である。

　存在と無が統一されるためには，生成（Werden）の観念を導入する必要がある。生成とは存在と無の統一のことだが，存在と無とは生成の中で区別されながらも同時に存在している[12]。生成はまた，自己の内で自分自身に対立しているような統一のことである。『大論理学』の「存在論」におけるヘーゲルの言葉を借りれば，次の通りである。

　　（純粋存在と純粋無の）真理態は，一方が他方の中で直接に消失するというこの運動，すなわち生成である。その運動とは，その中で両者が区別されているのではあるが，しかしまたまさに直接に解消されてしまっている区別によって区別されている，といったそういう運動なのである[13]。

　この点でヘーゲルは，自然学に否定的な態度を取ったパルメニデスと見解を異にする。パルメニデスの球体は運動することがないため，何か別のものへと生成することはないのである。ヘーゲルはむしろ，万物は流転すると考え，無がないと同様に存在もないと唱えたとされるヘラクレイトスに影響されている。ヘーゲル自身の言葉で言えば，万物は生成なのである。しかし，ヘーゲルは純粋存在を直接的かつ単一的であると主張している点では，パルメニデス的伝統を引き継いでいるようにも思われる。実際ヘーゲルは，パルメニデスの「存在のみがあり無は存在しない」という命題から哲学史は始まるとしている。

　ヘーゲルによれば，生成の過程において，第一に無は規定された存在者に対立させられるのであるが，他のものとは区別された，この規定された存在者は規定された無へと生成することができるとされる[14]。存在は規定される以

前には非存在と同一であるが，それは純粋無とは異なる。そうではなく，非存在はすでに生成の過程にある無と同一なのである。存在は原初においては，無へと弁証法的に転化することができるが，それがいずれ生成へと変化していくことは論理的必然とされる。ただし，生成とはいまだに動揺した不安定なものであることから，それは現存在（Dasein）へと移行しなければならない。ただし，この移行に関しては，コジェーヴのヘーゲル解釈においては論じられていないように見受けられる。ヘーゲルは「存在は，その無規定的な直接態においてはただ自己自身に等しいだけであり，他者に対して等しいわけはもちろんないが等しくないのでもない，つまり，自己自身の内部にもまた外に向かってもまだどのような差異（Verschiedenheit）をも持っていない」と，差異について言及している。また，彼は「無規定な存在と無は実在的区別をまだそのもとに持っておらず，私念された区別（den gemeinten Unterschied）を持っているにすぎない」とも記述している。これらのことから，差異ないし区別の観念は，思索の中で，存在を規定しようと欲する人間に起因しており，したがって人間学的視点からヘーゲルの存在論を解読しようとするコジェーヴ流の解釈の余地が，『大論理学』の中にはあると言える。さらに，ヘーゲルは「存在と無とは生成のなかで消失するものとしてのみある，だが生成そのものは両者が区別されていることによってのみある」とも語っており，生成が存在と無の区別を前提することを強調している。いずれにせよ，ヘーゲルの弁証法において，存在とも無とも異なるものが存在論的合一のための重要な契機であるという，次の節で見るコジェーヴの解釈は，一定の正統性を持つことになる。

2　コジェーヴの存在論
　　──存在・無・差異──

　本節では『概念・時間・言説』という，三語を並列した特異なタイトルを付されたコジェーヴの著作を主に参照しながら，彼の存在論を読み解く。この本の一つの主題は，ともすれば『精神現象学』（1807年）の陰に隠れがちな，『大論理学』（1812年）を解釈することでヘーゲルの知の体系を解明することだが，コジェーヴは『大論理学』に対し逐語的分析を施したわけではな

く，ヘーゲルからの引用は少ないが，それゆえにかえって，われわれはこの本を通じてコジェーヴの存在論をうかがい知ることができる。ヘーゲルはパルメニデスやプラトンと異なり，言説的真理を「三位一体 Trinité」または「三者一体性 Tri-unité」(「三幅対 Triade」) について語る言説と考えた，とコジェーヴは主張する。この三者は存在，無及び (存在と無の間での) 差異により構成される。なぜなら，そもそも所与存在 (Etre-donné) が，存在と無と差異の三要素から成立するからである。所与存在に関し，コジェーヴは次のように書いている。

> 存在‐論的言説においては，存在という一番目の構成‐要素は，存在する‐空間性ないし実存である。これに対し二番目の構成‐要素すなわち差異 (あるいは「関係」) は，時間性ないし (存在の) 本質である。(「関係」とは，「別の観点から見れば」，すなわちこの「関係」の「外部では」無と異なっている存在，そうした存在を無と同一化させる「関係」である。) そして時間性ないし (存在の) 本質は，実存から (「抽象」という不可避の「言説という人為」により) 分離されているのだから，つまり，空間性ないし存在であるまさに実存から分離されているのだから，「概念」と呼ばれる。[19]

つまり，存在は空間において広がりを持っていることから，それは存在する‐空間性 (Spatialité-qui-est) あるいは実存と同一視することができる。差異に関しては，人間の手によって実存から空間性を抽象的に切り離したものであることから，時間性であり，それはまた「異なるものの同一性である」[20]と言える。実存が変化ないし生成することで差異を生み出すには時間が要請されるがゆえに，このように述べることができるのであろう。差異はまた，存在の本質すなわち概念と同一のものであるとされる。では，無とは何を指しているのであろうか。

ヘーゲルは『大論理学』の中で，パルメニデスに始まる西洋哲学史における伝統的な考え方である「無からは何も生まれない Ex nihilo nihil fit」という命題を同語反復的であるとして批判している。[21]パルメニデスは生成という発想自体に対して否定的態度を示したが，後の時代に「キリスト教的形而上

学」は無から存在が生まれることを認めるようになった。ヘーゲルもかかる形而上学の伝統に則り，無が存在するという前提に立っていると言える。コジェーヴ - ヘーゲル哲学における無の問題に関しては，本章4で詳説するが，無とは何であるかという先の問いに答えて言うならば，無とは，存在の不在あるいは不在の存在であると差し当たり規定することができる。もし（存在と無の間の）差異が無ければ，存在に関する議論は，正（テーゼ）と反（アンチテーゼ）という二つの観念の対立に終始してしまうため，人は存在に関して何とでも言えることになってしまう。コジェーヴによると，プラトン哲学において，対立体に関する議論は永遠に対峙し続けてしまい，収束することはない。また，無が無いなら，「存在は無と異なる」と述べることすらできなくなり，差異も消失することから，存在はパルメニデス的一者へと「退行」してしまうことであろう。[23]

　整理して言えば，コジェーヴの理論において，存在に関する言説は，所与存在を空間性として認識し，差異に関する言説は所与存在を時間性として把握する。最後に，無に関する言説は不在について語る存在論的言説である。

　コジェーヴはこのことについて，運動的かつ具体的なイメージとともに語っている。存在と無と差異に関して，彼の描いた動的図式に従えば，パルメニデス的な球である存在は，膨張していく過程で，外部にある無の領域を，時間をかけて取り込んでいき，差異とは球の表面である。[24]単純に言えば，存在が膨張していく過程で周囲にある無を取り込んでいく。その過程を通じて，存在と無は一致すると言える。

　このイメージからすれば，「（もし存在論的「三位一体」を見出していたなら，アリストテレスも言っただろうように）三なる存在である所与の存在は運動（Mouvement, Phorà）である」[25]ことになる。このように，差異の観念を導入することで，有限性たる存在と無限性たる無との合一である精神の運動を説明できるように考えられる。

　ところで，所与存在について語る言説は，所与存在の領域ではなく，経験的実存の領域に対して妥当性を持つとコジェーヴは述べる。[26]ここでいう経験的実存は，具体的には，所与存在と区別された，自己と他者の関係性を意識する類的存在としての人間，あるいは種としての人間を指すと解釈できる。他の動物と異なり，人間のみが語ることから，人間における人間的なものは

人間的言説である．人間という経験的実存は，存在における無という不在であるがゆえに，人間だけが自然に背いた行為を行なう(27)。

ここまで論じてきたことから，コジェーヴは『大論理学』の講読を通じて，一元論と二元論を乗り越える方策を模索していたと言える。

3　コジェーヴとタオのヘーゲル解釈の相違

次に，コジェーヴのヘーゲル解釈についてより深く考察するために，彼とトラン・デュク・タオの間で交わされた書簡及び『ヘーゲル読解入門』を参照してみたい。『現象学的唯物論』（1952年）を著わしたタオ（1917-1993）は，コジェーヴ同様にマルクス主義及び現象学に傾倒していた。コジェーヴはタオに宛てた1948年10月7日の手紙の中で，二元論に関する議論を展開しながら，人間を金の指輪の中にある穴に例えている(28)。金は自然を，指輪は自然と人間の結合体としての精神を指している。金は自然界にもともとあることから，それは穴なしに存在しうると言えるが，穴は指輪が無ければ存在しない。つまり，人間は自然と異なり，自然なしには存在しえないのであり，その点で神とは異なっている。神に関して，コジェーヴは次のように述べる。

> もし二つの類型の存在（自然と人間）があるとすれば，何らかの仕方でそれらより「上位にある」両者の統合体が必然的に存在することになり，その統合体は一つの神的実体以外のものとしては考えられない(29)。

キリスト教の教義に従えば，神は世界あるいは自然を創造した。人間が世界に現われるまでは，存在とは自然のみであったが，それ以降，存在は人間を含んだ自然，すなわちヘーゲルの用語で言えば精神となる。

一方でタオは，コジェーヴと異なり，精神とは自然の発展のことを指しており，このような発展はア・プリオリに演繹されると解釈し，自然の内なる弁証法的性質を認めていた。他方でコジェーヴは，人間の作った歴史は予測不可能で不可逆的であることから，アポステリオリにしか演繹されないと考えた。コジェーヴにおける精神と自然の二元論は，空間的かつ時間的であり，自然の後に精神が現われることになる。これに対しタオの考えでは，精神は

偶然の所産ではなく，自然の生成の必然的結果に他ならない。「自然から精神への弁証法的移行を，完全に恣意的である否定の行為に基づいた，純粋な偶然の推移へと転換することが可能であるなどと私は思わない」（タオからコジェーヴに宛てた 1948 年 12 月 30 日の手紙）[30]。彼は自然と精神の分離そのものは否定しないものの，両者はいずれ神の超越性によって同一のものとなる。両者の分離は，神学的観点からすれば，化身の教義に由来すると言える。タオによると，ヘーゲルにおいて否定とは肯定のことを指しており，二元論的統一が念頭に置かれていることから，自然と精神の分離は一時的なものに過ぎない。タオとコジェーヴの意見の相違は，前者によれば，後者が「自由を必然性の否定によるもの[31]」と考えることによる。コジェーヴは人間とは「歴史的かつ自由な個体[32]」である，つまり人間の人間らしさを自由な行動であると措定していると思われ，過去の歴史を振り返れば，人類の行動は自然的所与の否定を行なってきたことであると言える。対して，スピノザ主義者であることを自負するタオは，自由と自然的所与の合一という合理主義的伝統に与する。

　コジェーヴとタオのどちらのヘーゲル解釈が正しいのかという問題は，本書の関心事ではない。いずれにせよ，コジェーヴ‐ヘーゲルの存在論において，生成へと至るために，存在と無，あるいは自然と人間の二者ばかりではなく，二者の間の差異が論理的に要請される。図式的に言えば，精神は時間の内で運動しながら，存在と無を合一するのであり，差異とは膨張している存在の表面のことであった。

　後で述べるように，彼が『精神現象学』読解の際に詳述して見せた二元論的構造においては，存在と無，すなわち自然と人間——人間は本来自然的でもあるが——とが対立していた。

　　人間が人間的に現存するのは，自己の否定的行動によってその自然的，社会的世界を現実に変貌させ，この変貌に基づき自己自身を変化させる限りでのことである。あるいは同じことであるが，自己の動物的もしくは社会的な「生得的本性 nature innée」を自己の行動により否定し，それによって世界を変貌させる限りでのことである。[33]

コジェーヴの見解を敷衍して言えば，人間とはいわば「無化する無 néant néantisant」[34]であり，その無化する対象は自然的存在である。自然は人間が地球上に登場する前から存在していたが，西洋的伝統に従えば，人間が現われてからというもの，人間は自然を否定する精神として振る舞うようになる。コジェーヴはキリスト教的人間観の影響を受けながら，人間は自然からは演繹されないと前提する。人間による自然に対する否定的かつ創造的に自由な行為により，人間と自然の分離は行なわれるため，西洋のキリスト教的伝統において人間と自然とはけっして同一ではない。キリスト教の正統派の教義の一つである三位一体論に従えば，人間はキリスト教的神と合一化することができる。キリスト教の従来的な解釈においては，自然に先立つ神は，その意志に基づいて自然を創造したと考えられてきたが，人間と神との間の関係を考慮に入れれば，以上のように認識することも可能である。

4　ネオ・ヘーゲル主義における無の観念及び無神論

ここまで，コジェーヴの存在論における三副対的構造について論究してきたが，この節でも主として『ヘーゲル読解入門』に依拠しながら，無の観念及び無神論について考察したい。上述したように，人間における，人間にとっての無は，第一に死を指していると考えられている。コジェーヴは人間が自然に対して否定性の役割を果たすことをしばしば強調しているが，彼にとって人間が否定性であるという事実は，存在の対極にあるものとしての無の要素に起因しているように思われる。つまり，人間にとっての無とは，第二に否定性である。コジェーヴの言葉では，次の通りである。

> 孤立して捉えられた場合，否定性は（存在論的次元において）純粋の無である。この無は（抽象的 - 自我の）行動となって存在の中で無化する。だが，その行動はこの存在を無化しながら，したがって，存在がなければこの行動は無でしかない以上，己れ自身を無化しながら無となる。[35]

第三に，人間にとっての無とは，欠如としての欲望であると言えるが，このことは比較的良く知られている。

そもそも，コジェーヴのヘーゲル読解の特徴に関して，歴史哲学的視点を交えた「承認願望」が論じられることはあっても，無神論的解釈については十分に論じられてこなかった。コジェーヴは『精神現象学』を解説しながら，ヘーゲルの宗教哲学を解き明かそうと試みていたことから，ヘーゲル哲学の無神論的性格について検討することは有意義である。また，コジェーヴは，ヘーゲル哲学において死を甘受することが究極的な根源にあり，それにより賢知（Sagesse）へと到達できるとすら述べている。それはなぜか。

　コジェーヴの意見では，「動物とは対照的に，人間は自己を死すべきものとして思惟し，そのようにして自己の死を思惟する」[36]，つまり，人間のみが死を意識的に受け入れることが可能であり，他の動物には自己の死あるいは有限性を認識することができない。ただし，人間は単に自己の死を心得るのではなく，自己の尊厳または承認のために，すなわち「人間発生的 anthropogène」価値のために，積極的に闘争の内に我が身をさらそうとする[37]。以上のことに基盤を置くヘーゲル哲学あるいは「弁証法的哲学」は，死の哲学または「無神論」であるとコジェーヴは挑発的に断言する[38]。というのも，コジェーヴはヘーゲルにおける精神とは「世界‐内‐人間」——この場合の人間とは類的存在としての人類を意味している——であると解釈しており，またそれを「学問」であると考えている。

> ヘーゲルの精神とは，自然的世界の時間的‐空間的な総体，しかもこの世界と自己自身とを開陳する人間の言説を含む自然的世界の総体である。あるいは同じことであるが，精神とは世界‐内‐人間である，すなわち神なき世界に生き，自己自身を含め存在するもの全て及び人間が自ら創造するもの全てについて語る，死すべき人間である[39]。

　つまり，ヘーゲルにとって精神とは有限である，あるいは人間的精神は可死的であることから，そのような精神はわれわれが生きる世界においてのみ存在することになる。パルメニデスが主張したような，生成しない，常に同一の存在は精神とはなりえず，それとは反対に，動的かつ可死的なものこそ精神的存在である。以上のことから，ヘーゲル的精神は，全知全能の神に代わって世界を解釈し，否定する人間を指すと言える。

神が人間の役割に取って代わることができるという発想は，三位一体論に由来する。「合一しえないもの Unvereinbares」を合一する論理を三位一体論の内に看取した初期ヘーゲルは，キリストとは神と人間の間に遣わされた「媒語 die Mitte」であり，愛に基づき行動すると想定した。「この（三位一体論の教義という）客観的基礎を欠くならば，（キリスト教における）宥和論は主観的意味をもちうるだけである」[41]とヘーゲルはハーマンの著作に対する批評の中で述べる。三位一体論と言えば，通常は聖霊・神・キリストの三者を一義的に把捉する正統教義を指すが，第1章でも指摘したように，コジェーヴもまたキリストが人間であることを強調する。

　　ヘーゲルによれば，〔彼が全面的に受け容れている〕キリスト教の人間学的理想は，キリスト教神学を「廃棄」しなければ実現不可能である。すなわち，キリスト教的人間は神なき人間，もしくは——もし望むならば——神‐人とならなければ，自己がなろうとするものに現実になることができない。[42]

受肉の発想からしても，キリストは人間であり神である。
　これまであまり指摘されてこなかったが，コジェーヴが三位一体論に固執した理由は，ヘーゲル哲学の丹念な読解に起因するのみならず，彼が学位論文で扱ったロシアの神学的哲学者ソロヴィヨフの思想にも由来する。コジェーヴと異なり，ソロヴィヨフはキリスト教に対して信仰心を持ち，ロシア国内のカトリック教会に足繁く通い，モスクも含めたあらゆる聖堂にも敬意を持って訪れていた。[43]コジェーヴはソロヴィヨフの著書を神学の観点も交えた，形而上学を主題とした作品として分析し，その過程で三位一体論に次のように言及していた。

　　自己及び他者の統合である絶対者は，したがって神的絶対者及び人間的絶対者の統合，すなわち神的‐人間的絶対者である。換言すれば，絶対者とは単に三位一体的人格神（Dieu trinitaire personnel）ではなく，神‐人なのである。[44]

絶対者たる神は，人間にとって本来ならば他者であるが，三位一体論に基づけば，彼は現実界では共同体としての人類の内に化身していることになる。コジェーヴのこの指摘を意識しながら『精神現象学』を読んでいけば，その宗教論の中で，神の化身であるキリストの死にことさら重要な意味が与えられたうえで，次のように書かれた所以が理解できよう。

> イエスの死を知ることによって共同体の精神化が行なわれるので，抽象的で生命なき実体神が死んだ後には，主体となった神が，教団の成員全てに共通する，単一の自己意識として現実に存在するのである[45]

　ところで，コジェーヴの意見では，ヘーゲル哲学は無神論的性格を持つと先に書いた。ヘーゲル哲学研究者のルネ・セローも，神的なものを多様な精神の統一として，汎神論的という意味で非キリスト教的であると捉えるならば，コジェーヴの言うようにヘーゲル哲学が無神論的であるとする指摘も説得力を持つとした[46]。また，ジャン・ヴァールも，コジェーヴの無神論的解釈に従えばヘーゲルにおいて人間が神となりうるという事実は，神が人間になりうることへと連結することから，コジェーヴはヘーゲルを超越した地平へと到達したと積極的な評価を下した[47]。ここでいう無神論は，反宗教的見解を意味してはいない。それどころか，キリスト教の教義を経ることでのみ，真理へと至ることができるとコジェーヴは考える。

> ヘーゲルは語の通常の意味での無神論者とは言えない。なぜなら，彼はキリスト教的な神の観念を拒否していないからであり，神の存在を否定してもいないからである。また，ヘーゲル哲学の中には神学的表現が多数用いられているからでもある。しかしながら，深い意味で，その哲学は根源的に「無神論的」かつ無宗教的である。なぜなら，この哲学にとって，キリスト教的な神の観念の唯一の現実（réalité）は，自然の中で行なわれた歴史的進化の全体性において捉えられた人間だからである。というのも，この全体性は賢者（ヘーゲル）により完成（＝完全）されたからである。この賢者は全体性について彼が有する絶対知において，及び絶対知によって，全体性を全体性に対して開示するのである。[48]

ここで，コジェーヴはキリスト教的な神はヘーゲルにおいて人間と同一視されるという見解を示しているが，コジェーヴによれば，ヘーゲルが考察の対象としている人間は，古代ギリシャの哲学者たちが想定している人間とは異質なものである。ギリシャ人にとって，人間は自然的存在であるという意味では動物の一種であり，また人間が紡ぎ出す歴史は発展性を持たず，人間そのものも世代に関わらず常に同一的であるばかりか，生前と死後でも人間は同一の状態を保持し続ける。コジェーヴはあえて言及していないが，ソクラテスが『パイドン』の中で，人間は魂の形で死後も存続することを証明していたことはよく知られている。

　さらにコジェーヴの議論を辿ってみよう。古代ギリシャの哲学者たちにとって，人間と動物の唯一の違いは，前者がロゴスを持つことである。しかし，ロゴスは何物も創作することはないとされ，それが宇宙に現われることの意義は説明されない。後世でスピノザが再び述べることになるように，人間は現存在と一体であり，究極的には実体である神のみが存在することになる。それに対し，ヘーゲルにおける人間の観念は，人間学的性質を持つユダヤ・キリスト教の伝統に由来を持ち，歴史的かつ自由な個人という観念が，そのような人間の前提に置かれている。さらなる前提として，動物は自由ではなく，人間のみが自由であるという発想が基底を流れている。コジェーヴの説では，ヘーゲルは，このユダヤ・キリスト教に端を発する伝統的観念を哲学的に分析し，古代異教的な自然哲学の基本観念と融和させた初めての哲学者である[49]。「古代の伝統によって主張された人間とは，実際には，純粋に自然的（＝自己同一的な）存在者であり，自由（＝否定性）も歴史も本来の個体性も持っていない」[50]と主張するコジェーヴは，そのような同一性の伝統に固執したヘーゲル以前の哲学者たちは人間に関する哲学的分析に失敗したとすら考えているように思われる。

　先の引用から明らかであるように，コジェーヴの考えでは，ヘーゲル哲学は世界という全体性の中で人間が占める位置付けを特権視している。それゆえに，ユダヤ－キリスト教的な価値観に則ったヘーゲルは，「哲学は自然哲学に甘んじていてはならず，さらに人間学になるべきである」[51]と考えている。つまり端的に言えば，人間学が成立するには，ユダヤ－キリスト教的基礎が

必要なのである。哲学者は存在するもの全体を思考の対象とするべきであり，この全体には客体と主体，すなわち所与存在としての自然と人間とが内包されている。換言すれば，存在は自然あるいは自然的世界としてだけではなく，人間的かつ歴史的世界としても現実に表象する。

以上の背景から，ヘーゲルは『精神現象学』の中で「私の理解するところによると（中略）真理をめぐる一切に関係する重要な点は，真理を「実体」としてではなく，「主体」としても捉え，表現することである」と主張したと考えられる[52]。他方，コジェーヴの考えでは，ヘーゲル以前の哲学者は「主体」の観念を忘却しながら，「実体」の観念にとらわれてしまっていた[53]。実体の存在論的基底にあるのは同一性であるのに対して，主体の究極的基盤にあるのは否定性であり，この後者のものこそ人間の特性であるとされる。コジェーヴにすれば，一度分離された主体（否定性）と客体（同一性）とを，真なる知識によって再び統合することが人間学の目的である。なぜなら，「真なるもの le Vrai/das Wahre」は「言説により‐その実在性において‐開陳された‐存在」のことであり，このような存在は主体と客体の双方を含むからである[54]。

したがってまた，真なるもの，つまり賢者の手で開陳された存在は，人間が自然に対峙することに端を発する行動の長期にわたる過程の結果であると言える。存在は思惟と原初より一致しているとパルメニデスは思い描いていたが，ヘーゲルによればそうではないのである。実体と主体との最終的一致は，真理へと到達した哲学により，存在と現実的なものの全体性に関する叙述において実現されることとなり，それが机上の空論とならないために，その際には，実際に人間の創造的行為も完成されていなくてはならないであろう。この「絶対的」哲学は，人類の知的営みの中で，歴史的に発展しながら実現される。このことに関して，ヘーゲル自身の言葉を借りれば，次の通りである。

> 絶対的なものについて，それはその本質からして結果として出てくるものであり，最後に至ってはじめて本来のすがたをあらわす，といわねばならないが，まさにこのいいかたのうちに，絶対的なものがみずから生成していく現実的な主体であることが示されている[55]。

第3章 「無神論的」あるいは人間学的なネオ・ヘーゲル主義

以上で，ヘーゲル哲学における無神論的性格が，実は三位一体論というキリスト教の教義と同一の構造を持っていることが示された[56]。三位一体論から神としての人間ひいては否定性が見出されるのである。また，否定性としての無が存在論において果たす役割，そして，死が人間学において果たす役割が確認された。すなわち，否定性としての無によって主体と客体の分離がなされることで，存在論が成立しうる。また，無の甘受（すなわち自らの死を単に観念的に受け入れるのではなく，積極的に死の危険にさらすこと）により，人間的精神の存在意義を認めることができるがゆえに，人間学が成立しうるのである。

　コジェーヴが三位一体論に着目したからといって，彼がヘーゲル哲学は三元論であると考えていたと誤解してはならない。彼はバタイユの作品に対して付した序文の中で，ヘーゲルの哲学史観の骨子について次のように書いている。

　　ヘーゲルによって与えられた答えは次のように要約される。人間は存在することをやめる日，すなわち存在が言葉によってもはや開示されなくなる日，ロゴスを奪われた神が，パルメニデスの急進的な異教の謎めいた無言の球体に再びなる日には，彼は必ず一者へと到達するであろう[57]。

　つまり，ヘーゲル哲学は真理を開示することで一者へと辿り着いた。そのことにより，逆説的ではあるが再びパルメニデス哲学へと還流したことになる。このようにヘーゲル哲学は円環的性質を持っている。したがって，ヘーゲルが三位一体論を唱えることで最終的にパルメニデスの哲学と同様に一元論へと帰着したことになり，哲学は真理へと到達して終焉を迎えたことになるとコジェーヴは結論付けた。

おわりに

　コジェーヴの解釈では，ヘーゲルの存在論において，事物の性質が三位一体的図式に基づいて理解されるという特質があり，また彼は抽象的な存在よ

りも主体としての人間を思惟の対象としている。ヘーゲルが著書の章立てを三部構成にしたうえで，各章の中の項までをも三部構成にしたという，ある種の美学から，彼が三者を一者へと合成することに固執していたという指摘はすでになされている。だが，ヘーゲル哲学に内在する三位一体的性質に着目して，独特の無神論的あるいは人間学的存在論を展開したコジェーヴの功績は，理解されてこなかった。コジェーヴがその思想の根底にキリスト教の教義があるのを意識していたことは明らかである。ゆえに，歴史の終焉論をはじめとする彼の議論がキリスト教的な発想法に基づいており，その哲学は所詮キリスト教を換骨奪胎したに過ぎないと指摘するような批判は有効ではない。

　コジェーヴがヘーゲル哲学は無神論的であると指摘する時の，無神論の意味するところは非キリスト教でも，反キリスト教でも，まして無宗教でもない。なぜなら，ヘーゲル哲学はキリスト教を根底に置いているからである。また，三位一体論を正統教義と認めるキリスト教は，唯一神教であるアブラハムの宗教の中でも，ユダヤ教及びイスラム教とは決定的に性質を異にする。もし，ニーチェに従って，ニヒリズムの時代である現代が無神論的要素を——その是非はともかくとして——少なからず帯びていると考えるなら，キリスト教を前提するヘーゲル哲学を無神論的観点から抽出しながら構成したコジェーヴのネオ・ヘーゲル主義的な存在論は，われわれにとって今なお示唆的である。

第Ⅰ部の結びに代えて

(1) 第1章及び第2章の概要

　第1章では，アレクサンドル・コジェーヴとレオ・シュトラウスの論争の内容を理解するうえで重要な意義を持つと思われる，コジェーヴの『ユリアヌス帝とその著述技法』を中心に取り扱った。シュトラウスの見出した秘教的著述技法を自家薬籠中のものとしたコジェーヴが，その技法を用いて，通説では異教徒と考えられてきたユリアヌス帝が，実は無神論者であったことを証明しようとしたことの意義を解明した。シュトラウスによれば，従来は口頭による伝承の形で自らの思考を伝えていた古代の著述家たちは，迫害を逃れるべく，あえて本心を包み隠しながら書こうとする傾向があった。したがって，現在の読者たちは古代の著作を読み解く際に，行間を読みながら，注意深く著者の真意を探る必要がある。

　コジェーヴはこのような古代の秘教的著述技法をユリアヌスも用いていたと仮定し，その著作を読み進めるうちに，異教徒とされてきたこのローマ皇帝が実は無神論者であったことを発見する。これまで指摘されてこなかったが，この発見はコジェーヴから見れば有神論者であったシュトラウスに対する挑戦に他ならなかったと解釈されうる。実際に，シュトラウスは，哲学者でありながらユダヤ教徒でもあり，彼自身がその生涯にわたって，アテネを選ぶべきか，エルサレムを選ぶべきか悩み続けていた。というのも，彼の考えでは，一方で，ユダヤ教に対する信仰を保持しつつ，他方で，古代ギリシャの哲学に回帰しながら，真理を探究することは困難であるからであった。

　さらに，コジェーヴの議論の背景にある，彼とシュトラウスとの間で行なわれた論争を，無神論的立場と有神論的見解の対立であると解釈しつつ，その発見の内容を分析した。その際に，二人の哲学者が異なった仕方で知を愛していたことを明らかにしながら，彼らの根源的な対立項を浮かび上がらせた。コジェーヴがユリアヌス論において，ひそかにもくろんだことは，結局のところシュトラウスに対する賛同などではなく，反対に，その有神論的と

も取れる態度に対する挑戦であった。シュトラウスがこのように煩悶し続けることに哲学の価値を見出したのに対し，コジェーヴは解答を出すことこそ哲学の課題であると考えていた。

彼らは実証主義的及び解釈学的文献学に対抗するような秘教的著述技法を意識した読解法の有用性に関しては同調したが，それがもたらすのは，古典研究の新しい地平を切り開く可能性である。そもそも，コジェーヴはシュトラウスと知り合う前から，このような読解術を心得ており，その特異なヘーゲル読解においても，それを十全に意識していたように思われる。

続く第2章及び第3章では，コジェーヴがやはり秘教的著述技法を念頭に置きながら，無神論的立場から，哲学史を描き直したことの意義を検討した。コジェーヴの哲学史では現象学と存在論が取り扱われているが，とりわけ問題となるのは，パルメニデス的一元論，プラトン的二元論，ヘーゲル的一元論あるいは三位一体論である。ヘーゲルは哲学史を描き直しながら，結局はパルメニデス哲学という一つの原点に帰着したとコジェーヴは考えている。

まず，第2章ではパルメニデス及びプラトン哲学を取り扱った。あまり知られていないことではあるけれども，ヘーゲル主義者として名高いコジェーヴは，そのいくつもの著書の中でプラトンの解釈を行なっていた。この章では，コジェーヴの無神論的立場を考慮に入れながら，彼がいかにプラトンを解釈したか考察した。無神論者であるコジェーヴは概念と永遠性との関連に着目することにより，プラトン哲学の批判を試みていた。ただし，コジェーヴはイデア界の存在を否定していたが，それでもやはり哲学は現象の背後にある真理を目指さなくてはならず，また哲学を通じてのみ，かかる真理へと到達することが可能であると考えていた。

よく知られているように，プラトンの著作『パルメニデス』において，パルメニデスは永遠性そのものである一者について論じながら，イデア論を反駁していた。プラトンがなぜ自らが提唱するイデア論をこのような批判にさらしたのか，論争の的になってきた。コジェーヴの議論を追うことで，その理由を理解することができよう。

コジェーヴの考えでは，プラトン哲学は本質的に二元論的である。それは単に，プラトンが現象界及びイデア界の二つの世界の存在を措定していたからではなく，有と無，善と悪といった対観念，さらには一と有という，いわ

ば非‐対観念が存在することをも認めていたからである。

　第2章では，第一にコジェーヴにおける概念の定義を行なった。次に，コジェーヴによるパルメニデス的存在論の解釈を追った。その後で本題である，コジェーヴのプラトン的存在論及び現象学の分析を考察していった。そこではまず，コジェーヴのプラトン読解では，存在と無が問題となることを論じた。そして，プラトンの二分法に迫った。最後に，プラトンの存在論及び現象学における宗教的要素を検討した。

　続いて，第3章では，ヘーゲル哲学について論考した。そこでわれわれはヘーゲル主義的な三位一体論が，コジェーヴの描いた無神論的哲学史において，重要な論点となることを確認した。コジェーヴの解釈では，ヘーゲル主義的な三位一体論は存在・無・(存在と無の間の) 差異によって構成される。おそらくヘーゲル‐コジェーヴは三位一体論を持ち出すことで，真理とは三位一体論的構造を持つということを主張したいのであろう。三位一体論を主張しながらヘーゲルは最終的に，パルメニデス的一者へと再び到達したことにより真理を見出した。コジェーヴが真理とは円環を描いていると考える所以はそこにある。三位一体論とは真理論であることから，コジェーヴの無神論も真理論へと逢着していると言える。

　しかし，そもそもキリスト教の正統教義である本来の三位一体論においては，キリストと神と精霊とは同一である。コジェーヴが強調しているのは，キリストは人間でありながら神であることから，人間自体が神になりうることであった。

　このようにコジェーヴの無神論は，ニーチェのように反キリスト教的であるというよりも，ヘーゲル哲学におけるキリスト教の三位一体論を独自に解釈することで構築されていると言える。そして，無神論に基づいた彼の人間学は，人間の神的性質に重きを置いている。このような人間の神的性質は，ソクラテスをはじめとする古代人の発想法に従うならば，哲学を通じて訓育されることをわれわれは第1章で確認した。

(2)　コジェーヴの無神論とニーチェの「神の死」

　第Ⅰ部で論じてきた内容をふまえて，コジェーヴの無神論とは結局何であるか，考えてみたい。『ヘーゲル読解入門』，『概念・時間・言説』，『無神論』

などを基にしてその無神論を定義付けることができる。一見したところ，初期の『無神論』が，そのタイトルからもわかるように無神論を定義付けるうえで最も参考になりそうである。この本の中では，無神論者について，例えば次のように書かれている。

> 無神論者に関して言えば，神は彼にとって何らかのもの（quelque chose）ではない。神は無であり，自分と神との間には関係を持つことはできず，共通のものは何もない，というのも確実に自分は存在している（自分は何らかのものである）のに対して，ごく単純に神は存在しないからである。[1]

　コジェーヴは「無神論という語によって宗教の問題そのものを検討することの拒否，知覚可能な所与という限界を超越する全てのものの拒否を意味する」[2]ならば，「無神論的な宗教」など存在しえないが，無神論が単に神の否定を意味するならば，「無神論的な宗教」も存在しうると考えており，その例として仏教を挙げていた。『無神論』という作品について，コジェーヴ自身が不完全なものであるから出版しないでほしいと書いていたことに示唆されているように，彼の無神論の観念はこのように知覚不可能な超越世界の否定という，よく使われる日本語で言えば無宗教に近い意味と，神の存在の否定という意味の二つに割れており，やや曖昧な要素を孕んでいた。
　そしてまた，コジェーヴはこの本の中で有神論と無神論を対比させながら，両論併記の形で記述していた。つまり，それを書いた頃のコジェーヴは，まだ有神論と無神論の狭間にいてどちらの立場を選ぶか決めかねていたのである。第1章で論じたように，このような背景があって，後にコジェーヴがシュトラウスと論争を繰り広げる中で，有神論者として振る舞うシュトラウスに対して，自らは明らかに無神論者の立場を取りながら持論を展開することになる。シュトラウスもこのようなコジェーヴの挑戦に気付いていた。「僭主政治と知恵」の中でコジェーヴは，無神論的哲学のみが真理を開示できるのであり，有神論的哲学は仮に真理に辿り着いたとしても，真理を言説の形で首尾一貫した形で他者に伝えることができないという考えを示した。したがって，彼はシュトラウスに対して挑戦を行なったように思われる。

第Ⅰ部の結びに代えて　　111

『無神論』を書いた後，コジェーヴは無神論的宗教の可能性を途中で放棄した。その意味で，第2章の冒頭で見たように，仏教に関心を持ち東洋哲学を研究したことについて，「間違えた道へと進んでいた」と彼は述べたように思われる。コジェーヴの無神論は，キリスト論を経て，真理論へとその関心を向けていく。その内容は『ヘーゲル読解入門』，『概念・時間・言説』，『異教哲学の体系的歴史』などからうかがうことができる。本書の第2章及び第3章では，このような真理をめぐる存在論を取り扱ったと言える。そこで問題となっているのは，なぜコジェーヴはヘーゲル哲学が真理へと到達したと考えられるかであり，またなぜ彼はヘーゲル哲学が無神論的であると主張したかである。コジェーヴの思想において，無神論と真理は密接に関係していると思われる。ここでいう無神論とは，神の存在を否定する類の反宗教論でも，仏教に見られる神なき宗教でもなく，キリスト教の三位一体論を換骨奪胎することで作り上げた神人論である。つまり，この神人論はキリストが神であり，かつ人間でもあったことを根拠に，人間が神となりうるという考えのことを指している。このような神人論について，コジェーヴは次のように書いている。

　　ロマン主義の詩人やシェリングやヤコービ，あるいはカントまでが，実は，人間を神格化していた。彼らにとり，人間は至高の価値である，人間は絶対的に自立している，等々……。したがって，彼らは無神論者であった。同様に，シュライエルマッハーのプロテスタント神学もまたすでに無神論となっている。なぜならば（彼においては）神は人間によりおのれ自身を開示する限りで意味と実在性とを持つに過ぎず，宗教は宗教心理に還元されているからである等々……。したがって，これはまったくヘーゲルの無神論あるいは神－人論（anthropo-théisme）に近い。[3]

　コジェーヴに言わせれば，カントやフィヒテの哲学などの「革命後のドイツ哲学」は「疑似宗教」なのである。[4] こうした疑似宗教を放棄して，哲学者は無神論者でなければならないとコジェーヴは考えているように思われる。
　本書ですでに引用したが，コジェーヴはヘーゲル哲学が無神論的であると主張した際に，その根拠を次のように述べていた。

なぜなら，この哲学にとって，キリスト教的な神の観念の唯一の現実（réalité）は，自然の中で行なわれた歴史的進化の全体性において捉えられた人間である。というのも，この全体性は賢者〔ヘーゲル〕により完成〔＝完全〕されたからである。この賢者は全体性について彼が持っている絶対知において，及び絶対知によって，全体性を全体性に対して開示するのである。[5]

つまり，人類の歴史全体を考慮に入れると，時間の外にいる神ではなく，時間の中を生きる人間だけが現実には存在し，その現実はキリスト教の神に対応する。このような人間についての学を解明したヘーゲル哲学こそが真理（あるいは絶対知）として，全体性を人間に対して開示してくれるとコジェーヴは考えている。さらに，ヘーゲルが哲学史の頂点に位置する，つまりヘーゲルにより哲学の歴史が終焉を迎えたとするならば，現実の次元においても，フランス革命により歴史が終了したと言えるとコジェーヴは信ずる。

キリスト教をいわば脱構築することで形成されたこのような無神論と同様に，真理もまた三位一体論的構造を持っている。なぜならば，ヘーゲルの『大論理学』によると，真理は存在・無・差異の三者が統合することにより成立すると考えられるからである。

筆者の意見では，無神論とは神の存在を否定する，すなわち神を無化する思想であったと考えれば，無神論をめぐる初期の議論の内にすでに存在と無の対立が見られる。先に，『無神論』という作品は，有神論と無神論について両論併記の形で記述することを趣旨としていると書いたが，神の存在を肯定する有‐神論と，神の存在を否定する無‐神論の対峙の内に，有（あるいは存在）と無の対立関係が看取される。

『概念・時間・言説』の内容からもわかるように，このように存在と無は本来なら合一されえない対立項であるが，両者を媒介する差異の論理を持ち出すことにより三者を総合し，そこに真理を見出すことができると，コジェーヴのヘーゲルは考えていた。コジェーヴ自身が明記しているわけではないが，この差異という媒介は，キリスト教的な本来の三位一体論においては聖霊であると考えられる。というのも，聖霊とは神と人間を取り結ぶ役割を果

たすからである。したがって，コジェーヴ哲学は次第に，無神論的観点から真理論について論じるようになったと結論付けて良いであろう。

コジェーヴは哲学史を編み直しながら，真理を探究しようとしていた。そして，その真理は無神論と密接に関連していた。それゆえに，彼はヘーゲルが真理に到達した，またヘーゲル哲学は無神論的であると主張したのではないだろうか。

ここまで述べてきたことを要約しておきたい。一般的に言われている神の単なる否定としての無神論や，信仰心を持たないという意味での無宗教よりも，コジェーヴの無神論は遥かに広い意味で使われている。まず，彼の無神論は，存在が時間を超越する者であることを否定すると言える。すなわち，それは超越者としての神の存在，一者の存在，イデア界の存在，魂の不死性を否定する。そして，それはキリスト教の三位一体論の教義を経て，人間を神格化する神人論と同化することになるとも言える。コジェーヴの無神論は，さらに存在そのものが時間的（＝歴史的なもの）であると認め，したがって人類の歴史的進化の中に真理を見出そうとしているとも指摘できる。そのような進化の頂点にあるのが，理論的な水準ではヘーゲル哲学であり，また現実的な水準ではフランス革命である。最終的に，コジェーヴの無神論は『大論理学』の解釈を通じて，存在と無を（存在と無の間にある）差異という媒介項により統合させることを論ずる真理論へと行き着く。

第Ⅰ部を締めくくるにあたって，筆者がコジェーヴの無神論について論じながらも，「神の死」で知られるニーチェの無神論について触れてこなかったことに言及しておきたい。筆者がそうしてこなかった理由は，単純に言えばコジェーヴがニーチェに関してあまり言及していないからである。そもそもニーチェの「末人」（あるいは最後の人間）について最初に言及したのは，コジェーヴではなく，レオ・シュトラウスであった。とはいえ，彼が無神論について語った際に，ニーチェを意識していたことは大いに考えられる。ここで，コジェーヴとニーチェの関連性に関して考察してみたい。

ニーチェの無神論とコジェーヴのそれの相違を検討するため，まずは神の死について，『悦ばしき知識』から引用したい。「狂気の人間」について書かれた125章では，狂人の口を借りて，おそらくニーチェ自身の意見が次のように語られている。

神だって腐るのだ！　神は死んだ！　神は死んだままだ！　それも，おれたちが神を殺したのだ！　殺害者中の殺害者であるおれたちは，どうやって自分を慰めたらいいのだ？（中略）どんな贖罪の式典を，どんな聖なる奏楽を，おれたちは案出しなければならなくなるだろうか？　こうした所業の偉大さは，おれたちの手にあまるものではないのか？　それをやれるだけの資格があるとされるには，おれたち自身が神々とならねばならないのではないか？(6)

　したがって，ニーチェにとって，神なき時代を生きる者たちは自身が神々となる必要があることになる。その限りにおいては，人間が神になるべきであるというコジェーヴの発想法に近いと言えなくもない。しかし，ニーチェの無神論は，単に超越的存在に対する異議申し立てというよりも，キリスト教徒たちの神への信仰に対する徹底的な攻撃を行ない，さらには引用箇所にもあったように，それは神の殺害へと行き着く。

　それに対して，コジェーヴは神の死について，論文「キリスト教と共産主義 Christianisme et communisme」の中で触れているが，その内容はニーチェの神の死と関係があるのだろうか。該当箇所を引用しよう。

　　キリスト教徒たちは神（すなわちその人間性，その歴史性）の死の観念を受け入れるがゆえに，彼らはヘーゲルの弁証法的な諸記述を利用することが可能であり，またそれらの明晰な説明の有効性を存分に活用すると思い込んでいるかもしれない。しかし，彼らは復活の教義を認めるやいなや，暗にあらゆる弁証法（すなわち歴史的行動という最終的で決定的で確固たる有効性）を否定することになるのである。(7)

　キリスト教徒たちにとって神はキリストであり，そしてキリストは死んだことから，神が死んだことになる。彼らはその限りにおいて，死を受け入れているとひとまず言える。第2章で触れたように，死を受け入れることはヘーゲル哲学において重要な意義を持つため，コジェーヴの考えではヘーゲル哲学は死の哲学であるとすら言うことができる。そうであるならば，キリス

ト教徒たちはヘーゲル哲学，とりわけその弁証法を自分たちのものにすることができそうである。だが実際には，キリスト教徒たちは神であるキリストが復活したと信ずることで，死の受け入れを最終的に拒否する。そのため，彼らにはヘーゲルの史的弁証法を受容することができない。つまり，彼らにとって，人類の歴史は深い意味を持たないことになる。

　このようにコジェーヴにとって神の死という発想を持つのは，彼自身であるというよりも実はキリスト教徒たちである。彼らはキリスト教の教義に従って，神の死と復活を認めることになるのである。

　以上のことから，ニーチェの「神の死」とコジェーヴのそれは直接関係を持たないと言える。

　また，コジェーヴはヘーゲルが無神論者であったと述べたが，ニーチェの考えではヘーゲルは有神論者であり，同時代人のショーペンハウアーこそがドイツ人で最初の公然周知の無神論者であった。ニーチェは『悦ばしき知識』357 章で，ヘーゲルを次のように批判している。

　　この無神論の勝利を最も久しきにわたり最も危険に遅らせた責めを負うべきはドイツ人——ショーペンハウアーと同時代に生きたあのドイツ人であろう。なかでもヘーゲルは，それを遅らせた責任者としての大物だった。それも，われわれの第六感，つまり「歴史的感覚」を究極の手掛かりとして，現存在の神聖性をわれわれに説きつけようとした彼の壮大な試みによってである。(8)

　まさしくこの「現存在の神聖性」という言い方の内に，ヘーゲル哲学が無神論的とも有神論的とも解釈されうる余地を残していることが見て取れる。人類の歴史全体を鑑みて，人間の神聖性を前提するコジェーヴのヘーゲル理解と，神のみならず神の影をも拒絶するニーチェのヘーゲル解釈は真っ向から対立すると言えるだろう。

　さらに，ニーチェは神の死以降に人間が末人になってしまうと主張したが，シュトラウスはこの末人について，コジェーヴに宛てた 1948 年 8 月 22 日の手紙及び「再説」の中で言及している。シュトラウスにとって，コジェーヴの普遍同質国家とは，末人の国家であり，そこでは「人間がその人間性を喪

失する[9]」とされる。シュトラウスはそれ以上,末人について書いていない。シュトラウスの弟子であるブルームもまた「「最後の人間」は合理的な歴史の帰結であるという点で,ニーチェに同意する[10]」と書いていながら,それ以上議論を展開していない。

　コジェーヴはニーチェの末人論からどのように影響を受けていたのだろうか。そのことを検討するために,まずニーチェ自身は末人についてどのように書いていたか見ていきたい。『ツァラトゥストラ』によると,超人ツァラトゥストラは,軽蔑されることを最も嫌うと彼の眼には見える群衆に向けて,「最も軽蔑すべき者[11]」である末人について語った。末人とは,健康にばかり気を遣い,政治には無関心で,嗜好品を用いることでときおり快楽にふける者である。『ツァラトゥストラ』から引用しよう。

　　かれらはもう貧しくなることも,富むこともない。両者ともに煩わしすぎるのだ。もうだれも統治しようとしない。服従しようとしない。両者ともに煩わしすぎるのだ。
　　牧人は存在しない,存在するのはただ一つの畜群である。(中略)
　　「われわれは幸福を発明した」——そう末人たちは言う[12]。

　ニーチェが描く末人たちは,「われわれは幸福を発明した」という彼ら自身の言明とは裏腹に,全くもって幸福そうに見えない。それにもかかわらず,末人の話を聞かされた群衆は,自らがその末人になることを所望する。そのことで,ツァラトゥストラは大いに失望する。

　こうしたニーチェの末人が,コジェーヴが説いた,歴史の終焉後の動物化した人間の姿に似通っているのは偶然ではないだろう。『ヘーゲル読解入門』第二版の注から引用しよう。

　　歴史の終焉の後,人間は彼らの記念碑や橋やトンネルを建設するとしても,それは鳥が巣を作り蜘蛛が蜘蛛の巣を張るようなものであり,蛙や蝉のようにコンサートを開き,子供の動物が遊ぶように遊び,大人の獣がするように性欲を発散するようなものであろう。そうなった場合,これらすべてが「人間を幸福にする」と述べることはできなくなる[13]。

第Ⅰ部の結びに代えて　　117

コジェーヴが動物的欲求を満たすばかりの人間のことを幸福だと思えないのは，ニーチェから影響を受けた結果である可能性が高い。コジェーヴはこうした動物化した人間と，「純粋に形式的なスノビズム」に従って生きる人間とを対置したが，このスノビズムとは，軽蔑されることを嫌う人間の生き方に他ならないのではないだろうか。スノッブな人間は，歴史的人間がそうであったように労働及び行動により承認を受けることこそないものの，その文化的行為により——その内容がいかなるものであれ——他者から受ける評価を非常に気にする。ニーチェは末人の特徴として，軽蔑されることを恐れると書いたが，その点では末人にはまだ人間的な要素が残っているとも言える。

　シュトラウスから末人の国家であると酷評された，コジェーヴの普遍同質国家がどのようなものであるかは第Ⅱ部の主題である。

第 II 部

国　家

序　国家論の系譜

　第Ⅱ部で，なぜわれわれがコジェーヴの国家論を取り扱うかと言えば，コジェーヴは無神論の観点から哲学史を読み直すことで正しいもの（あるいは真理）について探究すると同時に，哲学者として正しい（あるいは理想の）国家について論じたからである。コジェーヴの国家論について語る前に，彼の時代に至るまで国家がどのように描かれてきたか，佐々木毅の「国家」（『岩波　哲学・思想事典』1998 年，所収）やアレクサンダー・パッセリン・ダントレーヴの『国家とは何か──政治理論序説』（1967 年）などを参照しつつ，概要を述べておきたい。そうすることで，コジェーヴの国家論の内容及び独創性を理解しやすくなるであろう。

　国家論の系譜を辿るにあたって，まずは，古代ギリシャにおいてポリスと呼ばれた政治的共同体に言及しておきたい。ポリスは法（ノモス）の支配を前提としており，そこでは自由人である市民が積極的に政治に参与することが求められていた。ペルシア人たちが大帝国の中で僭主の暴力的支配に従っていたのと対照的に，ギリシャ人たちは都市国家の中で法を忠実に守ろうとしていた。現代的な視点からすれば驚くべきことかもしれないが，当時はポリスが市民を守るためというよりも，市民がポリスを守るために存在していた。ソクラテスが刑を下される前に自ら命を絶ったのも，彼自身がポリスの存在を重んじていたことに起因しているように思われる。

　しかしながら，プラトンが活躍していた時代に，従来の法治国家は危機的状況に置かれていた。その背景には，プラトンの『国家』に登場するトラシュマコスのように，法の正統な支配よりも「強者の利益」を追究することが正義であるとする議論の台頭があった。さらにまた，法中心の国家の在り方に対してソフィストたちが投げかけた批判もあった。プラトンは『国家』の中で，正義の観点から国制について論じることで，このような危機的状況から国家を救出しようとした。『国家』の前半では，魂における正義，不正な国家に関する考察，理想の国家の実現方法について書かれている。後半では，

国制に関する論及がなされ，それによると名誉支配制，寡頭制，民主制，僭主独裁制の順に優れているとされた。おそらくこのような背景を基に，コジェーヴは古代の僭主独裁制が現代において理想的な形で実現していると挑発的に述べたことについては，第5章で再び取り上げたい。

　このようなプラトンの理想主義的な国家論に対して異議を唱えたのがアリストテレスである。ただし，プラトンもアリストテレスも共通善を実現する空間がポリスであると捉えた点では共通している。アリストテレスは『政治学』の中で，あるべき国家及び現実的に実現可能な国家の両方について考察した。彼にとって政治学の根本にあるのは倫理学であることから，彼は「善く生きる」ことを究極的な目標に据えながら，そうすることができる人々は有徳であり，国家の運営に関わるべきであると述べた。

　このような人間存在に立脚した古代の国家論に対し，時代が下るにつれて，キリスト教に基づいた中世の国家論が形成された。キリスト教徒たちは，国家とは人間の原罪が生み出したものに他ならないと考えた。教会の権力は神により授けられたものであるとされ，国家よりも教会に忠誠を誓うことが求められるようになった。

　古代の国家論とキリスト教の国家論の双方に対決を挑んだのが，マキアヴェッリである。彼はがんらい，生活の状態や様式などを表わすに過ぎない語であったラテン語の status（イタリア語では stato，英語では state，フランス語では état）を国家という意味で最初に用いた人物ではなかったにせよ，この語の近代的意味を普及させたと評価されている(1)。権力の観点から国家を捉えようと試みた彼の考察は，ボダンやホッブズに大きな影響を与えた。この時代にあっては，国家は正義の実現あるいは政治への参画よりも平和及び秩序の維持が，その本義であるとされた。われわれの意見では，コジェーヴの描く国家は正義の実現のみならず平和を保つことも目標としている。

　次に，état の語を状況や状態を表わす狭い意味で用い，著書 *Les six livres de la République*（1576 年）において，共通善を表わす république という語を使用しながら国家について論じたのがボダンであった。彼は国家とは，主権的権力（puissance souveraine）による統治に他ならないと主張した。そして，一方で家族はいかに大きなものであろうと国家にはなりえないのに対し，他方で国家は，いかに小さなものであろうと主権的である限りにおいて

国家であり続けると論じた。16世紀のフランスを生きたボダンにとって、主権者とは国王のことであるため、彼において国家と宗教は切り離されていたとは言いがたい。

次に、ボダン同様に王制支持者ではあったものの、共和主義者からも敵視されることなく、政治的変遷の激しい時期をしたたかに生き延びたホッブズを挙げておく必要がある。彼は state の語がすでに広く用いられるようになっていた時代に、civitas, commonwealth, state の三語を同等に扱いながら、旧約聖書に登場する海の怪物リヴァイアサンの名で知られる国家論を展開した。国家を一つの法的制度としてのみ把握しようとした彼の試みは、われわれにとって馴染み深いものである。

その後、政治の世俗化を推し進めたのがプーフェンドルフである。彼は教会が国家へ従属することを主張し、神聖ローマ帝国がドイツ内に国家内国家を形成していると辛辣に批判した。プーフェンドルフは国家がその権力でもって個人の財産権を保護することを求めた。こうした法理論に基づいた権力を中心に据えた国家観は、コジェーヴにも影を落としている。

こうした国家観とは一線を画しながら、自らの思想を展開したのがジョン・ロックである。彼は国家を伝統的な state という語で表わすことを避けつつ、自らの述べる国家とは political or civil society ないし commonwealth であると論じた。ここに、古代ギリシャ的な政治的共同体としての国家観が、再び脚光を浴びたと言えないこともない。commonwealth とは、共通善を表わすラテン語の単語 res publica の訳語である。ただし、ロックは民主化を支持するには至らず、一部の人々が権力を乱用した際に抵抗権を行使することを認めたのみであった。

政治的共同体としての国家についてさらに考察を深めたのは、ルソーである。ルソーは、市民が自由な経済活動を行なうことを規制し、人間の徳を復権することまで、国家に期待していた。市民が一般意思を担う役割を果たすことを提唱した彼は、民主制のみが正当な政治体制だと論じた最初の人物と言っても過言ではないだろう。民主制・共和制・僭主制のいずれの体制が望ましいかという古代から続いてきた議論は、コジェーヴとシュトラウスの論争に通ずるところがある。

ルソー同様に、政府や国家が社会よりも上位にあると考えた哲学者の中で、

ヘーゲルを次に挙げておきたい。ヘーゲルにとって市民社会とは「欲望の体系」に過ぎないことから，国家の役割は市民社会を克服することにあると考えた。コジェーヴが社会について多くを語らず，それよりも正当な国家の在り方について思索をめぐらせたのも，ヘーゲルからの影響であったと考えられる。

　19世紀に至ると自由主義の立場から，国家は必要悪であるという議論が出てきた。とりわけマルクスにとっては，国家とは階級支配の道具に過ぎないものであった。マルクスは私的な利益を確保することに拘泥している既存の国家を転覆させて，社会主義が理想として描き出した社会を実現することをもくろんだ。このような社会主義の究極的な形態が政府を否定するアナーキズムである。コジェーヴはマルクス主義者であると思われがちであり，確かにロシア革命には少なくとも表面的には賛成の立場を取ったものの，彼は国家が必要悪であるとする議論には一切くみしない。

　20世紀になると，多元主義的国家観という21世紀にも存続することになる考え方が登場した。この考え方によると，国家とは多様で異質な集団を統合するものである。こうした国家観と並行して，民族という観念が構築され，一つの国家内における社会的に同質な民族の集団の存在が想定されるに至った。第一次・第二次世界大戦を経て，このような国民国家の在り方に疑問が付されることになり，環境問題や経済の相互依存を背景にして新たな国家の在り方が喫緊の課題となっている。コジェーヴの国家論もまた，現在へと続くこうした国際情勢をふまえて展開されたと言えよう。

　以上のような国家論の系譜をふまえれば，普遍同質国家の名の下で描かれたコジェーヴの国家論は，過去の国家論を独自に包摂し統合したものであったと言えるであろう。彼は法の支配を前提としながら，権力ではなく権威に着目しつつ，文化的な多様性を保持しつつも，普遍的かつ同質的な性質を持つ単一の国家の下で世界が統合されていくことを構想していたのであった，と述べておけば，さしあたり十分である。

　この後，第4章では，コジェーヴと同時代の思想家カール・シュミットを比較しながら，コジェーヴの国家論に迫ろうと思う。

第 *4* 章

コジェーヴとシュミット
―― 国家の終焉以降における政治的なもの及び法的なもの ――

はじめに

　本章では，コジェーヴの国家論をうかがい知るために，カール・シュミットを比較対象に据えたい。コジェーヴとシュミットの対比を通じて，「法的なもの」及び「政治的なもの」について論じることにする。

　ロシア系フランス人のコジェーヴ（1902 - 1968）とドイツ人の法学者及び政治学者シュミット（1888 - 1985）との間に交流があったことはあまり知られていない。左翼的発想を持っていたとされるコジェーヴと，保守系の言論人であったシュミットという全く異なった立場にある人物同士を結び付けるのは容易なことではないであろう。端的に言えば，「政治的なもの」及び「法的なもの」が二人の論争のテーマである。二人の論争のテーマは社会，政治経済及び法に関わっていることから，この論争を追うことは，コジェーヴのいまだよく知られていない側面，とりわけその法思想をうかがい知るうえで重要な意義を持っている。

　二人の交流は直接的には 1953 年 4 月頃から 1960 年頃まで続いた。[1] 当時，コジェーヴはパリに住んでおり，シュミットは生まれ故郷のプレッテンベルクという人口 5000 人程の町に住んでいたことから，なかなか会う機会が得

られず，確実に会ったとされるのは，シュミットの招聘に応じたコジェーヴが 1957 年にデュッセルドルフの「ライン・ルール・クラブ」と呼ばれる団体の前で講演をした折のみである。二人はともに戦前の同時期にドイツに住んでいたが，世代やもともとの専門領域が異なることもあり，その頃にはまだ面識がなかった。

　以上のように，二人が直接顔を合わせた回数はさほど多くないが，本章で後に見るように，彼らの思想上の間接的な相互言及性はより広い期間にわたっていた。1930 年代に，コジェーヴもシュミットもともに伝統的な国家が終焉したと認識していた。また，1932 年に出版されたシュミットの著書『政治的なものの概念』は，1947 年にコジェーヴが執筆した『法の現象学』に明らかに影響を及ぼした。さらに，シュミットが『政治的なものの概念』の中間報告として 1963 年に発表した『パルチザンの理論』の中でも，コジェーヴからシュミットへの影響が見られる。

　コジェーヴは同時代の知識人の中でシュミットを高く評価していたが，そのことは次のエピソードからうかがえる。ユダヤ系の哲学者ヤーコプ・タウベスは，コジェーヴが 1967 年にドイツに赴く際に，誰に会いに行くのかと尋ねたところ，彼はシュミットに会いに行くと答えた。というのも，コジェーヴが言うには，シュミットだけがドイツで「話す価値のある唯一の人物」である。コジェーヴはレオ・シュトラウスと生涯にわたって交流を続けていたが，この当時，すでにシュトラウスがアメリカに亡命していたことから，ドイツに住む学者の中でコジェーヴが最も評価していた人物はシュミットであると言っても過言ではない。シュトラウスとシュミットは，両者ともに保守系の思想家であるとされるが，その思想的立場は大きく異なる。コジェーヴは保守主義者とは言いがたいが，進歩主義者であると断定することも憚られ，序論でも触れたように，自身では「右派マルクス主義者」であると冗談交じりに語っていた。コジェーヴとシュミットが交流を始めた 1950 年代には，シュミットは戦後にナチスへの加担を糾弾され，論壇を追われていた。

　二人の対話は 20 世紀のグローバリゼーションの過中において展開されており，シュミットは 1930 年代に，コジェーヴは遅くとも 1940 年代中葉には，伝統的な主権国家の終焉が始まったという認識を抱いており，さらに彼らは第二次世界大戦後の脱植民地主義の潮流を肌で感じることにより，現状認識

に対する危機意識を高めていた。互いにとって最良の議論の相手であったコジェーヴとシュミットは，このような背景にあって，それぞれ新たな具体的世界秩序を構想していた。換言すれば，彼らの問題関心の中心は，地球規模での政治的・経済的・文化的な相互作用の高まりの中で，国家の形態がいかに変容していくかであり，それに伴って政治的なもの及び法的なものの存在様式がどのように変貌していくかであった。

　本章で用いられる法的なものという用語は，実際には彼らの著作及び書簡の中で使用されているわけではないが，シュミットが政治と政治的なものとを峻別したことで，政治の源泉をめぐる思考を重ねたのに倣って，法そのものと法的なものとを区別することは正当化されうる。彼によれば，「本来の友・敵結束が変じて，わずかになんらかの敵対的契機のみをとどめたものであって，あらゆる種類の駆け引き・術策とか，競合・陰謀とかの形をとり，奇妙きわまる取引き・商略を，「政治」と呼ぶ」ことから，「政治的関係の本質」を考えるべく，政治的なもの（das Politische）という，ともすれば曖昧と思われがちな用語を導入する必要があったのであろう。それに従って本章でも，単に国家内部で各人及び各団体が守るべき規律及び権利としての法というよりも，「法的関係の本質」について論考を進めるうえで，法的なものという語を用いることにする。

　コジェーヴとシュミットの関係性に議論を戻せば，二人は最終的には決別と呼べるほど，劇的な対立をしたわけではないにせよ，袂を分かっている。それはなぜなのか，本人たちは明言していないが，おそらく，二人の考えがけっして合意に達しえないことを，互いに感じ取ったからであろう。まさにこの収斂しえない二つの相違した立場こそが，今日まで続くグローバリゼーションについて考える際に案出される，根源的に対峙する二つの政治的及び法的な立場を象徴しているように思われる。

　彼らの対話の内容は多岐にわたっており，政治・経済・思想などが主題として扱われているが，本章では，二人が交わした書簡集を追うだけではなく，彼らの著作の中で展開される主張——そこにはコジェーヴによる特異な哲学史研究の成果も含まれる——を対質させながら，主として法的及び政治的な観点から二人の対話を解釈したい。これまであまり注目されてこなかったが，シュミットとの比較においてコジェーヴの法思想を追ううえで鍵語となるの

は「第三項」であると考えられる。主と奴とが抗争した結果，両者が相互に承認し，総合して公民となることこそ歴史の本質的事象であるとする自説を軸に据えてヘーゲルの著作をコジェーヴが解読し，講義を行なっていた1933 年から 39 年頃にはまだ，第三項の観念は市民（Citoyen）の理念の中にその萌芽が見られるのみであった。しかし，コジェーヴは 1943 年に脱稿した『法の現象学』の中で，市民同士の相互作用についての諸規則を定めた法的なものについての現象学的考察を進める際に，シュミットの『政治的なものの概念』（1932 年）を参照し，そこに欠けていた第三項の観念を提起するに至る。このことから，『ヘーゲル読解入門』の構想から『法の現象学』の執筆の間に，コジェーヴが法的第三項の着想を得たことは，彼の思想の変遷を考えるうえでも非常に重要な意味を持つ。第 I 部で取り扱った『概念・時間・言説』（1952‒1953 年に執筆）の内容から察するに，コジェーヴが第三項に思い至る契機となったのは，直接的にはヘーゲルの「三位一体論」に基づいたアリストテレス読解であったが，実を言えば，シュミットも『大地のノモス』（1950 年）の中で，「第三の領域」としての外部性に関して思索を進めていた。

彼らの議論を把握するうえで，政治的なものをめぐる思考と法的なものをめぐるそれを完全に分離すべきではなく，どちらがより根源的というわけでもなく，両者は有機的連関を持ち相互に作用し合うが，便宜上，本章の前半では主に前者を取り扱い，後半では主に後者を取り上げたい。まずは，二人の主張の前提を理解するために，シュミットにおける敵の観念がヘーゲル解釈の中でいかなる位置付けを持つのかという主題についての，二人の議論を追ったうえで，コジェーヴが友敵理論を自身の国家論の中にどのように組み込んだかを見ていく。

1 敵

シュミットは国家の本質が友と敵の区別に基づいており，過去においても，現代においても，そのような区別から免れることはけっしてできないと考えていたように思われる。フライヤーやディルタイ及びコジェーヴの著書を通じてヘーゲル解釈に関心を持っていたシュミットはコジェーヴに宛てた

1955年12月14日の手紙の中で，ヘーゲルにおいて敵という観念は存在するかどうか問うている。これに対して，コジェーヴはシュミットに宛てた1956年1月4日の手紙の中で，存在するとも存在しないとも言えると返答する。承認闘争としての歴史が存続する限りは，敵も存在すると彼は述べる。その意味するところについて考えてみたい。

コジェーヴは1930年代に行なったヘーゲルに関する講義において，次のように述べていた。

> 敵は「弁証法的」に揚棄されねばならない。すなわち，その生命と意識とを敵に残し，その自立性だけを破壊せねばならない。自己に対立し反抗する存在者としての敵だけを廃棄せねばならない。換言するならば，敵を奴とせねばならない。

つまり彼は，相互承認が実現される以前に，敵はもっぱら廃棄されるべきものとしてのみ存在すると逆説的な形で論じていた。コジェーヴの言葉を借りれば，「世界史は人々同士の敵意の歴史（それは動物には全く存在しない。動物は何かのために「戦う」が，敵意からではない）である」。敵意とはきわめて人間的な感情であり，敵意が乗り越えられれば，人間の人間らしさの一つに欠陥をもたらすことになってしまうであろう。この敵意が克服された後のことを考慮に入れるならば，ヘーゲルにとって最終的に敵は存在しなくなると言える。敵意はロゴスの一契機に過ぎず，ヘーゲルの弁証学を解釈するうえで頻繁に用いられる「正反合」の図式で言えば「反」に相当するので，敵は相互承認を経て止揚されることになる。

ここで論じられている敵対関係とは，第一義的には，国家間の関係であるよりも，むしろ主人と奴隷の関係性を指示していることに留意しておく必要がある。主人（Herr）にとって奴隷（Knecht）とは敵であり，奴隷にとって主人も敵であった。もしも奴隷が主人を殺すならば，敵は打倒されるために，存在しなくなるが，もし敵を恐れたならば，敵は主人として「悪魔のごとく」（teuflisch）「権力を持った」（mächtig）者となるであろう。そもそも，主人と奴隷が生まれたのも，人間発生的（anthropogène）闘争の中で主人が奴隷を恐れたからであり，主人は兵士として戦争に従事し，奴隷は戦争で

はなく労働に従事したとコジェーヴは推論する。

　キリスト教においても，敵は悪魔という形で存在するものの，それは「独自の形態にある敵 Feind in seiner eigensten Gestalt」であるとコジェーヴは考えている。つまり，悪魔とは本物の敵ではなく，仮想上の敵に過ぎないのに対し，真の敵とは，自分を死に至らせる敵のことである。友と敵の和解による総合こそ，コジェーヴの考える歴史の究極の目的であることから，彼は，友敵理論を定立したシュミットとは根本的に意見を異にする。それゆえに，コジェーヴはヘーゲルにおいて，敵は存在するとも存在しないとも言えると，両義的な解答をしたのであった。

　だが，コジェーヴはシュミットが『政治的なものの概念』の中で示した見解を無価値なものとして退けたわけではなかった。コジェーヴがシュミットに従って敵の観念という前提から思考を深め，国家が法の下で友に対してと敵に対して，いかにして同等に裁定することが可能であるか思考錯誤しつつ，独自の国家論を展開していたことをここでは示したい。

　まず，コジェーヴは『法の現象学』（1943年に執筆）の中で，シュミットの友敵理論に幾度も言及しているが，彼が友敵関係という前提条件に対して当初から否定的な態度を取るのではなく，むしろその前提から議論を展開して，いかにしてその前提となっているテーゼを止揚するか思考をめぐらせていたことは強調しておかねばならない。つまり，コジェーヴにとって，友敵関係は政治的な枠組みを考えるうえで必須の前提にして，乗り越えるべき前提でもある。彼はシュミットと知り合う前に，すでに友敵理論をふまえたうえで，次のように語っている。

> 国家があるためには，次の二つの主要条件が満たされねばならない。(1)全構成員が「友 amis」から成り，非構成員は誰であれ「敵 ennemis」として扱う社会がなければならない。(2)この社会のなかで，「統治者 gouvernants」のグループが他のグループ――「被統治者 gouvernés」のグループを構成する――とはっきり区別されていなければならない。

「統治者」とは実際に国政を動かしている集団のことを指しており，民主制国家においては，当然のことながら，「政府 gouvernement」と呼ばれる。

第4章　コジェーヴとシュミット

コジェーヴ自身は，民主制を採用する国家ではなく，あらゆる種類の国家について論考するべく，あえて「政府」という用語のみならず，文脈に応じて「指導階級」，「政治的エリート」，「貴族階級」をも包含した「統治者」ないし「統治グループ」という語をしばしば用いている。

引用箇所の(2)の条件にある通り，国家が存在する限り，「統治者」と「被統治者」の双方が存在することは必然である。このような「統治者」は，「排他的グループ」として他のグループを何らかの方法で「排除」するように行動する。コジェーヴ自身は，この「排他的グループ」のことを「ある国家や社会のなかで，その社会や国家を消滅させることなく他のすべてのグループを取り除きうるか，少なくとも排除しうるグループ[17]」であると定義付けている。すなわち，「統治者」が「被統治者」を排除して自分たちの権力をほしいままにしようと志向することは，国家及び社会が存在する限りにおいて不可避なのである。

コジェーヴにすれば，問題はそこにあるわけではない。ただ(2)の条件が満たされているだけでは，まだ国家が存在するとは言えない。例えば見方によっては，教会においても聖職者としての「統治者」と信者としての「被統治者」がいるとも言えるが，教会は社会であっても国家ではない。国家が存在するためには，(1)にあるように友と敵の区別がなされなくてはならないのである。コジェーヴは，シュミットに倣って，友とは「政治的友」であり，厳密に言えば「戦友」を指し，また，敵とは「政治的敵」であり，「軍事的敵」を指すと，単刀直入に表現している[18]。

国家にとっての友とは，自国民のことであり，敵とは他国民つまり外国人のことであるが，後者は，国家の法が直接に適用されるわけではないため，法の外に置かれてしまうという問題がある。コジェーヴは外国人の法的権利を論考の対象として取り扱いながら，シュミットの理論が孕む欠落を補完しているのであり，その限りにおいては，コジェーヴはシュミットを批判するというよりも，補足している。国民国家が敵を決定的に消し去るには，従来の政治的関係を一新するような帝国あるいは普遍国家の誕生を待たねばならない。それまでの間，敵とされてきた外国人の法的身分をいかに取り扱うべきであるか，シュミットの意見をふまえながらコジェーヴは思考を重ねていた。

コジェーヴの考えでは,協約(convention)によって成立した伝統的な意味での国家は,内部にも外部にも敵を持っているが,敵を持つということは,それは普遍的な国家ではないことを意味する。そもそも,「国家は,その本質そのものによって,普遍性と同質性をめざす」とされる。[19]

このような普遍同質国家に関して,『ヘーゲル読解入門』の中では次のように記述されている。

> 同質な国家においては,階級や民族等の「特殊な差異」(Besonderheiten)は「廃棄」され,したがってこの国家は,その個別性そのものにおいて公民として承認された個別者そのものに直接に関係する。しかも,この承認は真に普遍的である。なぜならば,この国家は定義上人類全体を包含するからである。[20]

同質的でない国家において,承認を得られずに虐げられていると考える被統治者は,統治者と同質的な身分を持つまで不満を抱き続けるため,革命を起こし続けるであろう。国家内での同質性を実現することは,友敵関係が捨象されることを意味し,国家がその領土の外部へと拡張することもまた,それが同質性を実現しながら拡大するのであれば,友敵関係の否定を意味すると考えられる。

2 終　焉

次に,二人の政治的なものをめぐる思考をさらに追うべく,両者が同調していた項目である終焉論について見ていく。具体的には,シュミットが認識していた国家の終焉とコジェーヴの歴史の終焉論を比較検討する。両者ともに国家の終焉を認めることで,何を見据えていたのだろうか。

(1) シュミットの主張した「国家の終わり」

シュミットは外国人も含めた敵をあくまでも敵として捉えるため,友と敵の融和というコジェーヴの理論には賛同しないが,彼は伝統的な意味での国家が終焉したという点においては,コジェーヴに同意しており,そのような

国家において「戦争や死刑はもはや可能ではなく，したがって歴史を作ることもまたできない」と述べる。ただし，歴史の一回性を信ずるシュミットは，コジェーヴが述べるようにポスト歴史の時代において世界が一元論的に統合されるとまでは考えていない。コジェーヴに従えば，歴史の終局において，市民同士での相互承認及び国家の世界規模での拡張により，敵は存在しなくなるはずである。

では，シュミットは，いかなる意味で歴史の終わりを認めたのであろうか。シュミットが時代ごとに終末論をいかに展開していたかに関しては，長尾龍一「カール・シュミットと終末論」においてすでに研究がなされており，そこではシュミットの決断主義が終末論的性質を持つことの理由が特筆されている。本章では，終末論一般ではなく，コジェーヴが主張していた歴史の終焉論との関わりにおいて，シュミットの議論を参照したい。コジェーヴも参照した『政治的なものの概念』（1932年）の中で，次のようにシュミットが述べたとき，彼は歴史の終焉が今後到来する可能性についてすでに思考をめぐらしていたと言えよう。

> このような闘争の可能性が残らず除去され消滅した世界，最終的に平和になった地球というものは，友・敵区別の存在しない世界，したがって，政治のない世界であるといえよう。その世界にも，おそらくはたいそう興味深い，さまざまな対立や対比，あらゆる種類の競争や策謀が存在しうることであろう。しかし，重要なことには，それを根拠として，人間たちが生命を捧げるよう要求され，血を流し，他の人びとを殺りくせよと強制されうるような対立は，その世界には存在しえないであろう。

この時点においては，まだシュミットは「政治のない世界」が到来したと明言することを躊躇しているように見受けられるが，「域外列強の干渉禁止に伴う国際的広域秩序——国際法上のライヒ概念への寄与」（1939年）を書いた時分より，主権国家はもはや存在しないと確信を持つようになる。したがって，彼は第二次大戦中に，ドイツを中心としてヨーロッパの政治的秩序を再構成して「広域 Großraum」を形成する必要があると主張していたのであった。そのこともあって，戦後にナチス加担者の汚名を着せられ，糾弾さ

れることになるが,彼は生存圏（Lebensraum）と広域とは全く異質なものであると弁明している。

広域とは果たして何を意味しているのか。シュミットの見解を引用しよう。

> 広域という言葉は,今日の世界政治の展開を支配している——地球空間観念および地球空間次元の——転換を示すものである。「空間」が,様々な特殊な意義と並んで,一般的・中立的・数理＝物理的意味を持つのに対して,「広域」は具体的・歴史＝政治的現代概念を意味する。(24)

シュミットはアメリカのモンロー主義を広域秩序の好例として挙げている。単に国際情勢への不干渉主義を意味するとしばしば理解されがちなモンロー主義は,実を言えばアメリカ連邦による各州への帝国主義的介入を促すものでもあった。(25) 伝統的な国家の形態がもはや維持できないことから,このような連邦制による具体的な国際秩序の再編成が急務であるという現状認識は,戦後のシュミットにおいても一貫して保持されていたように思われる。

第二次世界大戦が終戦を迎えて以来,国家は行政の役割のみ果たすものへと矮小化され,それはヘーゲルの言うところの「国家」ではなく,「政府」でもないとシュミットは捉えている。友と敵の関係が乗り越えられてしまった時に,政治的なもの,ひいては国家は消え去ってしまい,その後に残るのは,文明,文化,経済,娯楽,法だけである。シュミットにすれば,このような事態は回避しなければならなかったのだが,彼はそれがすでに現実のものとなってしまったと認識する。(26)

では,コジェーヴの終焉論とはいかなるものか。よく知られているように,コジェーヴは1930年代に行なわれた講義の中で,ヘーゲル哲学の中に歴史の終焉という観念を見出していた。この講義を基にして書かれた『ヘーゲル読解入門』（1947年）の注の中で,血生臭い闘争こそが歴史の本質であるがゆえに,闘争なくして人類の歴史に進歩はないとまで言い放った。(27) さらに,現代において,もはや人間発生的な闘争も主人間の闘争もない,したがって進歩なき人類にとって,もはや歴史は終焉したと彼は述べたが,コジェーヴの主張する歴史の終焉論は,伝統的な意味での国家の終焉も包含していることから,シュミットの終焉論と深い親和性を持っている。第二次世界大戦直

後の1945年8月27日に，コジェーヴは以下のように書いている。

> 現代の始まりは，「封建的」政治的集合が漸進的に消えていきながら，諸王国を形成するという抗しがたい過程によって特徴付けられる。これらの「封建的」政治的集合すなわち国民国家は，かつて国民的統合を分断していた。現在では，これらの国民国家こそが，不可避的に，「諸帝国」という言葉で示すことができるような，国民の枠組みを乗り越える政治的な構成体へと次第に場を譲るのである。19世紀にはまだ絶大な力を誇っていた国民国家は，中世の男爵領や都市や大司教区が国家であることをやめたのと同様に，政治的実体，強い意味での国家であることをやめるのである。政治的に持続するために，現代国家は「協約を結んだ国民の「帝国的な」広い連帯」に基づかなくてはならない。現代国家は一つの帝国である限りにおいてのみ本当の意味で国家である。(28)

　ナチスの生存圏であるドイツという国民国家の拡大が失敗に終わったことは，国民国家の終焉が現実のものとなったことであるとコジェーヴは考えていたのである。
　シュミットに関して言えば，彼は国家の終わりを認めても，歴史の終焉については頑として認めようとしなかった。シュミットからコジェーヴに宛てた1955年6月7日の手紙の中では，世界の統一と時間の円環を同一視しており，東西対立という二元論的範疇の中で世界はいまだに統一されていないだけではなく，いずれ統一されるとも，されるべきであるとも考えられないことから，「円環はいまだ閉じられていない」(29)と主張されている。多元論の立場に与していたシュミットは，コジェーヴとの議論を通じて，歴史の目的は世界が一元化されることにあるわけではないという自己の仮説を確信へと変えていく。
　それでは，シュミットにとって，終焉したとされる国家とはそもそも何を指しているのであろうか。

(2) 戦争を起こす単位としての国家の終焉
　シュミットによる国家についての規定は，コジェーヴによるそれと認識をと

もにしており，その意味するところは「戦争を行なう領土的単位 kriegführende territorial Einheit」であると，コジェーヴからシュミットに宛てた1955年5月16日の手紙の中で書かれている。コジェーヴは人々がこの規定を戦後になって次第に忘却していくことを嘆いている。国家をこのように規定するのは非常に乱暴で極端な手法であるようにも見える。だが，国内での戦争を経験しなくなった先進国の住人たちの間で，国家と戦争との関係が中心的な関心事でなくなっていくという事実は，良くも悪くもしごく当然のことである。コジェーヴは，このような国家が終焉することで人間的本質が損なわれることを危惧してはいるものの，国家の解体という事実そのものに関しては好意的な評価を下しているように見受けられる。彼は1939年にフランス国内で召集令状を受け取って，動員されたことがあるばかりか，レジスタンスにも参加して，自ら望んだからというよりも歴史の動向に否が応でも巻き込まれる形で，命がけで第三の祖国へと奉仕するという体験をしていた[31]。

他方，国家に関するシュミットの発想は，国家にとって戦争とは外交の延長に過ぎないというクラウゼヴィッツの戦争観に着想を得ていると思われるものの，シュミットにすれば，戦争は政治にとって，目的や道具というよりも，あくまで最後まで手段を尽くして避けるべき事柄である。換言すれば，戦争は友及び敵が結束するうえで最初の契機ではなく，「最後の切札」なのである。

クラウゼヴィッツの言うように，決闘の延長線上に置かれる戦争は，敵の抵抗力を完全に奪うまで遂行する「絶対戦争」の性格を帯びているため，シュミットは安易に戦争をすることなど許容されるべきではなく，国家は最善の手段を尽くして戦争を回避すべきであると考える。シュミットはクラウゼヴィッツに関する誤解を正すために，次のように述べている。

> 軍事的戦闘そのものは，それ自体としてみれば，たいていはまちがえて引用されるクラウゼヴィッツの有名な文句のように，「別の手段をもってする政治の継続」ではなく，戦争としての，独自の戦略的・戦術的その他の規則や視点をもつものであって，ただ，これらの規則・視点はすべて，だれが敵なのか，という政治的決定がすでになされているということを，前提とするものなのである[32]。

第4章　コジェーヴとシュミット

つまり，シュミットに従えば，国家にとってより根源的なものは，外交でも，外交の延長としての戦争でもなく，友敵関係である。というのも，政治によって敵の決定がなされた後でしか，戦争を遂行することなどできないからである。

　確かにクラウゼヴィッツは，他国の国民に対して向けられた敵愾心が戦争に先行すると述べている。「たとえいかに粗野な本能的憎悪感といえども，敵対的な意図なくしては相闘うには至らない。(中略) それゆえ，文明国民の戦争を政府間の単なる理性的行為に還元し，一切の敵対感情とは無縁のものと考えることほど間違った見方はない」。このような憎悪という感情が，動物には見られないきわめて人間的なものであるとシュミットはみなしており，先に見た通り，コジェーヴもこの前提を継承してはいるが，厳密に言えば，「カール・シュミットが見事に指摘したように (『政治的なものの概念』)，政治的「敵意」は憎しみとは無関係である」と考えられることもまた事実である。

　国家にとって，それより重要な事実としては次のことが挙げられる。第二次世界大戦後に，ヨーロッパを中心とした一部の先進国で，戦闘的行為がいかなる形であれ禁止されるということは，国家が率先して戦争を起こすことができなくなることを意味し，さらにまた国家が死刑を実施することもできなくなるということは，国家が人々に死を命じることが不可能となったことを意味する。コジェーヴにとって，命を賭けた闘争が歴史の本質であったが，シュミットにおいては，そこからさらに発展して，国家を構成する成員の生殺与奪こそが国家の排他的権利であった。そのような国家の権利がなくなるということは，国家秩序の衰退を意味する，したがって，国家は終焉へと近づくとシュミットは認識したものと思われる。

　それでは，このような形態での国家の終焉は，誰によってなされるのであろうか。

(3)　歴史の終焉時に台頭する指導者

　コジェーヴによれば，歴史を振り返れば，いわゆる歴史の終焉時には，戦争を遂行する独裁者がしばしば登場することから，少なくとも終焉以前に独

裁的指導者が果たす役目は無視できないことになる。『僭主政治について』の中でも，コジェーヴは独裁者への憧憬を秘めた人物であり，スターリニストであるとして，シュトラウスから批判されているが，実際には全ての独裁者を容認したわけではない。シュミットに関しても，ナチスへの関わりを糾弾されて裁判にかけられた際に，彼はヒットラーと面識もなかったし，個人的崇拝をしていたわけではないと述べていること⁽³⁵⁾から，必ずしも独裁制擁護者ではなかったであろう。コジェーヴはシュミットに宛てた 1955 年 5 月 16 日の手紙の中で，スターリン，ヒットラー，ナポレオンという三人の独裁的主導者について言及する⁽³⁶⁾。スターリンとヒットラーの誤謬は，歴史的に見れば，ナポレオンの失敗と本質的に同一であるとされる。コジェーヴのこの主張の意味は，どのようなものであろうか。

　三位一体論的な構図を念頭に置きながら，共同体内部での一元論的統合を図るコジェーヴは，統一的国家としての帝国を実現してくれる強力な指導者を探していた。それゆえに，彼は戦前の一時ではあるが，スターリンに期待をかけたと思われる時期もあったが，シュミットと交流していた 1950 年代のコジェーヴは，スターリンをヒットラーと変わらない残虐な人物であるとして，糾弾している。スターリンもヒットラーもともにファシストであり，暴君であり，議会なき政府を打ち立てようと試みたが，その試みが頓挫したことは，史実からして明白であるとコジェーヴは考えている。

　ところで，シュミットの意見では，現在における「歴史の要請」というものがあり，一度正しかったものはもはや二度と正しくない⁽³⁷⁾。コジェーヴに言わせれば，そうではなく，むしろ同様の過誤が繰り返されることこそが歴史の本質である。彼の意見では，ヒットラーの間違いは，ナポレオンに 150 年遅れたことに起因している。つまり，ヒットラーはナポレオンと同じ間違いを繰り返したことになる。そして，ナポレオンの前にはアレクサンドロス大王が，コジェーヴの時代であれば，スターリンが同様の野望を抱き，彼らが目指したのは，「単一で不可分の共和国」であり，「単一国家，単一民族，単一の指導者」であったという指摘は正しいと考えられることから，この限りで歴史の循環的性質に基づく終焉論は正当なものであるとわれわれには見える。コジェーヴの目には，スターリンは「われわれの世界のアレクサンドロス大王」であり，「工業化したナポレオン」であり，彼らが言葉による合意

よりも，力を用いて築き上げようとしたものは全て「世界帝国」である。コジェーヴが生きていた時代には，ソ連はまだ崩壊してはいなかった。筆者がコジェーヴの姪クーズネットゾフから聞いた話では，おそらく彼はソ連の崩壊までも予想してはいなかったであろうとのことである。⁽³⁸⁾

　帝国を理想に置いたとしばしば解釈されがちなコジェーヴではあるが，彼はナポレオンの行為をけっして全面的に肯定したわけではなかった。コジェーヴは『精神現象学』を解釈する際に，ヘーゲルがナポレオンの帝国を目の当たりにして，この皇帝こそ世界精神の体現者であると考えたことを手がかりにした。1801年10月13日にナポレオンがイエーナに侵攻してきた折，ヘーゲルは馬上のナポレオンを目撃し，「このような人物を目のあたりにするのは，実際，すばらしい感情をひきおこします。ここには，世界を睥睨し，世界を支配している人物がいるのです」と書いた手紙を友人ニートハマーに送った。同年10月16日が『精神現象学』の締め切りであったことからも，世界精神を体現したとされるナポレオンの行動がヘーゲルの心情に合致していたと考えることは不合理ではない。

　見方によっては，ナポレオンはそれまでの国家を揚棄し，帝国を作り上げようと尽力したと言えるが，逆説的なことに，彼は結果的に国家が戦争によって揚棄されえないものであることを証明した。ナポレオンが武力によって打ち立てた帝国がその後瓦解したことは歴史的事実であり，コジェーヴもそのことを認識していた。彼の意見に従うならば，今日において軍事的才能を持つ英雄は歴史的な役割を持たないことになり，後に見るように，この帰結はシュミットが友敵理論を再検討する際にまで影響を及ぼした可能性がある。

　結局のところ，ナポレオンはヒットラーの試みをそれ以前に実現しており，その結果は惨憺たるものであったことから，少なくともこの点において，第二次世界大戦は理論的に何ら新しいものをもたらさなかったのである。大戦の終結により，伝統的な意味での国家の存在様式が融解していくことは決定的な事実となったが，その際に新たな形態を持つ国家において重要な役割を果たすのは，戦争を指導する独裁者としての第三者ではなく，「媒介的」知識人としての第三者であるとわれわれには思われる。この「媒介的」知識人が果たすべき使命とは，次の通りである。

かれら（「媒介的」知識人）は，もしも自分たちの理論の哲学的価値を判定する権利が哲学者にあることを認めなければ，また「僭主的なやり方」であったとしても，一定の状況のなかで現実化することができるとかれが見なす理論のなかからひとつを選択し，他を無視する権利が政治家にあることを認めなければ，道理にかなっていないことになるだろう。[40]

　以上のことからコジェーヴは，潜在的な位相で歴史が終わることを認識するのみならず，顕在的にも積極的に歴史を終わらせる必要があるという考えに至り，大学教員として生きるよりも，自らフランス政治に助言者として関わる道を選んだのであろう。

3　歴史終焉以降の世界情勢

　ここまで，歴史の終焉論を展開したコジェーヴが，シュミットと意見を交わしながら，政治史をどのように把握するようになったか論じてきた。ここからは，歴史の終焉後における戦争の意義について，コジェーヴの提言を明らかにしたうえで，彼からシュミットがいかなる影響を受けたか考察したい。

(1)　戦争の意義の変容

　コジェーヴの提言の内容を知るうえで，まずは1940年代のシュミットの論考に再び言及することが有用である。上述した内容と幾分重複する箇所もあるが，1942年に『海と陸と』を書いた頃の，空間をめぐる「ノモス」——シュミットによると，この語は語源的に遡れば「取得・分配・生産」を意味していたが，ここでは主に「取得」の意味で用いられているものと考えられる——に関するシュミットの議論を追ってみよう。15世紀から17世紀前半にかけて，新大陸の発見から生まれたヨーロッパ公法は，ヨーロッパにとっての外部性である「新世界」が存在することに依拠しながら，ヨーロッパの国家同士の戦争を最小限に抑える役割を果たしていた。ところが，19世紀の終わり以降にアングロ・サクソンが最も強力な帝国を築くことに成功したことにより，ヨーロッパ公法によって支えられていた体制は完全に過去のものとなってしまった。というのも，イギリス及びアメリカを筆頭とする

アングロ・サクソンたちは，陸とは異なって人間が住める場所でない，世界の海を占取したからである。

かつてのヨーロッパ公法が有効であった時代のように外部性が存在しない世界情勢において，「アングロ・アメリカ帝国」は再びかつての正戦論をもって，差別的なニュアンスを含んだ敵という観念を正当化しながら，犯罪者による謀反を抑えるための戦争を遂行していくことになる。シュミットの考えでは，この「アングロ・アメリカ帝国」は「法と自由の拠点」として，「真のヨーロッパ」に取って代わった。その結果として構築された新しい世界秩序の下では，例外状態が常態化してしまっていることになると思われる。多分にヨーロッパ中心主義的な発想を持っていたシュミットは，慚愧たる思いでこのような事態を看取していたことであろう。[41]

コジェーヴも1955年5月16日の手紙の中で，シュミットに同調を示している。その手紙の内容から，次のことが読み取れる。その後のアメリカが行なった戦争は，治安維持のためのものであり，帝国主義の時代のように外部獲得としての領土拡張を主眼としたものではなかったがゆえに，アメリカの「軍人たち」は戦争の中で，兵士としてというよりも，警察官として，つまり本章の関心に引きつけて言えば，第三者として殺されたことになる。[42] コジェーヴの説を敷衍して言えば，アメリカが世界の治安を維持するために果たさねばならないという義務感は，アメリカ人たちにとって新たなる「明白な天命」である。

コジェーヴによると，本来であれば国家は，行政の役割を果たす政府だけではなく，政治だけでもなく，まして警察だけでもなく，それ以上のものを意味していた。すなわち，国家とは戦争を独自の意志のみに基づいて行なう権利を有する集合であり，それこそが国家を国家たらしめているものである。先に見たように，戦後の現代民主主義「国家」の時代においては，もはや，戦争を起こす最小限の単位としてのかつての国家は存在しない。コジェーヴは「戦争の人」[43]ではなく，戦争をいかに回避するかを終生考えてやまず，官僚という立場を通じて平和の構築を成し遂げようとした人物であったことがこの点からもうかがえるであろう。コジェーヴの『法の現象学』によると，「戦争は，正当か不当ではありうるが，狭義において法的ではけっしてない。敵どうしの関係は，法の関係ではないが，常に一定の正義の理想に一致する

か反するかする」。つまり，国家間の戦争自体は法の外にあるために，規制することはできず，正義の理想を実現してくれるのは公平無私の第三者であると言える。

　同じ手紙の中でコジェーヴはシュミットに向けて，以下のような挑発的主張を行なっている。戦後の諸国家においては，相互の外交はあるものの，「内政」はもはや存在しない。ここでいう「内政」とは，内戦へと発展しうる国内での暴力的対立のことを意味しているが，民主主義国において国民は内戦を望まず，今や国民が国政に対して望むのは，行政の機能だけである。同様に，国民が主権者である民主主義国において，国民は兵士になることを望まないので，外交政策では戦争をいかにして避けるかが究極の目標となる。

　コジェーヴは皮肉を込めながら，ソ連は行政の機能に特化したという点で，他国よりも幾分「現代的」であったと述べる。なぜならば，革命の後に置かれたのは，政府ではなく行政部であり，それが果たしたのは管理の役割であったからである。結局のところ，全てのロシア人たちが求めていたのは，政治的信条に関係なく，「善く平和に」生きることであり，ロシア人に限らず，西側世界で生活する人々も，同様の目標を達成することを望んでいた。したがって，西側と東側の対立も表面的なものに過ぎず，両者の宥和政策が不可避であり，武装解除が可能である。これは，一元論的性質を持つヘーゲル哲学からの論理的帰結でもあると彼は指摘する。

　第5章で詳しく論じることになるが，コジェーヴがシュミットに招聘されて行なった講演の内容によると，世界を一元化するためには，国家間の収入を均質化する必要もある。つまり，原料と製品の「合理的配分」を行なうことで，普遍同質国家を実現しなければならないことになる。それゆえ，コジェーヴはシュミットの招聘を受けて行なった講演「ヨーロッパの視点から見た植民地主義」（1957年1月）の中で，かつての略奪型植民地主義から「勤労者である大衆に可能な限り与える現代的な資本主義」の実現の必要性を力説する。彼は，武力による統一に対するオルターナティヴとして，贈与を行なうことを重要視しているのである。コジェーヴの意見では，ノモスの語源的意味である「取得・分配・生産」のうち，現代においては特に分配に重きを置くことが要請される。人々が帝国主義の時代のように，与えることではなく，もっぱら奪うことを追求したならば，戦争や革命が再び起きるであろう

第4章　コジェーヴとシュミット　　141

が，以前のような形態での主権国家という形態が存在しない現在において，戦争も革命も起こりえない。先に触れたように，どの国も自己防衛できることが明確であるために，あえて戦争を起こすという愚を冒す必要性がないからである。[48]

　以上のようなコジェーヴの考えに対するシュミットの議論を次に見ていきたい。シュミットは 1953 年に「取得，分配，生産——あらゆる社会秩序及び経済秩序の根本問題をノモスから正確化する一つの試み」の初版を発表した。この論文を参照したコジェーヴは，1957 年 1 月 18 日にシュミットの前で講演を行なった。この公演の内容を受けて，シュミットが同論文の新たな版を出版する際に追記した部分から，次のことが読み取れる。シュミットは，そもそもいかなる人間であっても何らかの形で取得することなく与えることなどできないとして，取得から贈与への転換を説くコジェーヴの意見にけっして賛成しようとはしなかった。[49] これは，友と敵の融和の必要性など感じておらず，多元主義的世界観に与していたシュミットの思考の前提からすれば，当然の結論であると言える。

　戦争についてのシュミットの意見は，以下の通りである。現代において，経済的には「大洋」はもはや存在せず，各国の主権が及ぶ「内陸部の海」しかない。彼が言うところの線引きは，大地においてのみならず，人間にとって本来住める場所ではない海の中でもすでに行なわれたのである。すでになされた線引きを変えるには，戦争を起こす危険を伴うが，そうすれば，交戦国全てが滅亡することへと繋がりかねない。諸国家はもはやそのような危険を冒してまで，海を獲得することに拘泥する必要はないことから，シュミットは，国家間の陸及び海における国境線を現状のままに維持しようと考えながら，新たな具体的秩序としての広域についての理論を，コジェーヴの影響とは関係なく提唱したが，このような広域とはコジェーヴの主張する普遍同質国家へと至る前段階に相当すると解釈することが，ひとまずは可能である。

　ここまで，コジェーヴとシュミットの戦争に関する対話の論点を浮かび上がらせようとしてきたが，そこからどのような帰結が見出せるか，次に論じたい。

(2) 政治的なものをめぐるコジェーヴとシュミットの対話の帰結

　両者ともに，現代の国家が国民を戦争へと向かわせることを可能な限り回避しようと努めるべきであるという前提に立つという点で意見をともにしている。そしてまた，コジェーヴに言わせれば，現代において，国家が戦争を行なうとすれば，それはかつてシュミットが考えていたように，敵の殲滅を主眼に置いたものではなく，現状の国家の線引きを維持することによる国際秩序の保全を目的としたものでしかないことになる。それこそ，コジェーヴがシュミットとの対話の中で導き出した一つの結論であった。

　それでは，シュミットはコジェーヴからどのような影響を被ったのであろうか。シュミットは「政治的なものの概念についての中間所見」として書かれた『パルチザンの理論』の中で，コジェーヴについて直接的に言及してはいないが，彼は1955年のコジェーヴの手紙を，レオ・シュトラウス及びヨアヒム・シェッケルの手紙とともに，「『政治的なものの概念』のために，三通の重要書簡」の一つとして特別なファイルの中にしまっており，時折そのファイルを来客に見せていたという(50)。その手紙が1955年のどの手紙であるかまでは確認されていないが，この事実はシュミットがコジェーヴを強く意識していたことを臭わせる。シュミットは，コジェーヴとの議論を通じて，アメリカは形を持たない帝国であるがゆえに，敵を持ちえないのではないかという疑問を払拭しているように思われる(51)。コジェーヴの主張するような普遍同質国家としての世界国家が現実に成立しない限り，国家が敵を持たなくなるはずはなく，したがって今後ともアメリカをはじめとする帝国に対して，何らかの敵が存在するとシュミットは考えたのであろう。それゆえに，シュミットは国民軍とは異なり「非正規的に闘争する」(52)，すなわち形を持たない非国家的な抵抗集団であるパルチザンに，今日における国家の敵の存在様式を見出すに至ったと推測される。シュミットによって書かれた次の一節の中に，アメリカの軍隊は戦争の中で，軍人としてではなく警察官として殺されたと主張したコジェーヴの影を見て取ることは不可能ではないであろう。

　　ハーグの陸戦規則に従って占領下でも正確に職務をつづけようとする官吏は，行為および不作為のための危険負担を一般住民の場合よりもいっそう多く行なうのであり，特に警察官吏は相互に矛盾する危険な要求の

接点になる。すなわち敵の占領軍は安寧秩序を維持するために彼の服従を要求するが，しかし安寧秩序の維持はまさにパルチザンによって妨害されるのである。[53]

普遍同質国家が保障する秩序をパルチザンは破壊するのであり，それによって世界の一元化は阻止されることであろう。それはヨーロッパ国際法の古典的な理論の圏外にいる，すなわち端的に換言すれば，法の外に位置するということがその存在論的本質である。シュミットの言葉を引用しよう。

　　根本的には，戦争は依然として枠づけられており，パルチザンはこの枠づけ（Hegung）の外にいる。その際，パルチザンはあらゆる枠づけの外にあるということが，その本質および存在理由にさえなる。現代のパルチザンは敵から法も赦免も期待しない。[54]

パルチザンは非国家的であるため，論理的必然として，彼と国家の間に均衡が成り立つことはないとも思われるが，彼はそもそも法の外に置かれているため，この時期，シュミットが国際法における均衡の理論を完全に放棄したとまでは言えないであろう。

コジェーヴとシュミットが同調して述べたように，現在の国家には国民に対して死を命ずることが許されなくなったため，シュミットにすれば，非正規的な軍隊であるパルチザンしか，今日においては敵の形態を取りえないことになる。コジェーヴは，先に見た通り，歴史の終焉時における独裁的指導者の意義について否定的な立場を取ったが，それが意味するのは英雄主義の終焉であった。過去であれば英雄でありえた人物が，今日においては単に犯罪者として扱われる悲劇的な現状に鑑みて，シュミットは，新たなる英雄の在り方としてパルチザンに希望を見出したと考えられる。アメリカ帝国は世界における治安維持をいわば新たな明白な天命としていたとコジェーヴに従って考えられることを先に論じたが，アメリカを「カテコーン」——その内容については7で説明する——として認めないシュミットは，その帝国にとって鎮圧の対象となるもの，すなわち抵抗分子たるパルチザンに積極的な価値を認めるような結論へと導かれていったのである。[55]

4　法的なもの

　政治的なものをめぐる二人の主張の相違及び影響関係については以上であるが，コジェーヴがシュミットに同意しえなかったことの根拠は，法的なものをめぐる思想の相違にもあると考えられる。つまり，シュミットが生きていた冷戦時代における新たな「地球のノモス」を，単一の指導者の指揮によってではなく，巨大で相互的な「力の競合」(ungeheuren gegenseitigen "Messen der Kräfte") によって成立させようと試みたことに起因するのではないだろうか。ヨーロッパ公法の最後の擁護者であることを自認するシュミットは，コジェーヴとの論争を始める前に書いた『大地のノモス』(1950年) の中で，「ユトレヒトの平和 (1713年) 以来19世紀末までの時代において，ヨーロッパ強国の均衡がヨーロッパ国際法の原理および保障として妥当していたということは，必然である」と述べる。以上のことから，彼にすれば，国家間の力の競合ないし均衡こそが国際法の規律をもたらすといった理論的支柱は，単に過去の事実ではなく，現代の情勢においても十分に汎用可能性を持っている。均衡に関する具体的かつ核心的なシュミットの見解を引用しよう。

> 多くの点において，均衡 (Gleichgewicht) すなわち équilibre という言葉および観念は，今日においてもなお，多くの人にとっては普遍的に，諸能力と対抗諸能力——それらは，妥協 (Ausgleich) へと至ったのだが——とのつり合わされた秩序だけを意味している。その結果として，諸能力の均衡についてのイメージは，まさにラウム関連の諸観念が排除されたところにおいてもまた，使用することが可能である。それにまた，双方ともに同じ能力でもって自己自身を均衡の中に保つ一つの秩序が存在する必要もない。並はずれて強いもののヘゲモニーが多くの中小クラスのものを秩序づけるように行動することもまた可能なのである。

　シュミットの唱えたラウム関連の諸観念を受け入れない人々にとっても，力の均衡がもたらす効果自体は広範に認められている。それに対し，コジェ

ーヴは力の均衡のもたらす作用には着目しながらも，それより公平無私の第三者が国際法はもとより，あらゆる法及びそれが随伴する秩序を形成すると考えた。つまり，端的に言えば，法の基盤にあるのは対立する者同士の均衡であるというよりも，第三者であり，ひいては，第一者・第二者・第三者の相互関係こそが法的なものである。

では，シュミットは第三者に対していかなる評価を与えていたのであろうか。

(1) シュミットの第三者批判

シュミットは1925年に出版した『政治的ロマン主義』の中ですでに，第三者について批判的な見解を表明している。彼は，文筆活動家のアーダム・ミュラー，フリードリヒ・シュレーゲル，ハラーといった政治的ロマン主義者らが機会原因論（Occasionalisms）を持ち出す際に，最終的には包括的な第三者へと逢着することで問題解決を果たそうとする傾向があることを批判している。ここでいう機会原因論とは，「神の内に真の原因のすべてを見，この世のすべての事象を単に偶然的な起因である」とするイデオロギーのことである。ロマン主義者たちは「有機体」同士の二元論的対立を，神という真の普遍的実在たる「高次の第三者」を想定することによって，止揚せんとするが，彼らがしているのは，結局のところ，「真の原因として干渉する第三者の決定的な無条件の認容」に過ぎない。例えば，シュレーゲルの哲学を継承したミュラーは，法的なものを神学に依存させたため，彼の議論において歴史的事象は全て神が動かしたものであるという誤謬に陥ってしまっている。反ユダヤ主義者にしてカトリックに帰依していたシュミットは，このように法的及び政治的理論体系の中に神の観念を持ち出すことには徹底して否定的な態度を取ったのであり，少なくともこの点においては，無神論者であったコジェーヴに通ずるところがある。

シュミットは『政治的なものの概念』（1932年）の中でも，第三者の存在可能性について言及しているが，友と敵の対立は人類の歴史が続く限りで不可避の状況であることから，友と敵の間に入って調停を行なう第三者の役割に対して消極的な評価を下した。「極端な場合には，敵との衝突が起こりうるのであって，この衝突は，あらかじめ定められた一般的規定によっても，

また「局外にあり」，したがって「不偏不党である」第三者の判定によっても，決着のつくものではない」[63]。彼は『パルチザンの理論』(1963年)においても，第三者について言及してはいるが，それはパルチザンへと物資や金銭の面で協力することにより自己の権限を拡大しようともくろむ「利害関係ある第三者」[64]を意味する。

それでは，コジェーヴの言及する第三者とはどのようなものか，次に見ていきたい。

(2) コジェーヴにおける法的な第三者

一般的には，コジェーヴの論究した第三項の観念そのものよりも，今村仁司がそれを発展継承して「第三項排除」の理論を編み出したことのほうがむしろよく知られているように思われる。今村においては，多くの社会の中で，第三項が暴力的に排除，抑圧及び除外されることで社会内部での関係強化と秩序維持が可能となるとされるが，コジェーヴにおいては，むしろ逆に，第三者が市民に対して偏りなく公平に裁定を下すことで，社会内部での秩序が保たれるのである[65]。

コジェーヴの述べる第三者とは，単に事件や係争の非当事者を指すわけではない。彼によれば，人間の活動について考えれば必ずや法の問題へと行き着くが，「法とは所与の社会的相互作用への正義の理想の適用にほかならず，この適用は公平無私の第三者によって，すなわち自分の抱く正義の理想に応じてのみ行為する第三者によって行なわれる」[66]。コジェーヴは人間発生学的闘争の結果として主人と奴隷が現われたと論じたが，原則的には両者ともに第三者となることができる。ただし，「第三者が平等という主人の貴族的正義を適用する場合には，法は貴族法として生まれるし，第三者が等価性という奴隷のブルジョワ的正義を適用するときには，法はブルジョワ法として生まれる」[67]。法は進化を歴史的に遂げる中で，平等 (égalité) と等価性 (équivalence) の両方を兼ね備えた公民の原理を持つようになる。

> 法の内部でのブルジョワ的傾向と貴族的傾向とのこの永続的争いの結果，不等価性が導入されればブルジョワ的傾向によって徐々に除去され，不平等が導入されれば貴族的傾向によって徐々に除去されるだろう。この

相互的で補完的な除去こそが，法の歴史的進化を構成する。そして——もう一度述べると——法の歴史的進化とは，公民の総合的法（Droit synthétique）の進化である。
(68)

　つまり，理想的な法——コジェーヴの用語では「絶対法」——は単によく言われるような平等の原理のみならず，等価性の原理も持っているのである。仮に平等の原理のみしか存在しないのであれば，性差や年齢などの生物学的差異に関しては，克服することができず，子供や女性は戦争が勃発した際に命がけで戦う成人男性とは同等の法的権利を所有することはできないであろう。実際には，女性は子供を産むことで兵役との完全な等価的義務を果たし，子供はいずれ大人になるという理由により，彼らは成人男性と法の下で同等に扱われることになる。
(69)

　第三者は以上のような正義を実現する存在であり，通常は国家すなわち政府，裁判所及び警察がその役割を引き受けるが，そのことが意味するのは，「敵と敵との関係が第三者の介入を排除する」ために，第三者は，彼と第一者，第二者も含めた全員が同一の国家の下で統治されている限りにおいてしか，その役割を全うできないということである。つまり，係争当事者たちが国境を越えて訴訟を行なう場合には，彼らはいつでも法の決定を免れることができるため，「国際法」と呼ばれる法は，コジェーヴの現象学的用語を用いて表現すれば，潜在的にのみ存在しているが，顕在的には存在しない。国家は外国人に対しても国内法を強制しようとすることはできるが，そのためには，その国家と相互関係にある国家とともに，非政治的グループである「連合 Confédération」や「連盟 Ligne」や「ユニオン Union」とは本質的に異なる，政治的グループとしての「法的連邦 Fédération juridique」を形成する必要があるであろう。ここまで論じてきたことを，コジェーヴ自身の言葉で言えば次の通りである。

　もし国際法を顕在化しようと試みれば，その姿は連邦法，すなわち「公的な」国内法，つまり連邦に加盟した国家の「憲法」と「行政法」になるであろう。それは法である限り，国内法が統治者によって被統治者に強制されるのと同様に，連邦によってそのメンバーに強制される。
(71)

コジェーヴにとって，国家が普遍性及び同質性を指向する過程で，その境界線を外へと拡大し，連邦を形成することは歴史における必然的な所作であると言える。

　それゆえに，シュミットの法理論との関わりで言えば，コジェーヴの法思想においては，均衡によって成立するような「国際法」なるものは現実的には存在しえず，ただ国内法のみが存在するのであり，また全ての法が成立するための理論的根拠は，「没利害的〔無私的〕目的あるいは動機あるいは意図 un but ou un motif ou une intention désintéressés」[72]から裁定を下す第三者による正義の理念である。無神論者でありながらもコジェーヴは，神を第三者について考えるうえでの一つのモデルにしてはいるが，第三者とは人間及び人間が構築した組織であると考えていたため，シュミットによる政治的ロマン主義者に対する批判から直接的には免れている。そうであるにしても，ここまで見てきたように，シュミットは第三者の法的及び政治的強制力について疑義を呈しているがゆえに，コジェーヴの理論的前提条件を受け入れることはない。

　では，コジェーヴはいかにして第三者の観念を見出すに至ったのであろうか。

5　プラトン・アリストテレス・ヘーゲル読解から導出された第三者

　対立する二者が均衡を取るべきであるとするシュミットの発想法は，実を言えば，コジェーヴがそのプラトン読解において退けたものであった。そしてまた，コジェーヴは先に見たように，法について現象学的かつ実践的な思考を重ねた結果，第三者の観念を見出したが，その帰結は彼による過去の哲学者たちの解釈とも無関係ではない。唐突に見えるかもしれないが，コジェーヴの法をめぐる思考の根源にあるものを探るべく，ここではまず，彼のプラトン及びアリストテレス解釈について論じたい。

　コジェーヴの説では，アリストテレスは，『動物部分論』及び『ニコマコス倫理学』の中で，プラトンの『ソピステス』及び『政治家』に対して反駁

を加えようと試みている．二人の古代の哲学者たちが係争している事柄についてコジェーヴは，レオ・シュトラウスに宛てた手紙の中で，以下のように記している．

> 形式的な論理学的用語では，この言い争いは次のように定義されうる，すなわち，アリストテレスは反対対当 contraries（mesotes［中項あるいは中間物］のある）について語るが，プラトンは矛盾対当 contradictories（mesotes なし）を視野に入れている，と（とりわけ，257b の末尾と比較せよ）．アリストテレスの理論（反対対当＋mesotes）は，実際上，善と悪（非－善）との根本的な差異を否定している（258a と比較せよ）．(73)

ここで，「257b」と書かれているのは，文脈からして『ソピステス』の中の一節であると推測される．その節で話し手の役割を果たすのは「エレアからの客人」（以下，単に客人と記す）という謎の人物であり，対話篇の中ではそれが誰であるか明確に書かれてはいない．彼がプラトン自身であるとする説もあるが，コジェーヴはそうではなく，その人物がソフィストたるエウドクソスであると推定し，驚くべきことに，さらに彼とアリストテレスを同一視した．エウドクソスがソフィストであるということでコジェーヴが意味しているのは，この人物が他人から言われたことを，それに何も付け加えずにそのまま復唱しづけるオウムのごとく，「「ゼノン」＝「ヘラクレイトス主義」＝メガイラの基本的な諸教義を繰り返すだけ」(74)ということである．そして，コジェーヴはプラトンがそのような人物をあえて取り上げたことを，一種のアイロニーに他ならないと解釈し，そこに込められた秘教的な意味は，客人に愚かで，かつ誤った結論を述べさせることであり，またプラトン自身の教説とは異なる意見を展開させることである．

『ソピステス』257b の前半では，客人が「われわれが〈非有〉（あらぬもの）のことを語るとき，どうやらわれわれは，〈有〉（あるもの）と反対のことを言っているのではなく，たんに，それと異なるもののことを言っているだけのように思われる」(75)と語り，そして末尾で彼は，「非大」という言い方の内に包含されているのは，小ということではないため，否定は反対を意味

するわけではないという見解を表明する。コジェーヴに従えば，プラトンの真の意見は，客人の考えとは逆に，否定が反対を意味するということになる。続いて，258a で，客人は非正義もまた正義と同一の水準に置かなくてはならないことを一つの帰結として述べており，確かにコジェーヴの言う通り，この見解は善のイデアが単一であると主張するプラトンが『国家』で示した教義と矛盾するとまでは言えなくとも，イデア論に対する一種の批判であると筆者にも思われる。

　当然のことながら，コジェーヴのこのような暴力的なプラトン読解が正しいか否か，議論の余地はあるが，コジェーヴとシュミットの関係性を中心的な論題として取り扱う本章では，この問題に深入りしない。ここで重要なのは，プラトンが『ソピステス』の中で，本来そうであるべき，真善美を体現した一者としてのイデアではなく，イデアの「分割 diairesis」問題が孕むアポリアについて不可解にも言及したことであり，またコジェーヴがそのことに論及することにより，プラトンのイデア論を，アリストテレスに依拠しながら，いわば数的存在論の観点から批判したことである。アリストテレスの試行は，プラトンのイデア論を叡智界という現象の背後にある世界から現象界へと引き下ろすということであると考えられるため，この存在論は数的性質のみならず無神論的性格も帯びている。つまり，端的に言えば，プラトンを無神論的視点から読み直すことこそ，コジェーヴのもくろみであった。

　コジェーヴは『概念・時間・言説』（1952‐1953 年に執筆）の中でも，次のようにプラトンを二元論者として描き出していた。

> われわれが存在を真理として語ることを欲する以上，プラトンとともにつぎのように言わねばならない。すなわち，存在（それについてわれわれが語る存在，すなわち所与の存在）は，パルメニデスが間違って言ったような一者（すなわち一なる‐存在）ではなく，［少なくとも］二（ないし二なる‐存在）である――こうわれわれは言わなくてはならないのである。

　コジェーヴの意見では，存在が二者に区分される，つまり二つの対観念であることを認める限り，真理に辿り着くことは未来永劫不可能である。

続いて，コジェーヴによるアリストテレス読解に関して言えば，シュトラウスに宛てた手紙の中で，次のように書き記されている。

> 実在するもの（atomos eidos＝分割不能なエイドス）は，いつになっても「確定」にたどりつくことなしに，連続的な矛盾によって次第に限界づけられていく。アリストテレスによれば，一個は反対物をさがす，そのプロセスのなかで二足す一，すなわち三番目のものを mesotes として見出す，そしてこの三つすべてが確定される。(78)

このことについて，アリストテレス自身はどのように述べているのであろうか。
『ニコマコス倫理学』では，「そのことがらの性質の許す程度の厳密を，それぞれの領域に応じて求めることが教育あるものにはふさわしい」(79)（強調は筆者による），そしてまた「さきに述べられたところを銘記し，あらゆることがらにおいて同じように厳密性を求めることをせず，それぞれの場合においてその素材に応じまたその研究に固有な程度においてすることが必要である」(80)と書かれており，確かに中間項たる mesotes の多様性が強調されている。厳密に言えば，この三番目のものは一つに留まり続けることのない，複数性を持つ「不特定多数」であり，それらは「年齢，ジェンダー，人種の関数である──政体の関数でさえある」(81)ことをコジェーヴは想定しているがゆえに，それらは現実界においては，先に論じた法的第三項の形態を取ると解釈できる。法的第三項は，第一項及び第二項という「「悪」（≠最適条件，そしてその代わりに，過〈剰〉かあるいは欠損のいずれか)」(82)に対して相対的な正義を実現するものである。アリストテレスにおいて中庸の観念が無視できない意義を持つことは『ニコマコス倫理学』に書かれた内容から明らかであり，一般的にも広く認められているがゆえに，アリストテレスの哲学から第三項を読み取ることは荒唐無稽であるとは言えない。(83)

ヘーゲル主義的な観点からアリストテレスを読んでいるコジェーヴは，三項を独立したものとして捉えるアリストテレス的な構図を超えて，異なる二者を止揚することで一者へと統合することに重きを置いたヘーゲルの三位一体論に基づいた弁証法の図式を構想していると思われる。ただ，コジェーヴ

の意見では，ヘーゲルは人類の歴史の原初において人間同士が相互対立した結果，主人と奴隷とが誕生したことには言及しているが，主人同士の関係に関しては語っていない。

> 実を言えば，ヘーゲルはいかにして主人が他の主人によって承認されうるか説明してはいない。換言すれば，彼は国家の起源について説明していないのである。そして，これこそ彼の現象学の最も重要な空白である。しかしながら，国家は承認をめぐる共同闘争の勝者らの相互承認から生まれると認められるであろう。もしも複数の人間が共通の敵たちと共闘し，彼らを隷従させることで闘いを終えるのであれば，彼らは彼ら同士で闘争することなく主人として相互に承認することができる。したがって，「仲間」はがんらい「戦友」と同義語であるだろう。(84)

つまり，人間発生的闘争を終結させた後にその勝者たちである主人らは，国家を形成するのであるが，次に主人同士の関係性は国家の法的規範によって支えられることになり，その法を構築する際に看過できない役割を果たすのが，国家そのものでもありうる第三者であると考えられる。図式的に言えば，主人と奴隷の弁証法的統合によってでき上がるのが市民であり，時に対立する市民同士の相互作用を媒介して公平な調停を実行するのが第三者であることになる。それゆえ，人間発生的闘争においても，国家の成立後においても，三位一体的な連関は常に存続しているように筆者には思われる。

このように，法を考えるうえでプラトン，アリストテレス，はたまたヘーゲルを持ち出すのは，哲学の歴史をイデオロギー的に把握しようとする試みに見えるかもしれないが，たとえ仮にそうであるにしても，法について思索していたコジェーヴの脳裏にあったのが，哲学史の新たなる図式的及び数的解釈であったことは大いに考えられる(85)。そして，そこからコジェーヴが見出した帰結は，現実社会における，したがって法的なものを考えるうえでの第三者の存在の不可欠性であり，シュミット流の諸国家の戦力均衡に基づいた世界観の否定であると言える。(86)

第 4 章　コジェーヴとシュミット

6　シュミットにおける第三者としての外部性

　しかし，シュミットによって展開されたノモスに関する議論をよく追っていくと，彼もまた，コジェーヴとは異なった仕方ではあるにせよ，ある意味で第三項を探し求めていたことがうかがえる。シュミットの理論の中で第三項にあたるのは，敵同士（第一者及び第二者）の関係にある諸国家に対して存在し，そこでそれらが自由に競い合うことができるような場所としての外部性である。この外部性を考えるうえで，シュミットが『大地のノモス』の中で注目しているのが，1492 年にコロンブスが発見した西回り航路による「新世界」の出現を契機として，ヨーロッパの陸地取得者たちの間で芽生えた「グローバルなライン思考 globales Liniendenken」という特殊な思考様式である。シュミットによれば，そのような思考とは，「人間のラウム意識の歴史的な発展における特定の局面を表現し，「新世界」の発見および「近代」の開始と共に即座に始まる一つの思考様式なのである」[87]。ライン思考は，地図や地球儀が作製されたことに端を発しており，それをめぐるヨーロッパ各国の攻防は，イギリスで恣意的に策定されたグリニッジを標準とする本初子午線をフランス人たちやドイツ人たちが 18 世紀から 20 世紀に至るまでけっして承認しようとはしなかったという事実によく表われている。1559 年にフランスとスペインの間で締結されたカトウ・カンブレシス（Cateau Cambrésis）条約によって定められた友誼線（Freundschafslinien）もまた，ライン思考に依拠するものであり，その友誼はヨーロッパ内部にのみ適用されていた。すなわち，友誼線を越えた領域は，いわばヨーロッパ公法によって形成された秩序の外部に置かれており，例えば大航海時代にアメリカでインディアンたちがキリスト教の伝道に抵抗する時には，スペイン人たちは彼らを処罰する闘いを正戦であるとして正当化していたが，そこにあるのは強者による力の論理のみである。このことが意味するのは，本来であればヨーロッパ内部で行なわれるべき国家間の闘争を外部で行なうことによる，戦争の保護限定（Hegung des Krieges）の実現であり，そのことで交戦国同士がこうむる被害を最小限に抑えることができたと考えられる。というのも，1914 年に至るまでのヨーロッパ国際法体制の下で行なわれた，国家間の戦

争は全て「部分戦 partieller Krieg」だったからである。[88]

　だが，このような新世界を犠牲にする形での平和は，永続することはなかった。1890 年から 1914 年にかけて，もともと陸国であったドイツが機械，造船，機関車などの建造といった分野に関してはイギリスを追い越し，アングロ・サクソンによる海の支配に風穴を開けた。そしてまた，航空機の登場により，人間存在の新たなエレメント領域としての空（Luft）[89]が，それまでのエレメント領域であった海と陸という次元に加わることにシュミットは着目し，「伝統的なラウム観念に固執し，空中ラウムを——陸地のであれ海のであれ——ひとつの単なる付属物ないし成分として考えることは，今日もはや不可能である[90]」と主張するに至る。その結果，これまでの地球のノモスに取って代わるような，地球の新しいノモスが人類にとって問題となったため，それまでの尺度や秩序は不可避的に変容することになる。

　『陸と海と』の中でもすでに，古いエレメントから新しいエレメントへの移行という主題は，次のように取り上げられている。

> 飛行機が陸上，海上の空中を飛びまわっているだけでなく，あらゆる国の放送局から発信される電波もまた絶えず秒速のスピードをもって大気空間を抜け地球をまわっているということを想像するならば，今や新しい第三の次元が到達されただけでなく，第三のエレメント，つまり人間存在の新しいエレメント領域としての空気が加わったのだと考えることはしごく自然のことである。[91]

　この引用から，1940 年代から 50 年代にかけてシュミットの関心がエレメントの移行の問題に引き付けられていたことがうかがえる。

7　均衡理論の限界とカテコーンの観念

　『陸と海と』を読んだと述べるコジェーヴがシュミットへ向けて書いた，先にも取り扱った 1955 年 5 月 16 日の手紙の中でも，空のノモスについて論及されており，そこでは，シュミットのラウムに関するアーギュメントは確かに過去においては正しかったが，現在においてはもはや正しくなった

ことの理由が次のように書かれている。

> 戦略的には,「陸と海 Land und Meer」は, ヘーゲル的な言い方をすれば「空 Luft」へと止揚された。しかしながら, 戦争がけっして「空から撤退する」ことはないし, いずれにしても, 「攻撃者」はもはや誰からも望まれない。そして誰もが自己「防衛」できるところに, もはや歴史も存在せず, また「アレクサンドロス」も存在しないのである。[92]

各国が取得するものが陸と海から空へと移行したところで, 戦争が起こることは防げないが, 現在において戦争に歯止めをかけているのは, 各国が独自の兵力によって自国を防衛できるという客観的な事実であることから, コジェーヴも均衡理論に対して一定の積極的な評価を下してはいるものの, それと同時にその限界を見据えてもいる。

シュミットもまた, このようなコジェーヴの批判を受ける前に, その理論が孕む問題点に自ら気付いているように思われる。彼は, 新世界の征服を正当化したビトリャが投げかけた, 今日における正戦とは何であるかという問いに対し, 以下のように答えている。

> 現代の自然科学およびその技術は, われわれに「何と多くのことが, 正戦においてゆるされていることか！ Tantum licet in bello justo!」という解答を与えている。そこから, 新しい友誼線が単に新しい犯罪化によってだけ成立するようなことがあるとすれば, それはよくないことだろう。[93]

ヨーロッパ内部での秩序維持に関心を向けていたはずのシュミットではあるが, 過去において, 友誼線を越えた外部が, 正戦とは名ばかりで力の論理のみが通用した無法地帯となってしまったように, 新たな友誼線の外部でも同様の事態が起こってしまうことを, 彼は危惧しているのである。[94]

そればかりか, 絶対的な場所確定の喪失（Entortung）という性質を有する空戦では, 空から飛行機で爆弾を投下することで, その下で生活している住民たちを一方的に攻撃するため, 戦争を行なう軍人及び政治家たちと敵国

の住民との間には全く関係性を見出すことはできずに，敵はただ「強制措置の対象」として不当に扱われるのみである．それゆえに，空戦を主とする新たな戦争様式に関しては，外部での最小限の闘いによって，交戦国の殲滅を回避することで大規模な戦争を抑止するのを眼目に置いてきた，これまでの均衡理論が今日では効力を失いつつある．現代においてもまだ均衡理論に固執する，つまり大地の古いノモスを維持しようとするならば，人類が「月世界への道すがらにおいて，これまでまったく未知の新しい天体を発見し，この天体を人間が自由に分捕り，自己の地上の闘いを軽減するために利用しうるというような，空想的な類似においてのみ考えることができよう」とシュミット自身が悲観的に述べている．

　シュミットにすれば，陸のラウム及び海のラウムに関わる法をそのまま空のラウムに関わる法へと転義しようとする試みは，挫折に終わるに違いないことから，「これまでの戦争法すなわち戦争の保護限定が可能であったすべての制度や原則は崩壊するのである」が，新たな戦争法がいかなるものであるべきか，彼は少なくとも『大地のノモス』の中で明記していないように思われる．

　いずれにしても，シュミットにおける第三項は，対峙している諸国家にとって，友の集団たる国家（第一者）と敵の集団たる国家（第二者）が直接対峙して互いを殲滅することを回避するために要請される，中立的な外部性としての大地であると言えるが，それはコジェーヴにおける第三者のように，公平無私な判決を下す秩序の制定者といったものとは程遠い．シュミットの友敵理論は，厳密に言えば，必ずしも二者ではなく，三者もしくはそれ以上の敵対関係に依拠してはいるものの，それは煎じ詰めて言えば，友と敵という二項対立の構造を内包することに違いはない．

　シュミットは，戦争に歯止めをかける別の手段として，先に見たような力の均衡に望みをかけていたとはいえ，空戦が主たる戦争の手段となった現代においては，均衡によって歯止めをかけることは不可能ではないにせよ，困難であると彼自身が勘付いていたことになる．おそらくそのような背景にあって，彼は歴史の進歩を阻むものとして，1940 年代以降にカテコーンを持ち出してはいるが，それは戦争が勃発することを未然に防いでくれるような具体的秩序の立役者などではない．カテコーンとは，反キリスト者の登場を

食い止めようとする者を指しており，新約聖書に由来する観念であり，そのような聖なるものを政治理論の中で持ち出すことは，先に見たように，シュミット自身が『政治的ロマン主義』の中でいさめた禁じ手のはずであった。『大地のノモス』の中で，ローマ帝国においてカテコーンが果たしていた意義は次のように強調されている。

> 本来のキリスト教的な信仰にとって，カテコーン以外の別の歴史像がそもそも可能であるということを，私は信じない。反キリストを抑止する者が世界の終末を抑制するという信仰は，すべての人間事象の終末論的麻痺から導いて，ゲルマン諸王のキリスト教的皇帝政の強大な力と同様な，きわめて大規模な歴史を支配する強大な力へと至るところの橋渡しなのである。[98]

このように，カテコーンへの信仰が現実の力を持つようになることにシュミットは期待をかけているが，それが可能であったのは，キリスト教帝国たるローマ帝国の領土の内部のみ，そしてその帝国が存続している限りであったと言える。彼は「ヨーロッパ法学の状況」という欧州各地で1943年から1944年に行なった講演の内容をまとめた論集に，1957年に付けた補論の中でも，再びカテコーンに言及している。それによれば，ヘーゲルとその論敵であった法学者サヴィニーはともに，「真正の阻止者，語の具体的意味におけるカテコーンであり，自発的であれ不本意であれ加速装置が余すところなく機能主義化してしまわないように，途中でこれを阻止する者なのであった」[99]。すなわち，シュミットはヘーゲルが技術化及び機能化を推し進める歴史の運動を加速させたのではなく，むしろ抑止しようと試みたという非マルクス主義的なヘーゲル解釈を行なったのである。ここでもカテコーンは，実体性を欠いた抽象的観念としてしか描き出されてはおらず，それが今の現実の国際政治及び法の中でいかにして強大な力を持つかは不明確である。

おわりに

コジェーヴは論文「哲学者の政治的行動」（1950年）[100]の末尾で，顕在化し

た現実の政治とは，哲学者たちの構想した理念を，知識人がさらに改造したものの具現化であるという仮説を次のように示していた。

> 一般的にいえば，政治家や僭主の行ないは，知識人が実践的な目的に合わせて改造した哲学者の理念の一機能として（意識的にせよそうでないにせよ）遂行されているのであるが，そのような行ないを「判定」（「達成」ないし「成功」によって）する役割を担うのは，歴史それ自体なのである。[101]

それでは，もし本当に，現在を生きるわれわれが過去の歴史を客観的に振り返ることができるとすれば，二人の作り上げた諸理念は，われわれが現実の世界情勢を理解するうえでどのような意義を持つのであろうか。この問いに答えるために，二人の議論の背景及び論点を今一度整理しておきたい。

本章の冒頭で触れた通り，一方でシュミットは保守主義的立場を取る政治学者であり，ナショナリズムを信奉してきたかのようにこれまで捉えられることが多く，他方でコジェーヴには革新主義的な立場に立つ哲学者として，ナショナリズムを批判してきたかのようなイメージがあり，二人の関係性についてはほとんど知られてこなかった。しかしながら，コジェーヴが歴史の含意する不可欠な要素の一つとして闘争を挙げ，シュミットが政治的な概念とは抗争であると考えたという点においては，両者の思考の前提はきわめて相似している。ただし，コジェーヴにとっては友と敵という異なった立場の者同士が対立することよりも，主と奴という主従関係にある者同士が戦いを繰り広げることのほうがより根源的な歴史的現象であった。なぜならば，コジェーヴは歴史的に展開されてきた戦闘の最終的な目的（＝終焉）として，主と奴が同質の市民となることを想定していたからである。そのような想定の背景にあるのが，コジェーヴによるアリストテレス，プラトン，ヘーゲル解釈から導き出した中間項にして媒介者でもある第三者であった。

一見したところ，二人の交流はシュミットの政治観の「転向」の可能性を示唆するものであるように見える。一方で，1930年代からシュミットはドイツの民族性へと固執するよりも，国土を規範に据えた広域の構想に次第に重きを置くようになっていた。彼の考えを引用しよう。

19世紀に勢力を得，今日なお一般的に法的概念構成を規定し，更に世界政治的に見て，アングロ・サクソンによる海洋支配の土地無縁・空間廃棄・（したがって）無限界の普遍主義に組み込まれているところの空間忌避的思惟様式，観念様式の克服と排除は必要である。⁽¹⁰²⁾

それゆえ，平和が成立するのは，具体的な秩序及び社会が特定の土地に根付いている時のみであり，それらの支配が及ぶ圏内においてのみであることになるが，このような平和を背後で支えているのはライヒ，つまり「その政治理念が一定の広域内にあまねく行きわたり，かつ，この広域のために外域列強の干渉を根本的に排除する指導的，保障的強国」⁽¹⁰³⁾であった。平和の維持には不干渉原理を貫くための力が必要不可欠だが，海や空のエレメントにはけっして拘泥しようとしない，ともすれば危険思想とも思われかねない，この戦前の見解のほうが，1950年代以降に，法的なものを探し求めて袋小路へと陥ってしまった感のあるシュミットの議論よりも，よほど説得性があるように思われる。1963年に書かれた『パルチザンの理論』の中でも，パルチザンが「陸地の官許海賊 Korsar」⁽¹⁰⁴⁾ではなく，「土地的性格」を有することにシュミットはあくまでも固執すると述べており，大地のノモスへの回帰の意図すらも滲ませている。⁽¹⁰⁵⁾

他方で，コジェーヴは軍事力に依拠しない国家間統合，つまり「帝国主義なき帝国」を説いていた。彼が論文「ラテン帝国」の中で戦争直後に表明した見解によれば，戦後のフランスが政治的統合体として存続し，さらに国際政治においてこれまで有してきた覇権を維持するには，歴史的にはフランス同様にカトリック信者の多かった地域であるイタリア及びスペインとともに「ラテン帝国」を形成する必要がある。このことは第5章で詳しく検証することにしたい。

戦後のコジェーヴはフランス対外経済関係局特務官として，アメリカとの連携を今後も深めていくと思われるイギリスを除外する形で，ヨーロッパ共同体の構築に尽力していたことから，彼とシュミットの意見はある程度まで一致していた。

しかしながら，コジェーヴの帝国論とシュミットの広域理論とは似て非な

るものである。コジェーヴは，脱植民地化の動きが世界中で進行中であった1957年の時点で，贈与を通じて旧宗主国であるフランスが覇権を握るという考えを放棄しなかった。つまり，線引きをした後でも国家が別の国家に政治的及び経済的な影響力を与え続けることを認めていたという点で，普遍主義の立場を取っている。コジェーヴにすれば，国家は，その法的支配を誰に対しても公平に行なうべく，本質的に外部性を常に取り込もうとすべきものであることから，彼の考える国家は世界を一元的支配下に置こうとする帝国の様相を呈している。だが，当然ながら，そのような国家は容易に成立しえず，せいぜいヨーロッパ内部でのみ成り立ちうるものでしかない(106)。

　シュミットはヨーロッパ公法の最後の擁護者を自負していたが，その公法の特徴は大地及び大洋における線引きに応じて，国同士の領域区分をすることにあり，線引きをした後には，戦争自体を防ぐことはできないにしても，国家間の力の均衡により，交戦国の国民の全滅を回避することで政治的な地平における国際的秩序を保つべきだという立場を彼は取った。そして均衡を成り立たせる要件として，シュミットは，独自に第三項を模索した結果，諸国家がそこで自由に競合することの許される場としての外部性の意義を見出していたのである。だが，外部性が現在において消失し，空戦という新たな戦争様式が登場したことにより，これまでの「大地のノモス」及び「海のノモス」としての国際法が岐路に立たされていることを悟ったシュミットは，カテコーンという半実体的な観念を構想したものの，それが具体的な国際政治の秩序を構築するうえで，いかにして抑止力を持ちうるか必ずしも明らかではない。

　結局のところ，グローバリゼーションの進行による国家再編の最中を生きているわれわれにとって，二人の「知の巨人」を対質させることが示唆的な意義を持ちうると考えられる理由は，以下の通りである。

　シュミットは，現在交戦している，あるいは今後交戦しようとしている諸国家の勢力均衡こそ法的なものの観念を構成していると見据えながら，現状に適合するような新たな国際法の在り方を模索していたものの，その限界を認識するに至った。それ以前に，彼は海でも空でもなく，われわれが実際に住んでいる場である国土——彼の言葉では「故郷」——に結び付いた具体的秩序の回復を試みていた。国家が力に依拠しながらも，大地における線引き

第4章　コジェーヴとシュミット　　161

を闇雲に変えようとせず，われわれが実際に住んでいない海洋——そこには無人島も含まれると考えられる——の獲得に固執しようとしないことで，戦争を最小限に限定しようと試みる，シュミットの法的なものをめぐる思想は今なお参照にすべきであろう。

　それに対し，コジェーヴは第三項の発想により，シュミットとは全く異なった「国際法」——コジェーヴによれば，実はそれは国内法としてしか成立しえないのではあるが——の理論体系を構築していたと言える。換言すれば，コジェーヴは国家の内部においてのみ存在しうる，第一者と第二者という係争当事者に公平な審判を下す第三者を，法的なものの観念として重視した結果，「国際法」の存立可能性そのものに疑義を挟んだ。そして，彼は直接的には力に依拠しない政治的・法的統合としての連邦を構成することによって，その域内での平和を実現し，外国人に対しても公平な裁判を実施すべきであるという結論へと逢着した。第三項を内部ではなく外部に見出し，第一項及び第二項間で均衡状態を保つことで国際秩序を安定化させようとするシュミットに特有の思考は，コジェーヴには受け入れがたかった。

　政治的なもの及び法的なものの観念は相互に依存しており，錯綜しているようにも見えるが，かえってそれゆえに，二人の主張を今日再び辿っていくことは，国際法の存立を素朴に信ずる者たちのみならず，政治的なものとの関わりの中で法的なものについて思考する者たちにとって，とりわけ有意義である。

　コジェーヴとシュミットが法的なもの及び政治的なものについて，いかに考えていたかは以上である。次章では，普遍同質国家の名で知られるコジェーヴの国家論について仔細に見ていきたい。

第 5 章

普遍同質国家の予示
―― 未来の,来たるべき国家について ――

はじめに

　デリダは,コジェーヴが『ヘーゲル読解入門』第二版（1968年）の注の中の謎めいた一節「ポスト歴史的人間は以降,自己にとっての所与を全て十全な仕方で語ることにより,「形式」をその「内容」から切り離し続けねばならない[1]」に関して,それはおそらくその注の中で「最も拒絶しがたい開口部〔抜け道〕l'ouverture la plus irrésistible」であると主張している。デリダは,さらに次のように続けている。

> （ロシア人を含む）西洋人の日本化とコジェーヴが呼ぶものが一度現実のものとなった段階で,この開口部〔抜け道〕はポスト‐歴史的人間の未来（*avenir*）のための使命や義務を規定する。（中略）これやあれに関するものであろうと,守られようと守られまいと,あるいは守ることが不可能なままにとどまろうと,必然的に約束があり,したがって未‐来〔来たるべきもの〕（à venir）としての歴史性がある。それこそ我々がメシアニズムなきメシア的なものという異名を与えるものなのである。[2]

本章では,「ポスト‐歴史的人間の未来のため」にコジェーヴが構想したのが,普遍同質国家の予示であると解釈し,そのような国家は,いまだ実現されていないものの,来たるべき,あるいは未来のものであり,いわば「メシアニズムなきメシア的なもの」とでも呼ぶべき無神論的なものであったと想定する。先に引用したコジェーヴの一節の直前の節で用いられた表現を借りれば,筆者の意見では,普遍同質国家という理念は,現実の世界情勢という「対象に対立した主観」なのである。

　すでに何度も言及したように,コジェーヴは1930年代にパリにある高等研究院（École pratique des hautes études）でヘーゲル講義を行ない,そこにはバタイユやラカン,アロン,メルロ゠ポンティ,ブルトンなどを中心とした,後にフランスを代表することになる人物が聴講しに来ていた。講義の内容は『ヘーゲル読解入門』としてクノーの手により出版されることとなり,戦後のヘーゲル解釈に決定的な影響を与えたことから,戦後のヘーゲル研究は,コジェーヴを批判することに終始していたと言っても過言ではない。このようにコジェーヴはヘーゲル研究の第一人者でありながら,戦後には大学の職を顧みず,フランス対外経済関係局で特務官として働いていた。彼はその職を通じて,ヨーロッパ共同体（現在で言うEU）の創設に尽力したばかりではなく,「関税および貿易に関する一般協定」（GATT）にも関わり,世界の統合を試みた。スタンレー・ローゼンの『政治学としての解釈学』によれば,当時の政府内におけるコジェーヴの影響力は,ド゠ゴールに次ぐものであったと,コジェーヴはローゼンに直接語った。また,ローゼンは『通常言語での形而上学 Metaphysics in Ordinary Language』（1999年,未邦訳）の第12章「コジェーヴのパリ——回想録 Kojève's Paris: A memoir」の中でも,ド゠ゴールがフランスとソ連の関係及び核戦力に関して判断を下し,それ以外の全てをコジェーヴが決定していたとローゼンに話したと証言している。コジェーヴがフランスの政治にそこまで深く関わっていたことはあまり知られていないものの,彼が官僚として活躍していたこと自体は既知の事柄である。だが,普遍同質国家の名で知られるその国家論の全容については,これまで整理して論じられてこなかった。

　前章では,コジェーヴの国家論をシュミットとの対比を通じながら,法的及び政治的文脈で論じてきたが,本章の目的はコジェーヴが提唱した普遍同

質国家の内容が，いかに変遷したか検討することである。

　以下では，コジェーヴによる国家に関する考察について，「ラテン帝国」「シュトラウスとの関連」「贈与型国家」の三節に分けながら論じていく。とりわけ，彼が同時代の知識人であるレオ・シュトラウス及びカール・シュミットと意見を交わしたり，カール・マルクスやクセノフォン，ひいてはマルセル・モースから影響を受けたりする中で，いかに変容していったかを解き明かしたい。換言すれば，コジェーヴと彼らとの間での影響関係を浮かび上がらせることが本章の副論題である。

1　ラテン帝国

　コジェーヴの提唱した国家の具体的な様相に迫るために，彼が第二次世界大戦直後に執筆した「フランスの政治についてのドクトリン素描 Esquisse d'une doctrine de la politique française」[7]（1945 年 8 月 27 日執筆，未邦訳，以下「素描」）の中で提唱したラテン帝国論をまずは取り上げ，そこで何が構想されていたか見ていく。第 1 章でも述べたように，彼は 1937 年にフランスに帰化しており，それ以降ロシア風のコジェーヴニコフ（Kojevnikov）ではなく，フランス風のコジェーヴ（Kojève）と名乗るようになるにつれ，フランス人としてのアイデンティティを滋養しつつ，自らの思想を形成していく。1939 年から 1940 年にかけて，コジェーヴはフランス政府の下で戦争に動員された後，1944 年にレジスタンスにも参加しており，その際に命を落としそうになったことがある。コジェーヴは，本章の冒頭でも言及した通り，1945 年からフランス政府のために働いていた。このように彼はもはやロシア人としてではなく，フランス人として戦時中を過ごしていた折に，「素描」を書いたのである。彼は，ある種の「歴史の終わり」である大戦後において，フランスがアングロ・サクソン中心の連合国家の一員となり果てることで，その独自の文化及び伝統を喪失してしまうことを危惧していた。

　編集者の区分によると，「素描」は「歴史的情勢 La situation historique」，「フランスの情勢 La situation de la France」，「ラテン帝国の構想 L'Idée de l'Empire latin」という三節から構成されている。ここで，各節で取り扱われている論点を筆者なりに整理したい。第一節「歴史的情勢」では，以下のこ

とが論じられている。第二次世界大戦終了直後という時期は，中世末期以来の大きな歴史的転換点に位置しており，ソ連とアングロ・サクソン帝国という二つの帝国が今後の世界情勢を牛耳っていこうとしている。そのような情勢下において，フランスの衰退は免れない運命にある。したがって，もはや国家は国民国家という形態ではなく，帝国というより大きな集合としてしか存続しえない。第二節「フランスの情勢」では，フランスが衰退してしまう理由として，革命によって構築された国民国家という時代遅れのイデオロギーに固執することが説明されている。第三節「ラテン帝国の構想」では，類似の国民（nations apparentées）によって形成される超‐国民的政治的集合（unités politiques trans-nationales）という「帝国」の時代にあって，フランスの地位低下を避けるために，フランスと同様の国民性を有する周辺のラテン諸国を取り込むことの必要性が力説されている。

　コジェーヴは，ラテン帝国論を書く際に，それを内容ごとに区分して体系的に描き出そうとはしなかった。ここからはまず，コジェーヴがいかなる哲学的背景に基づいてラテン帝国論を書いたか論じたうえで，彼が提唱した帝国について宗教的・精神的・戦略的観点を軸にして考察する。

(1) 議論の背景

　ラテン帝国について論ずる前に，そもそもコジェーヴが念頭に置いていた帝国が意味するのは，一部の民族が他の民族を排他的に支配する国家などではなく，理論的に言えば，ヘーゲル哲学を敷衍することで導き出されたとされる普遍同質国家（l'Etat universel et homogène）であることを確認しておきたい。ヘーゲルに関する講義の中で，すでにコジェーヴは，真理へと到達した哲学者である「賢者は，必然的に普遍的（すなわちそれ以上拡大不可能な）で同質的な（すなわちそれ以上変貌不可能な）国家の市民でなければならない」と述べており，このような国家観を終生持ち続けていたと，ひとまずは推測される。ヘーゲルは欲望の体系である市民社会を超克するために国家の役割を強調したものの，普遍同質国家を提唱していたという事実はないことから，この発想はコジェーヴの独創であると言えよう。

　ドイツ臨時政府が無条件降伏を受け入れるのが1945年5月7日であったことから，コジェーヴはそのおよそ4か月後に書いた「素描」の中で，同

僚であるフランスの官僚らに向けて，戦争直後のフランス及び周辺国の関係構築について自身の見解を表明した。「素描」のフランス語版の編者の意見では，コジェーヴはそれをド＝ゴールの側近，とりわけ対外経済関係局の局長であるロベール・マルジョランに向けて書いたと推測されている。あまり知られていないが，コジェーヴは熱心なド＝ゴール主義者であった[10]。彼は「素描」を出版しようと考えてはいなかったが，われわれにとっては，彼の国家論をうかがい知るうえで重要な文献であると言える。「素描」の文体に関して言えば，コジェーヴはその中で哲学用語を交えつつ政治的提言をしていることから，彼が首尾一貫した哲学的思考に基づいてそれを書いたことがうかがえる。

「素描」の内容は，現在でも欧米において取り上げられることがあるが，そこでは主に政治学的，歴史的アプローチから考察されることが多い[11]。いみじくもフランスの保守系の政治学者アラン・ド・ブノワが指摘しているように，コジェーヴのラテン帝国論は民主制と帝国の原理を適切に組み合わせたものであり，現在の欧州連合のような超国家的経済統合ではなく，連邦制という形での帝国の存在様式を描き出したものとして再評価されるべきであろう[12]。

ところで，論考「僭主政治と知恵 Tyrannie et sagesse」の中で，コジェーヴはソクラテスを例にとって，哲学者が「文人共和国 République des lettres」，「リュケイオン lycées」[13]，「庭園 jardins」，「アカデミー académies」と言われる狭いサークルに「隠遁」するのではなく，積極的に政治に関わらなくてはならないと主張している。なぜならば，そのような「隠遁生活」には，同様の教義を信奉する者のみが集っているため，「主観的確信」としての偏見が充満しており，哲学者はこのような偏見から逃れる必要があるからである。

　　ある一つの教義を採用する全ての閉鎖社会，ある一つの教義で教育するという見地から選ばれたすべての「エリート」は，その教義に由来する偏見を強化する傾向がある。偏見を退ける哲学者は，それゆえ「共和的」であろうが「貴族的」であろうが，いかなるものであっても「隠遁生活」ではなく，広い世界に（ソクラテスのように「広場」ないし「路

上」に)生きようとしなければならない。

　このことから明らかであるように，コジェーヴ自身も「アカデミー」を後にして，現実の政治へと提言をする必要があると考えていたものと推測される。そのことにより，哲学者は「エリート」としてノブレス・オブリージュを果たすべく，社会を正しい方向へと唱導するという目的を果たすことも有意義ではあるが，それよりもさらに重要な目的として，彼はその政治的行動を通じて，自らの哲学の正当性を証明しなければならないのである。

　　真理を開示するために哲学者は，歴史に「参加」しなければならないのであり，また，哲学者としてのかれは，どの「哲学的素養のない者」よりもうまく統治することができる以上，たとえば僭主に助言することによって，なぜ歴史に積極的に参加してはいけないのか，その理由は明らかではない。

　コジェーヴの考えでは，哲学者とは定義上真理を探究するための研究活動に可能な限り多くの時間を割こうとする者であるために，あえて政治家となることを欲しないが，政治家の助言者として提言をすべきである。したがって，コジェーヴは上司であるマルジョランを通じて，ド゠ゴールに意見書の内容を受け入れてもらうことをもくろんでいたのであろう。コジェーヴがその内容を，広く一般に向けて出版することに対して全く興味を持っていなかったことの理由も，このことから納得がいく。
　以上のことから，コジェーヴはサルトルが主張したアンガージュマンを，独自の手法で実行した人物であると評することができよう。さらに，その行動の根拠はソクラテスに由来する伝統に基づくものとされている。当然ながら，コジェーヴにおけるアンガージュマンとは，哲学者として単に政治的・社会的運動に関わるのではなく，自身の哲学に裏打ちされた国家論に基づいた行動のことなのである。それでは，その国家論の中身に触れていきたい。
　「素描」の中では，やがて到来しうる普遍同質国家の実現に先駆けたラテン帝国の構想が語られている。コジェーヴがラテン帝国を提唱するにあたって念頭に置いていた帝国とは，かつて歴史上存在した「皇帝の強力統治の下

にある多民族国家，単一王国を越えた超域連合，メトロポールと従属地からなる支配‐被支配のシステム，あるいは近隣諸国に独善的支配権を振う超大国」であると理解するべきではない。とりわけ，コジェーヴが，かつての帝国と同様に，ラテン帝国もまたナポレオンに典型的に見られる軍事的英雄としてのカリスマ的指導者によって，武力をもって築かれるべきであると考えていなかったことは，留意しておく必要がある。そもそも，コジェーヴは軍事力を背景にした抑圧的指導者に対して警戒していたことが，「素描」からも明らかである。例えば，「素描」の中の未編集の頁にある「即座になすべき段取り Démarches à faire immédiatement」において，その第一段階として，「フランスは，他のラテン諸国と協力して，フランコ政権の転覆の試みに指導的立場をもって取りかかるべきであろう」と書かれている。筆者は，フランス国立図書館（BNF）に寄贈されているコジェーヴの遺稿の中のBOITE XIII の 62 頁で，「即座になすべき段取り」を閲覧した。

　帝国という表現が今見たような誤解を与えうる危険なものであったがゆえに，コジェーヴはもともと「普遍国家」という表現を好んで用いていたことをここで示しておきたい。（ただ，「ラテン帝国国家」などという冗長な言い方をコジェーヴが用いなかったことは不思議なことではない。）「僭主政治と知恵」の中で，コジェーヴは，普遍同質国家へと至る試みとして，歴史を遡れば，アリストテレスの弟子であったアレクサンドロスが築き上げた帝国を見出すことができると論じている。その帝国の特徴として，地理的・民族的境界を持っておらず，中心となる都市がないということが挙げられることから，それは「普遍国家」であったと言える。

　　ギリシャにおける彼以前のすべての支配者たち，および同時代の人びとの政治的行動と区別される，アレクサンドロスの政治的行動の特徴は，それが帝国の理念によって導かれていることであるが，少なくとも，この帝国はア・プリオリに与えられた（地理的，民族的，その他の）境界をもたず，あらかじめ決められた「首都」もなく，また，その周辺に対して政治的支配を行使するために定められた地理的・民族的に固定された中心を持っていなかったという意味で，普遍国家であった。

つまり，アレクサンドロスの帝国はただ一つの民族あるいは社会的階層のみに基づかないという点で，他の征服者たちが築き上げようとしていた国家と一線を画していた。しかしながら，その帝国に生きる人民はいまだに同質的でないため，そこで「無階級社会」が実現されていたとは言えない。同質国家が作られるためには，聖パウロの教義に従って，「同一の神を信仰するすべての人々の間の根本的な平等」の理念が採用されなくてはならない。[19]

(2) 宗教的観点

ラテン帝国へ議論を戻そう。コジェーヴは基本的には宗教，特にキリスト教を基盤としてラテン帝国が作られていくと想定した。彼は，ラテン的な類似性がすでにして潜在的な帝国であると述べた文脈で，以下のように続けている。

> そして，ラテン的統合性は，カトリック教会という統合性において，またそれによって，すでにある程度まで現実化され，実現されていることを忘れてはならない。ところで，宗教的及び（「聖職者の」側面とは明確に区別される）教会的側面は，今日において全く無視できない。[20]

ここでコジェーヴが考察の対象としているキリスト教は，誰であっても信仰することが可能であるため，それは人種と直接的に関係がないことから，人種主義の偏狭さがもたらした失敗を繰り返さずにすむ，と筆者は彼の意見に従って考える。[21] コジェーヴはキリスト教を起源に持つ西洋文明を教派に基づいて三つに分類し，それぞれに対応する帝国が形成されうると推論した。三つの宗派とは，プロテスタント教会，東方正教会及びカトリック教会である。

第一に，プロテスタンティズムを信仰する民族によって形成されたプロテスタント教会は，カトリック教会ほど全体を統合する力に欠けている側面はあるものの，アメリカやイギリスなどのアングロ・サクソンの国家を中心として多くの信者を持つ。そして，この教会はアングロ・サクソン世界だけでなく，ドイツのようなゲルマン民族を中心として作られた国家をも取り込むことができる。

第二に，東方正教会はロシアを中心に信者を持つが，ロシアが「スラヴォ・ソヴィエト帝国」（通常の用語で言えばソヴィエト連邦）へと移行する過程において，この教会とこの帝国は世界に対する影響力をより堅固なものにしつつある。

　第三に，カトリック教会はフランスやイタリア，スペイン，ポルトガルとその植民地を中心に信者を持つが，それに対応する帝国は，他の二つと異なり，いまだに形成されていない。したがって，コジェーヴは，フランスが帝国の一員となるために，カトリックを基盤に置いた「ラテン文化」を議論の俎上に上げることで，スペインやイタリアを含めたラテン帝国の創設を主張したのである。[22]

　「政教条約 Concordat」のような国家と教会との間での取り決めではなく，国家と教会との間での緻密な連携に沿って，ラテン帝国の計画が実現されることが望ましいとコジェーヴは考えた。そうすれば，カトリック教会は普遍性の理念に基づいて，人的資本を一つにまとめ上げることができよう。彼はカトリック教会が次のような役割を果たさなければならないと主張している。

　　それ〔カトリック教会〕は，国民が自国の境界線に固執しつつ，境界線をずらすために戦争に向かったのと同様に，帝国が自国の境界線に固執しないよう，警戒を促さなければならないだろう。要するに，それ〔カトリック教会〕がけっして「帝国主義的 impérialiste」となることなく帝国的（impériale）であることを可能にしてくれるのは，ラテン思想のカトリシズムであり，そこから全てのことが派生する。[23]

　つまり，カトリック教会は，ラテン帝国がかつてのような帝国主義へと暴走しないように，歯止めの役割を果たさなくてはならない。ここで提唱されている帝国とは，いわゆる過去の帝国主義的国家のように，軍事力により領土を拡張しようと欲するわけではないため，第4章でも言及したように，それは言わば「帝国主義なき帝国」のことを意味している。

(3)　精神的観点

　このような「ラテン連合」が，教会を通じてすでにある程度まで形成され

ていることは，好都合である。というのも，信仰の共有によって，人々の間で言語の類似性だけではなく，文明，「雰囲気 climat」，「気質 mentalité」の類似性が促進されてきたからである。そこで，次に問題となってくるのは，ラテン気質の類似性である。

　ここでいうラテン気質とは何を指しているのであるのであろうか。興味深いことに，コジェーヴは「生の甘美さ」をその精神性の本質に挙げている。ラテン人の気質を論じた文章の中で，彼は次のように述べる。

　　むろん，この気質を定義付けることは困難であるが，それが深い連帯において他に類を見ないと即座に認められる。この気質は，余暇の過ごし方によって，また「生の甘美さ」を作り出す素質によって，さらに「無為の楽しみ」によって，それが特異性を持つという点で特徴付けられるように思われる。この余暇の過ごし方は芸術一般の源である。この「生の甘美さ」は物質的な快適さと全く関係がない。この「無為の楽しみ」は，仮に生産的で実り豊かな労働の後に来るものでなければ，単なる怠惰へと堕する。（そもそも，ラテン帝国は，自らが存在するという事実によってのみ，このような労働を生み出すことであろう。）[24]

　ここで，物質的な快適さを追求する文化として，コジェーヴが想定しているのはアングロ・サクソン文化である。快適さをもたらしてくれるテクノロジーの発展に寄与するために働くのではなく，あえて何もしないことによって時間を過ごすことがラテン文化の特質であると彼は考えている。こうした観点は，コジェーヴがアングロ・サクソン文化に対して批判を行なったことのみならず，本章3で詳しく見るように，彼が『ヘーゲル読解入門』第2版（1968年）の注の中で，アメリカ的な歴史の終わりを退け，日本的な歴史の終わりを主張するに至ったこととも深く関連していると思われる。[25]

(4) 戦略的観点

　最後に，戦略的観点からコジェーヴの帝国論を解明したい。コジェーヴの意見では，歴史的に見て，封建領土から国民国家へと移行がなされ，さらに国民国家から帝国への移行がなされるべきなのである。その歴史的過程の背

景には，経済的及び政治的要因ばかりではなく，戦略的要因があるとされる。この戦略的要因に関するコジェーヴの説明は，武器の発展の歴史に基づいたものであり，非常に説得力があるように思われる。

　中世において，都市を中心として構成されていた領域は，近代になって国民国家という空間へと移行した。中世のこのような準国家体制は，火器によって粉砕された。剣と槍では，火器に文字通り太刀打ちできないのであり，火器を共同で持たなくてはならない。それゆえに，国民国家という，より広い集合体の創設が要請されたのである。

　次に，ハンドガン，マシンガン，カノン砲は，現代的な空軍の前では無力であったため，今度は空軍を共同で所有することが要請された。前章でも見たように，おそらくこの時期のことに関して，コジェーヴからカール・シュミットに宛てた1955年5月16日の手紙の中では，戦略的な意味において「陸と海 Land und Meer」が「空 Luft」に止揚されたと書かれている[26]。この際に，帝国という，より広い集合体を築くことが今度は必要となる。コジェーヴが国民国家と帝国の関係をどのように考えていたか知るべく，先の「素描」から引用しよう。

> 現在では，これらの国民国家こそが，不可避的に，「諸帝国」という言葉で示すことができるような，国民の枠組みを乗り越える政治的な構成体へと次第に場を譲るのである。19世紀にはまだ絶大な力を誇っていた国民国家は，中世の男爵領や都市や大司教区が国家であることをやめたのと同様に，政治的実体，強い意味での国家であることをやめるのである。政治的に持続するために，現代国家は協約を結んだ国民の「帝国的な」広い連帯に基づかなくてはならない。現代国家は一つの帝国である限りにおいてのみ本当の意味で国家である[27]。

　ここでいう「強い意味での国家」とは，第4章で見たように，戦争を独自の決断のみで遂行できる単位としての国家であると考えられる。過去においては，このような国家には存在意義があったが，それは今ではもはや維持し続けることはできない。中世から近代へと時代が変遷する過程において，それら自体が個別の国家であった都市，貴族や教会の所有地は，国民国家の創

第5章　普遍同質国家の予示

設の必要性から，解体されねばならなかったが，第二次世界大戦後の現在もそれと似たような状況にある。このように，いくつかの国民国家が統合することで一つの帝国を構成する必要があり，またそうすることでしか，国家は維持できないとコジェーヴは考えている。

　彼は明言していないが，この論理は，ヘーゲルが社会という枠組みを維持するために，国家という，社会より上位にある集合体を持ち出した論理と類似している。社会は中産階級によって構成されており，彼らは自由な経済活動を求めたが，それだけでは無秩序になってしまう。そこで，国家が空間を支配することによって規律を保つ必要があった。社会は国家に止揚されることによってのみ維持されるのである。ヘーゲルが生きていた時代には，この解決策が一定の説得力を持っていたが，コジェーヴが生きていた時代には，新たな解決策を見出さなくてはならなかったように思われ，その解決策としてラテン帝国の創設を彼は説いたのであろう。このラテン帝国は，普遍同質国家へと至る道程で要請される。

　「素描」が書かれた時点ではまだ，コジェーヴは歴史の終焉時において登場する国家が，具体的にどの国であるか挙げてはいない。1943年に書かれた『法の現象学』の中では，彼は「普遍同質国家において，すなわち社会主義帝国において[28]」と言い換えており，そこには所有者は存在せず，したがって所有者同士の行為によって成立する経済社会すらも存在しないことになると述べている。

　その後，1950年9月19日にシュトラウスへと宛てた手紙の中で，ポスト歴史の国家について，コジェーヴは以下のように書いている。

　　もしも西洋人が資本主義者であり（すなわち，ナショナリストでもあり）つづけるならば，彼らはロシアに打ち負かされるだろう，そして，このようにして最終 - 国家が誕生するのだ。しかしながら，もし彼らが彼らの経済および政策を「統合」するならば（彼らはそれをやりつつある），その場合には，西洋人がロシアを打ち負かすことになる。そして，このようにして最終 - 国家に行き着くことになるだろう（同一の the same 普遍同質国家）[29]。

ここでは，コジェーヴは最終国家を体現するのが西側諸国かロシアであるか躊躇しているが，いずれにしても長期的に見れば普遍同質国家が成立するであろうとの見解を示しており，本章で後に見るような，社会主義及び資本主義の統合可能性を示唆していると言える。

　次節では，コジェーヴが提唱した普遍同質国家を，シュトラウスが「クセノフォン『ヒエロン』についての再説」（1950 年執筆, 1954 年初出，以下「再説」）の中で手厳しく批判したことの意義及び根拠を確認する。

2　シュトラウスとの関連

(1)　ユダヤ人との交流

　第 1 章ですでに述べた通り，1926 年からフランスに居住していたコジェーヴにとって，1938 年からアメリカに住んでいたユダヤ系ドイツ人のシュトラウスは遠い場所に住む近しい友人であった。シュトラウスとの交流は，コジェーヴの思想に少なからず影響を及ぼしたと考えられる。シュトラウスに加えて，やはりユダヤ系ドイツ人の哲学者でアメリカに亡命していたクラインを別にすれば，コジェーヴは何かを学ぶことのできる人物を見つけることができないとまで，1962 年 3 月 29 日にシュトラウスに宛てた手紙の中では書かれている。二人が最初に知り合ったのは，1920 年代ベルリンにおいてであり，当時二人とも宗教思想に興味を持っていた。その後，1932 年から 1934 年までの間にシュトラウスがパリ及びケンブリッジに滞在していた頃にも何度も会っていたと推測される。シュトラウスがイギリスに渡った 1934 年から 1962 年までの間に，コジェーヴはシュトラウスから 23 通の手紙を受け取り，1934 年から 1965 年までに 38 通の書簡をシュトラウスはコジェーヴから受け取ったことが確認されている。

　コジェーヴの生涯及び思想形成にとって，シュトラウスをはじめとするユダヤ人たちとの交流は，ことさら重要な意義を持っている。コジェーヴの姪クーズネツゾフが筆者に個人的なインタビューで語ったところによれば，彼はユダヤ系ではなかった。だが，彼がユダヤ人との間で親密な関係を結んでいたことは，何ら驚くべきことではない。その理由は，コジェーヴの伝記を書いたオフレによると，以下の通りである。

彼〔コジェーヴ〕にはきわめて早くから独特のすばらしいユーモアと知性とコスモポリタン的精神がそなわっていた。（彼のこの特質は，これまでの叙述から明らかなように，生物的な意味での人種の概念に全く無縁で，むしろディアスポラと結びつくユダヤ人の文化的な特質に近かった。）あらゆる自然的なものに「超越する」存立根拠を持つ普遍国家（l'Etat universel）は，自然発生的な成立過程をもつ冥界の国家（l'Etat chtonien）に対立すると理解していた点で，彼はユダヤ人と立場を共有していたのである。[33]

コジェーヴは哲学を学ぶ過程ですでに，ストア派から世界市民主義的発想を受け継いでいたのかもしれないが，オフレは彼がユダヤ人との交流の中で，人工的な理想の国家像を築き上げていった可能性を示唆しているのである。しかし，ユダヤ系のシュトラウスはコジェーヴの普遍同質国家の構想に対して懐疑的な立場を取った。

ところで，序論の「(4) 再興に向けて」の中で言及したように，シュトラウスとコジェーヴの論争に関しては，すでに研究の蓄積がある。本節では，男性・女性や古代・近代の二項対立に着目するのではなく，コジェーヴとシュトラウスの議論の争点として，国家における自由と平等の問題があったのではないかと仮定し，以下でその詳細を見ていくことにする。

(2) コジェーヴの意見修正

シュトラウスはコジェーヴの国家論に対して，いかなる批判を加えたのだろうか。「第Ⅰ部の結びに代えて」の中ですでに言及したように，コジェーヴの論文「僭主政治と知恵」[34]を読んだシュトラウスが，論文「クセノフォン『ヒエロン』についての再説」[35]（以下，「再説」）の中で示した見解では，普遍同質国家においては，ニーチェの言う「最後の人間」（ないし末人）[36]がいるだけであり，そこでは，もはや本来的な意味での人間における人間性は喪失している。[37]シュトラウスが初めて末人について言及したのは，「再説」ではなく，コジェーヴに宛てた1948年8月22日の手紙においてである。なお，「再説」が執筆された時期は，1950年9月14日にコジェーヴからシュトラ

ウスに宛てた手紙の内容から，その手紙が送られる少し前であると推定される。そして，1954年にフランス語版の『僭主政治について *De la tyrannie*』が出版された際に，初めてシュトラウスの「再説」が出版された。

　コジェーヴはシュトラウスの前述の見解を受けて，歴史はすでに終焉しており，ポスト歴史的人間は動物に過ぎないという有名なテーゼを展開することになる。『ヘーゲル読解入門』の第一版が書かれた1946年当時には，歴史の終焉以降の「人間は自然あるいは所与の存在と調和した動物として生存し続ける」とだけ書かれており，人間が完全に動物になってしまったとは断定されていない。その後，第二版が世に出された折に，コジェーヴは次のように明言している。

　　前期の注を記していた頃（1946年），人間が動物性に戻ることは将来の見通し（それもそれほど遠くない）としては考えられないことではないように私には思われていた。だが，その後間もなく（1948年），ヘーゲルやマルクスの語る歴史の終焉は来たるべき将来のことではなく，すでに現在となっていることを把握した。

　堅田研一によれば，コジェーヴの思想に根本的に不相違を示すシュトラウスは，コジェーヴから学ぶことは何もないとするが，その是非はここでは問題にしない。本節で問題にしたいのは，先に触れた通り，自由と平等を鍵語としながら，現代の国家をめぐる政治哲学に関するコジェーヴとシュトラウスの議論を再検討することである。

(3) 自　　由

　シュトラウスによると，コジェーヴの言う普遍同質国家という体制の下で，人々は現状に不満を抱き，「いかなる積極的目標によっても照らされることのない否定，ニヒリスティックな革命」を起こすであろう。したがって，たとえ普遍同質国家が成立したとしても，「それは遅かれ早かれ滅び去るであろう」と，シュトラウスは辛辣に述べる。つまり，シュトラウスには普遍同質国家が長きにわたって持続するとはとうてい考えられなかった。シュトラウスとコジェーヴの議論を止揚すれば，普遍同質国家としての「アメリカ帝

国」が崩壊の途上にあると解釈することも可能ではある。確かに，シュトラウスが指摘する通り，このような国家は最善でも最終でもないかもしれない。しかし，それが革命によって瓦解し，そこに新たな国家が形成されるような状況ではないこともまた確かであり，その政治方針や経済政策を軌道修正ないし改革しながら，これまで通り存続していく可能性もあると考えられる。シュトラウスはあえて革命という極端な言い方をすることで，修正主義的発想から目を背けている。

　彼の主張では，普遍同質国家において革命が起こりうるのは，人々に不満があるからであり，その不満の根底には自由の欠如という意識がある。「満足には程度というものがある。人間的尊厳が普遍的に認められ，その慎ましい市民の満足と，国家の頭首（the Chief of State）の満足とでは比較にならない」[44]。つまり，シュトラウスにすれば，「本当に満足して」いるのは「真に自由」である国家の頭首だけであるため，そのような国家は，ヘーゲルに倣って言えば単なる「東洋的専制」に他ならない，と厳しい調子で批判する[45]。ヘーゲルは歴史哲学についての講義の有名な箇所で，「世界史とは自由の意識が前進していく過程であり」，「東洋人はひとりが自由」であると述べたとされる[46]ことから，シュトラウスの批判はヘーゲルに正しく即応していると言える。さらにまた，シュトラウスはそのような理想的な「最終国家」において，満足している人が他にもいるとしても，それは古代の哲学者が説いたような観想的生活に身を捧げることのできるほんの一部の人々に過ぎないとも指摘している[47]。つまり，全ての市民が対等に扱われるはずの普遍同質国家においても，不平等はなくならないという矛盾を抱えたままであるとシュトラウスは述べたいのであろう。

　さらに言えば，シュトラウスの考えでは，国家が存在する限り，市民に対する強制もなくなることはない。

> わたくしが思うには，コジェーヴの考えているような最終的な社会秩序も，ひとつの《国家》であって，国家なき社会ではない。《国家》，すなわち強制力をもった政治体制が死滅することはないのであって，それは，すべての人間的存在者が現実的に満足するようになるなどということが不可能だからである[48]。

シュトラウスのこの鋭い指摘は，国家における自由が原理的にはありえないことを示唆している。

　シュトラウスの批判に対し，コジェーヴは彼に宛てた 1950 年 9 月 19 日の手紙の中で，「普遍同質国家が「善い」のは，ただそれが最後のものであるからだ。(なぜなら，そこでは戦争も革命も考えられないからだ。つまり——たんなる「不満」だけでは不十分なのであって，それは武器も取り上げる)」と応酬している。武器を取り上げられた市民には，もはや革命を起こす手立てがないとコジェーヴは考えていると言えよう。ロシア革命の直後に亡命したコジェーヴにとって，革命とは単に変革を求める運動ではなく，国家体制を転覆するために行なわれる命がけの否定的行動のことであり，したがって「血生臭いもの」でなくてはならなかったことから，フランスの五月革命ですら，彼にすれば学生のお遊びに過ぎなかった。上述したコジェーヴの武器論に基づいても，空軍を指揮下に置いているのは国家であるから，革命軍には太刀打ちしようがないと思われる。また，最終の状態が最善であるという発想は，現実的なものは合理的であるというヘーゲルの考えを踏襲することから出てきたのであろう。このように，未来の世界において普遍同質国家が実現されることを予言するコジェーヴではあるが，彼のアーギュメントの是非は未来になってみなくては判明しないというアポリアを抱えている。

(4) 平　　等

　端的に言えば，シュトラウスはコジェーヴの普遍同質国家の普遍的な性質よりも同質的性格について，批判的であると結論付けてよいだろう。シュトラウスによると，理想とされる国家においては，性別，出身国，収入などと個人の能力を切り離すべきであるとされる。シュトラウスの手によりコジェーヴ哲学を要約した文章の一部を引用しよう。

　　国家は，その現在も有効な原則により，その国内で「機会均等」が存在
　　していれば，すなわち，全体の善に関して，全ての人間が自分の能力に
　　応じた機会を有し，そして自分の功績に見合った妥当な報酬を受け取り，

自分に適したものを得るならば，本質的に正当である。性別，美しさ，人種，生まれた国，豊かさなどと勲功のある行ないができる能力とが結びついているとする決定的な理由はないため，性別や醜さなどに由来する差別は不正である。⁽⁵¹⁾

　ここでいう「機会均等」の原則とは，より一般的な言い方をすれば社会の各成員を差別することなく取り扱うべきであるという発想，すなわち平等主義のことであると考えられる。コジェーヴの意見では，「唯一《神》を信仰するすべての人びとのあいだの生来の平等という理念」⁽⁵²⁾，つまり平等主義は，世界初の一神教の創始者とされるイクナトン⁽⁵³⁾の思考の内にその萌芽が見られ，聖パウロにより完成された。

　コジェーヴは，平等を実現するため，そして普遍同質国家を築き上げるために強力な指導者と彼の行動の基盤を示す哲学者が必要であると考えており，この点において彼は卓越主義者である。歴史を遡って見られる，そのような指導者の格好の例こそが，「神 - 人」としてのナポレオンであり，そのような哲学者の典型例がヘーゲルであった。ナポレオンは，人間を普遍的な個人へと仕立て上げるべく，フランス革命において主導者の役割を果たした。このことに関して，『ヘーゲル読解入門』の中のコジェーヴの言葉を引用しよう。

　　〔神学の〕理想の完璧な形は個体性の観念により開示される。すなわち人間の現存在の個別主義的かつ普遍主義的な傾向を現実にあるいは行動により総合することで得られる充足の観念により開示される。この観念は，まずキリストあるいは神人の（神的な）個体性という（キリスト教）神学の観念の下で人間に開示される。この思考 - 理想はフランス革命において，そしてこの革命により実現されるのだが，この革命はキリスト教世界の発展をナポレオンという神 - 人の現実の（かつ同時に象徴的な）人格の中で仕上げる。⁽⁵⁴⁾

　コジェーヴの考えでは，ナポレオンのこのような行動を把握したのがヘーゲルであり，その内容を開示するために『精神現象学』が編まれた。コジェ

ーヴは，自分が生きていた時代の指導者をスターリンに，その行動を理解する哲学者をコジェーヴ自身に置き換えようと試みたものの，途中でその試みは頓挫したが，ここではこのことにこれ以上立ち入らない。

　一見したところ逆説的に思われるであろうが，コジェーヴは平等主義者であると同時に卓越主義者でもあると解釈することで，彼の思想を理解することができる。換言すれば，平等主義（égalitarisme）と卓越主義（élitisme）——これらの語は，コジェーヴ自身が用いたものではないにせよ——との両立こそが，コジェーヴの取り組んだ政治哲学的課題であると考えられる。第1章で取り扱った本『ユリアヌス帝の著述技法 L'Empereur Julien et son art d'écrire』（執筆されたのは 1958 年だが，死後出版）の中で，コジェーヴ自身がエリートという語を用いている。この本の中で彼は，「素人」である大衆（la masse des «profanes»）と対比して，哲学的エリート（l'élite philosophique）という言い方をしている。[55] コジェーヴがこのような用語を用いるようになったのは，哲学者をエリートとみなすシュトラウスからの影響であると考えられる。『ユリアヌス帝の著述技法』は最初，シュトラウスに対するオマージュを集めた論文集「古代人と現代人——レオ・シュトラウスへの敬意を込めた，政治哲学の伝統に関する評論集 Ancients and moderns — essays on the tradition of political philosophy in honor of Leo Strauss」（1964 年）の中に英訳版が所収され，コジェーヴもシュトラウスからの影響を明示したうえで，議論を展開している。

　他方で，シュトラウスはコジェーヴとはまた異なった意味で卓越主義者である。シュトラウスにとっては哲学者こそが国家を統治すべきであり，この点において彼はプラトン哲学を継承していると言える。それでは，20 世紀における「哲人統治」は古代のそれと，いかなる違いを持つのであろうか。石崎嘉彦によれば，「現代の哲人統治者は，直接支配者として登場するのではなく，民主主義の下で，人民の統治のなかで，ある種の統治者として立ち現われてくる」[56]。すなわち，シュトラウスの唱える「哲人統治」説においては，民主主義という覆しがたい前提があり，その前提に基づいて正当な形を取ることによってのみ，現代の哲人王は登場しうるのである。

　シュトラウス自身は，大学の教員として古代哲学の研究を行ないながら自らの思想を形成し，その著述活動及び弟子への指南を通じて，哲学的探究を

志す者の啓蒙を努める役割を果たそうとした。シュトラウスは「哲学的人間と非哲学的人間という二つの人間集団の区別[57]」を徹底して行なっていたことから，彼の意見からすれば，そもそも哲学に向いている者と不向きな者が世の中には存在することになるように思われるが，前者が哲学書を読むことで哲学に目覚めることをシュトラウスは期待している。このようなシュトラウスの「哲学的選民思想」はコジェーヴにも影を落としている。

　仮にエリートという発想がユダヤ－キリスト的教選民思想に起源を持ち，平等の由来がいわゆる「神の前の平等」というキリスト教的教義の中にあるとすれば，コジェーヴとシュトラウスの対立は，キリストがユダヤ的選民思想を批判して平等を説いたと解釈できることに震源を持つことになる。つまり，コジェーヴは平等と選民思想とを和解させようとしている点でキリスト教的発想に，シュトラウスは選民思想をより重要視するという点でユダヤ教的発想に基づいている。対するコジェーヴについて，筆者は先に，同質国家の根拠として，彼が聖パウロから影響を受けていたことを指摘した。さらにまた，コジェーヴは，キリストが啓示を受けた神－人として，キリスト教に固有の普遍的観念を地上で実現しようとした指導者であると考えており，自らの思想がキリスト教に一つの源泉を持っていることに自覚的である。その根拠として，キリストの「神人性についての表象（Vor-stellung）」にコジェーヴが言及する際，以下のように述べたことを挙げたい。

> 完全な人間，すなわちあるがままの自己にあますところなく決定的に充足する人間，これは個体性というキリスト教的観念の実現である。——このような人間の絶対知による開示はキリスト教神学と同一の内容をもっているが，その超越の観念は含んでいない。すなわち絶対的神学すなわちキリスト教神学から絶対的哲学すなわちヘーゲルの学に移行するためには，キリスト教徒がその神について述べることをすべて人間について述べるだけで良い。[58]

　ここまで，コジェーヴがシュトラウスの卓越主義に対し，平等主義という相対立する観念を付加しながら止揚することで，二つの観念が含む欠点を克服することを，普遍同質国家の名の下で構想していたと考えられることを確

認した。管見では，コジェーヴのこのような折衷的な試みは，ともすれば平等と卓越の片方に不可逆的にまで傾きがちである。おそらく，このような難点を察したシュトラウスは，完膚なきまでにコジェーヴの意見を反駁すべく，普遍同質国家の崩壊が必然的であると唱えたのであろう。シュトラウスは，ただ単に，その国家が荒唐無稽で絵空事であるからコジェーヴを批判したわけではなく，古代の著述家たちの説を念頭に置いたうえで，このような国家において，常に不満を持つ多数の一般人が存在し続けることを指摘している[59]。

そして，シュトラウスの思想が，アメリカこそ普遍同質国家の典型例であるとコジェーヴが認識するようになる契機を提供したことは，本章の後半で確認したい。

(5) 自由主義とニヒリズム

以上で論じてきたように，シュトラウスがコジェーヴの普遍同質国家の理念には全くもって共感を示さないことは疑いようのない事実ではあるが，それゆえに彼はコジェーヴから学ぶことがなかったと結論付けるのは早計である。彼らは自由主義とニヒリズムの問題をめぐって，意見をともにしていたように思える。そのことを説明するために，コジェーヴによるシュトラウスへの反論の内容を見ていかなければならない。シュトラウスによる「再説」を読んだコジェーヴは，彼に宛てた1950年9月19日の手紙の中で，歴史の終焉における人間がいかに満足するかの程度に応じて，「自動機械」あるいは「動物」に過ぎないか，または「神」となりうるか，冷徹な視座から論じている。

> 「非人間的である」ということは「動物」（あるいは，より良ければ──自動機械）であると同様に「神」でもあることを意味しうる。最終国家においては，我々が歴史的人間存在という意味での「人間的存在」は，当然なことながらもう存在しない。「健康な」自動機械は（スポーツ，芸術，エロティシズムなどに）「満足」し，「病んだ」自動機械は監禁される。「無目的な活動」（芸術その他）に満足できない人々についていえば，彼らは哲学者である（彼らは十分に「観想」すれば賢知を獲得できる）。そうすることによって彼らは「神々」になるのだ。僭主は行政官，

つまり自動機械によって，自動機械のためにデザインされた「機械」の歯車となるのだ。(60)

「僭主」あるいは「国家の頭首」ですらも，「自動機械」の歯車に過ぎないのであれば，彼もまた「無目的な活動」に従事しているに過ぎない。したがって，哲学者を別とすれば，最終国家の市民全員がニヒリスティックな状況に陥ってしまっているとコジェーヴが認識していると述べて差し支えないであろう。

コジェーヴは近代思想を信奉していたからこそ，近代の行き着く先にニヒリズムがあることを十分理解していたのではないだろうか。究極的な価値の徹底的な崩壊を意味するニヒリズムは，哲学が目指してきた真理の探究が終局に達した後にやってくる必然的な帰結である。シュトラウスもまた，同時期にコジェーヴと同様の見解を抱いていたように思われる。シュトラウスは1949年の講義に基づいて著わした『自然権と歴史』(1954年) の中で，真理の存在に疑問を投げかけ，近代の自然権を否定し，価値相対主義へと陥る現代の風潮に危機感を抱いていたのであった。このような価値相対主義は自由主義という名の仮面をかぶることで肯定される。(61)人々は本来，無価値の中では生きられないはずであるが，国家や社会などのパターナリスティックな存在が価値を強制することをやめた時に，何らかの価値を自由に選ばなくてはならなくなったことから，ニヒリズムへと至るのである。以上のことに関して，シュトラウス自身は次のように述べている。

> 現代の社会科学は，もしそれが——理由は神のみぞ知る——寛大な自由主義を論理の一貫性より優先させなくなれば，かつてマキャベリが実行したように思われることを実際にやってのけるだろう。すなわち，自由な人民に対してのみならず圧制者にしても，同等の能力と敏速さをもって助言を与えることだろう。(中略) もし我々の原理が盲目的選考の他に何の支えも持たないとすれば，人がやってみようと思うことは，すべて許されることになろう。現代における自然権の否定は，ニヒリズムに至る。いやむしろそれはニヒリズムと同じことなのである。(62)

自由主義を標榜し，世界に広めようとしている諸国家の中でも筆頭に位置するのがアメリカである。コジェーヴは，シュトラウスに宛てた 1965 年 6 月 3 日の手紙の中で，「君が私と全く同様に合衆国のリベラルに対し批判的であることが分かって，私は嬉しかった」(63)と心情を吐露(64)する。コジェーヴは当時体調を悪くしており，シュトラウスに会うためにアメリカに赴くことはできなかったが，ギルディンという共通の知り合いを通じて，シュトラウスの政治的見解を耳にしていた。シュトラウスは『リベラリズム　古代と近代』の中で，アメリカのリベラリズムに対して批判的見解を示している。彼によれば，自由主義と保守主義は一般に考えられているほど明瞭に対比をなすわけではなく，むしろ親和性がある。さらに，自由主義は共産主義とすら目指すところが共通していると言うことすら可能であり，その目標とは「普遍的で無階級的な社会，あるいはコジェーヴによって提案された修正表現を用いて言えば，普遍同質国家（the universal and homogenous state），すなわち，すべての大人たちが全構成員であるような普遍同質国家ということができるであろう」(65)とシュトラウスは書いている。つまり，シュトラウスの意見では，コジェーヴの提唱する普遍同質国家は自由主義を基盤に据えたものである。この意見は，先に見たヘーゲルによる自由の拡大こそが歴史の哲学的意味であるという考えから導出されたものであろう。しかし，コジェーヴは自由主義に関して多くを語ってはおらず，自由の観念自体について言及するのみである。彼によると，「自由を定義できないとしても，我々は皆それが何であるかの観念」を有しており，そもそも「自由がなければ人間は動物にすぎない」と考えている(66)。彼は，アリストテレスのように人間を特殊な動物であると捉えるのでなく，人間とは「歴史的かつ自由な個体」(67)であると把捉した。

　以上のことから，コジェーヴとシュトラウスの論争における一つの主題は自由の観念をめぐるものであると思われ，自由に対する懐疑はさらに民主主義批判にも通ずる。自由とは価値判断の自由でもあり，自由主義に基づくのみでは，何かを選択する際に確実で絶対的な根拠は存在しないことになる。このような相対主義的陥穽にはまった現代の状況を克服することがシュトラウスの問題意識の中にあった。皮肉にも，人々は自由の中で価値を喪失し，徳を持たない独裁者の台頭に対してすら，寛容になってしまう。民主主義は

いわば多数派による専制であり，それを受け入れる国家においては，全ての価値観が同等に扱われる中で，多数派の意見が何の根拠も問われることなく，正しいものとして扱われるものとわれわれには考えられる。そのような風潮が独裁者としてのヒットラーの台頭を許してしまったのであろう。それゆえにシュトラウスは，次のように，彼が生きていた時代の社会科学が，現代における僭主政治の形態を認識することに失敗してしまったと診断を下す。

> 社会科学が，たとえば医学が癌について語るのと同様の確信をもって，僭主政治について語ることができないとすれば，そのような社会科学は，社会的諸現象をありのままに理解しているとは言いがたい。それゆえ，そのような社会科学は科学的ではない。今日の社会科学は，気がついてみると，まさにこのような状態にあるのである。(68)

コジェーヴとシュトラウスの普遍同質国家をめぐる政治哲学的論争は以上である。次に，コジェーヴがシュミットとの政治経済学的議論の中で展開した国家論を追う。

3　贈与型国家

よく知られているように，コジェーヴは『ヘーゲル読解入門』の第二版の注の中で，次のように書いていた。

> 「階級なき社会」のすべての成員が今後彼らに良いと思われるものをすべて我が物とすることができ，だからといって望む以上に働く必要もないとき，ある観点から見ると，合衆国はすでにマルクス主義的「共産主義」の最終段階に到達していたとすら述べることができる。
> 　ところで，（1948年から1958年までの間に）合衆国とソ連とを数回旅行し比較してみた結果，私はアメリカ人が豊かになった中国人やソヴィエト人のような印象を得たのだが，それはソヴィエト人や中国人がまだ貧乏な，だが急速に豊かになりつつあるアメリカ人でしかないからである。アメリカ的生活様式（*American way of life*）はポスト歴史の時

代に固有の生活様式であり,合衆国が現実に世界に現前していることは,人類全体の「永遠に現在する」未来を予示するものであるとの結論に導かれていった。(69)

　この注を書いた後に,アメリカ的な「歴史の終わり」において人間が動物化してしまうのではないかというレオ・シュトラウスの批判を受けて,コジェーヴは日本的な歴史の終わりにおいて新たな人間の在り方を見出すことになる。(70) コジェーヴの現代文明批判についてはよく考察されてきたのだが,コジェーヴにとって本当にアメリカ的な歴史の終わりは否定的なものでしかなかったのかどうか,本節で問い直してみたい。また,先の引用で見た通り,アメリカは実は世界で最も進んだ共産主義の国であり,長期的にはソ連もアメリカも同一の方向に向かっていたことに気が付くだろうと,コジェーヴは予言したが,彼の予言の意味するところは何か,明らかにしたい。さらに,そのような国こそコジェーヴの構想した「普遍同質国家」に他ならないと考えられることも示したい。そのために,いささか遠回りになるように見えるかもしれないが,第二次世界大戦後のコジェーヴの国家に関する思考の修正あるいは変化を考察すべく,彼がシュミットからの影響の下で贈与型国家について論じたことを見ていく必要がある。パリに住んでいたコジェーヴは,シュミットによる招聘を受け,1957年1月にデュッセルドルフで講演を行なったが,その内容はシュミットの提唱するノモスの観念をめぐる経済学の観点に基づいている。したがって,まずノモスの意味を明らかにしたうえで,それに対するコジェーヴの論考を取り上げることで,国家をめぐるコジェーヴの思想がいかに変遷したか見てみたい。

(1) 「分けること」を含蓄するノモス

　シュミットはノモスの観念について,『陸と海と』(1942年) や『大地のノモス』(1950年),「取得,分配,生産——あらゆる社会秩序および経済秩序の根本問題をノモスから正確化する一つの試み」(1953年,未邦訳)(71) の中で考察していることから,この観念は当時のシュミットの中心的な関心事であったことがうかがえる。1953年の論文のタイトルにおいて,取得,分配,生産の三語が並べられているのは,シュミットがこの三つの観念は全てギリシ

ャ語の「ノモス $\nu \acute{o} \mu o s$」に対応していると主張していることに起因する。シュミットによる，ノモスの語源学的意味をめぐる議論はやや信憑性に欠けるように思われがちではあるが，それは必ずしも突飛なものではなかった。というのも，一年前の1952年には，スイスの古典文献学者フェリックス・ハイニマンが著書『ノモスとピュシス』の中で，「ノモス」の語源的考察をしており，彼によれば，名詞ノモスは動詞ネメインから派生したからである。ネメインの他動詞的意味として，「分ける」（「分配する」，「割り当てる」）及び「放牧する」（おそらくは「牧場として家畜に割り当てる」）があるとされる。[72] コジェーヴは1955年5月28日にシュミットに宛てた手紙の中で，『陸と海と』を大きな喜びを覚えながら読んだと述べる。この本に加えてコジェーヴは「取得，分配，生産」を参照し，シュミットの議論を敷衍しながら，自らの意見を展開することになるが，そのことはこの節の後半で取り扱いたい。

　シュミットによると，法学者たちの間で，ノモスはピュシスに対立するものであり，さらにまた，法律（Gesetz），支配（Regierung），規範（Norm）などの意味であるとしばしば思われている。[73] これは本来的な用法から逸脱しており，この逸脱はソフィストたちによってなされた。彼らは法律実証主義に則りながら，ノモスの意味を単なる制定化及び規範へと矮小化してしまった。[74] ソフィストたちが登場した後，アレクサンドロス大王が神として崇め奉られたことから，支配者の制定する掟がノモスであるとされて以来，単なる定め（Thesis）とノモスとを区別しない慣習ができ上がってしまった，とシュミットは指摘する。[75] ひいては，法律は処分ないし命令と同一視される事態に陥ることもあったが，彼にしてみれば，このようなノモスの用法は完全な誤用である。なぜならば，本来ノモスは大地の取得に関わる権利と密接な関係を持つからである。

　　ノモスとは，以降に続くすべての基準を基礎づける最初の測定（Messung）についての，最初のラウム分割としての最初の陸地取得（Landnahme）についての，また根源的分割（Ur-Teilung, Ur-Verteilung）についての，ギリシャ語なのである。[76]

ここでいうラウム（Raum）とは，空間及び領域を意味するドイツ語の単語である。シュミットは土地の所有と，そこから得られる生産物をめぐる権利が，近代の思想家たちにとって看過できないものであったことを指摘している。
(77)

　そして，ノモスには取得に加えて，分配及び生産するという意味があったとシュミットは述べる。人々は土地を耕すことで農作物を生産していたのであり，その分け前を誰にどう分配するかというのは，人類の歴史における，きわめて重要な問題である。その事情は，工業が始まってからも何ら変わるところがなく，現在に至るまで連綿と続いている。さらには，この土地の所有をめぐる対立が戦争をもたらしたことも，歴史において無視できない事実である。シュミットは，このような戦争を禁止することではなく，限定することを法秩序の目的とすることで事足りると考えた。それにより，殲滅戦を防ぐことを目標としたことは，今からすれば素朴な発想である。当然，近代における総力戦は殲滅戦へと至る可能性があり，核戦争が起きれば相互を殲滅させることにもなりうる。

　シュミットは，こうして戦争を限定するヨーロッパ公法という，過去に存在していた国際法を懐かしみながら，相手の国を正しい敵として認識できるか否かという正戦論を論じたのである。ヨーロッパ公法が成立する以前には，ラウム秩序が成立しておらず，戦争は恣意的に次々と起こり，歯止めが効かなかった。20世紀において，ソ連とアメリカの台頭により，このようなヨーロッパ公法だけでは対処できなくなってしまったことに，シュミットは遺憾の意を表しているものと考えられる。このヨーロッパ公法と，ノモスの語源的意味とは無関係ではない。シュミットは次のように述べる。

　　　ノモスという言葉の中に存する垣で囲むこと（Einfriedung），保護限定すること（Hegung），宗教的に場所確定すること（sakrale Ortung）は，まさに分割し区別する諸体制（einteilende und unterscheidende Ordnungen）を表現している。
(78)

　このように，ノモスの語源的意味の中に，ヨーロッパ公法で形作られる諸国民国家に基づく体制の萌芽がすでに見られることこそ，シュミットが発見

第5章　普遍同質国家の予示

したことであると言えよう。土地の取得や生産や分配に加えて、それらにより構成される体制こそ、ノモスがもともと指し示すところであった。この体制がいかにして維持されるかが、いつの時代にもどの場所でも争点となる。特に生産力が向上した近代において見られるように、必要以上に財がある時には、取得に関わる権限だけが政治経済における基本的要件なのではなく、分配にも目を向けるべきである。そのように視点を移すことは、倫理的要請であるというよりも、論理的必然なのである。

　また、「分けること」は、日本語でそうであるように、単に「分割」だけではなく「分配」ないし「共有」という意味をすでに含んでいる。このことは、英語の share、フランス語の partager、そしてシュミットが先の論文「取得、分配、生産 Nehmen/Teilen/Weiden」のタイトルの中でも用いた、ドイツ語の teilen に関しても全く同様である。

　シュミットの考えでは、社会主義も、古典的経済学を信奉する自由主義も、分配という同様の問題意識を抱えていた。社会主義は不平等の是正のために、再分配の教義を説くものである。自由主義は生産と消費を拡大することによって、共有と分配が自動的に行なわれることを期待する。現代の社会民主主義者は、資本主義を否定することなく、より穏和な形での分配を基底に置くことで、社会主義の流れを汲んでいる。他方で、現代の新自由主義においては、富裕層が豊かになることにより、貧困層にもその恩恵が行き渡るとするトリクルダウン理論が提唱されていることから、この思想は自由主義の流れを継承していると言えよう。その点で、シュミットの指摘は今も続く根の深い問題を取り扱っているのである。

　議題を過去の社会主義へと戻そう。空想的社会主義者とされるシャルル・フーリエは、生産が飛躍的に増大することで、共有の問題は消失すると考えた。フーリエに対して批判的態度を取ったマルクスが根拠に置いたのは、倫理的議論ではなく、歴史的かつ哲学的な弁証法である。工業の勃興を目の当たりにして、マルクスは生産が際限なく増え続けることを予測した。そのうえで、ブルジョワの社会秩序は、財の分配に対して前向きな態度を示さないことから、最終的に崩壊への道を辿ると彼は考えた。ブルジョワたちは、共有と再分配という事項を先送りにしてしまったのである。彼らが帝国主義的世界において追求したのは、工業における生産手段を独り占めするという悪

行であった．シュミットは，ブルジョワがプロレタリアートから暴力的に搾取する過程のことを，次のように「工業 – 取得 *Industrie-Nahme*」と形容しながら，手厳しく批判を行なっている．

　　産業革命以前の時代に特有であった，古代の略奪及び原始的な土地の取得の権利は今や生産手段全体の独占，現代の巨大な「工業 – 取得」に引き継がれている．(79)

　産業革命以前の時代には，農民たちは土地を独立して所有することは許されないばかりか，彼らが土地を耕すことから得られる収穫を税として厳しく取り立てられることにより，プロレタリアートと似たような状況に置かれていた．
　このように，世界の歴史において，ノモスの三つのカテゴリー（すなわち取得，生産，分配）をめぐる価値と秩序の並べ替えが，その度ごとに変容してきた．世界の統合を目指すうえで，取得から共有へと問題を還元しなくてはならない，とシュミットは述べてはいる．取得が独占されることは，道徳に反しており，それは歴史的観点からしても誤りであったことは明白である．
　以上の主張がなされる前，1939年の時点でシュミットはナショナリズムを乗り越えつつも普遍主義にも加担せず，その手で「空間革命」を起こすべく広域（Großraum）理論を構築していた．(80)この理論は，東欧方面へと国家の拡大を図るナチスドイツにとって都合が良かったものの，(81)シュミットはドイツ民族にとっての生存圏の拡張には反対していた．彼の理論は人種主義的な支えを欠いていたために，ナチスから次第に退けられるようになる．そのことを鑑みれば，1950年代当時，彼が世界を統一的なものにすることを理想に置いていたとは考え難く，その理論的支柱となっていたのは多元主義的世界観であると推定される．第3章で見たように，その後の1960年代のシュミットは，国家に抗する個人の存在様式を捉えるべく，パルチザンの理論へと，その関心を向けていく．

（2）　略奪型植民地主義の克服
　シュミットの論文「取得，分配，生産」及びノモスに関する著作を読んだ

コジェーヴは，その内容に基づいて，第4章の冒頭で取り上げた1957年の講演「ヨーロッパの視点における植民地主義 Kolonialismus in europäischer Sicht」を行なう。コジェーヴには講演の内容をドイツで出版する権利がなかったため，彼は内容を一部削除及び改変しながら，フランス語版 Le Colonialisme dans une perspective européenne を作成し，それを何人かの友人に配布していた。フランス語版は，前半が「資本主義及び社会主義，マルクスは神であり，フォードはその預言者である Capitalisme et socialisme, Marx est Dieu, Ford est son prophète」というタイトルを編集者の手によって付けられ，Commentaire 誌に1980年に掲載された。後半は，「植民地主義から与える資本主義へ Du colonialisme au capitalisme donnant」というタイトルを編集者によって付けられたうえで，1999年に同じく Commentaire 誌に掲載された。ドイツ語版は1998年に Schmittiana VI に収録された。日本語訳はいまだに出版されていない。

講演が行なわれた当時，コジェーヴは大学の教師の職を離れて，フランス政府の下で官僚として働いていた。このドイツでの講演において，彼はフランス政府の見解を語るのではなく，個人的な意見を述べると自ら断わっているが，下で見るように，フランスとドイツが足並みを揃えた政策を取るべきであるとする彼の見解にはフランス政府の意向が見え隠れしている。

コジェーヴがここで提唱するのは，略奪型植民地主義を廃棄して，贈与型資本主義を実現することである。つまり，宗主国は植民地から略奪することを旨とするのではなく，贈与に主眼を置いた政策を取るべきであると，コジェーヴは考えた。シュミットであれば，贈与（don, Geben）の語ではなく，分配（partage, Teilen）という語を用いるが，コジェーヴは分配という言葉には贈与の意味が含まれているとして，シュミットの考えを批判するわけではないと述べる。今日において分配が重要となった理由は，次の通りである。[82]

> あらゆる物がすでに取得された時，もし消費するために何人かが別の人たちに与えるとすれば，分配する *partager* あるいは配分する *répartir* 〔ドイツ語では verteilen と一語で記されている〕ことしかできない。[83]

では，コジェーヴが問題視する，略奪型植民地主義とはどのようなもので

あろうか。それが帝国主義と結び付いていることは言うまでもない。それに加えて，略奪型植民地主義が古いタイプの資本主義の考えに基づくものであると彼は考えている。古いタイプの資本主義においては，植民地から収奪することが前提に据えられている。平等の理念に基づいて樹立されたフランスのような先進国で，奴隷制が廃止されたにも関わらず，先進国が主人として発展途上国を奴隷扱いしたのでは，倫理的に問題があるばかりでなく，「歴史の必然」に反する。

(3) マルクス主義者としてのフォード

コジェーヴはマルクス主義者として捉えられがちであるが，これまでその意味するところは彼がマルクス経由でヘーゲルを政治哲学的観点から読んだことに限定されていたように思われる。「ヨーロッパの視点における植民地主義」においてコジェーヴは，マルクスの『資本論』を引き合いに出している。コジェーヴによると，「マルクスは理論的に間違えていたのではなく，正しかったがゆえに，その予想に関して間違えていた[84]」という，一見したところ自家撞着に陥ったような結論を導き出す。コジェーヴはどのような意味でそう考えたのであろうか。

マルクスが生きていた時代の資本主義は，確かにマルクスの解析した通りのものであったという点で，彼は正しかった。資本主義には以下の三つの特徴がある。第一に，資本主義経済は高度に工業化した経済である。現在からしても，このことは当然のことであり，疑問の余地はない。第二に，工業生産の手段は労働に直接従事しない一部の者たち，つまりいわゆるブルジョワジーによって独占されている。換言すれば，一部の資本家たちは自ら額に汗することなく，労働者たちを使うことで利益を得ている。この点も，当時の労使関係を鑑みればしごく当然の話である。第三に，資本主義のシステムにおいては，プロレタリアートが生産の合理化の恩恵をこうむることはない。これこそが，コジェーヴの指摘する古い資本主義の最たる特質である。一部のブルジョワジーの収入が年々増えたところで，全体で見れば国民の生活レベルが向上するとは言えない。資本家たちの生活水準はすでに限界に達しており，剰余価値は貧しい者たちへと還元されることなく，次なる投資へ向かうだけである，とマルクスは考えた。その結果，資本家と労働者との収入の

差は広まるばかりである。「均衡の決壊はしたがって，早かれ遅かれ必然的に起きる。ところで，このような社会的不均衡は人がまさに社会革命と呼ぶところのものである[85]」。そこで，マルクス及び19世紀のマルクス主義者たちは，富める者たちと貧しい者たちとの間の格差を解消するべく，社会革命が歴史の必然であると声高に唱えた。しかし，コジェーヴの意見では，資本主義は20世紀において革命という暴力に訴えることなく，マルクスが示していた方向性に沿って，平和的かつ民主的な形で問題を解決することになる[86]。

では，マルクスはなぜ間違えていたのか。第一に，資本主義が彼の時代すでに実は彼の言った通りのものであった。第二に，資本主義そのものが内的矛盾を解消してくれた。マルクスは格差問題という資本主義の抱える不合理が解決されない限り内部崩壊を行なうため，資本主義の発展のためには，剰余価値が少数派の資本家及び多数派の労働者の両者に分配されなくてはならないと主張したが，最終的には彼の言う通りになった。換言すれば，労働者の利益の確保がアメリカにおいて見事に実現された。それを行なった「イデオローグ」こそフォードである。工場でのベルトコンベヤー式の生産体制を敷くことで，効率的に自動車を生産させたフォードは，850ドルという低価格のT型フォードを販売した。それが成功を収めたことはよく知られている。しかし，フォードの手法がコジェーヴにとって新しいのは，単調ではあるが合理的な生産様式を用いることで，車の大量生産を可能にしたことではない。

そうではないとすれば，フォードの手法のどのような点が画期的であったのか。自動車王フォードは従業員に対して，一日あたり5ドルという，当時の貨幣価値では相対的に高給を与え，一日の労働時間を8時間とすることにより，従業員の士気を高めるばかりでなく，購買力をも向上させた。栗木安延によれば，フォード社における賃金の引き上げは，労働者側の要求に応える形ではなく，企業経営者側の一方的な決定により実行された[87]。フォードの意図としては，そのことにより，単純作業に起因する苦痛を軽減し，そしてまた，より多くの者が車を買うことを可能とすることにあったと思われる。このように従業員への支払い額を高めに設定した点で彼の手法は画期的であり，またそのおかげで，資本家が剰余価値を独占するのではなく，分配することが実現された点も画期的であると，コジェーヴの意見を敷衍して述べることができる。フォードの功績により，アメリカ型の資本主義は現在でも多

くの国で受け入れられており，社会主義は駆逐されることになった。

　ところで，フォードが反ユダヤ主義者であったこと，そして後にナチスがフォーディズムを採用することで「成功」を収め，またフォードがナチスを支持していたことから，彼の考えの根底に国家社会主義に通じるものがあると言われることがある。コジェーヴはそのようなフォーディズムのネガティヴな側面には触れずに，自らの理論にフォーディズムのポジティヴな側面を巧みに組み込もうとした。まさにそこに，コジェーヴが後にアメリカ的な歴史の終わりの在り方について意見修正を行なうことになる要因があったと言えよう。

　コジェーヴの議論をさらに追っていこう。フォードは意図せずして，コジェーヴの構想する同質国家の実現に一役買った。フォードのみならず，別の資本家たちも同様の行動に及んだ。コジェーヴの逆説的な表現を引用しよう。

　　資本家たちは，反マルクス主義的な本の出版のために融資した。彼らは，若い頃に自分たちでも時折その本を読んでいたにもかかわらず，彼らが大人になってから行なったことは，彼らが読んでいたものとは正反対のことであった。[88]

　資本家たちの行動は，実はその意図に反して，マルクス主義的であった。つまり，彼らはマルクスを否定するどころか，マルクスの指摘した問題点の改善を行なったのである。

　このように，コジェーヴは，いわばマルクス主義的資本主義と言うべき，矛盾しているとも受け取られかねない発想に至ったがために，アメリカ的な歴史の終わりを確認したのであろう。というのも，彼の意見では，彼の時代の資本主義はアメリカでマルクス主義革命を経験し，そのことにより歴史が終焉したと言えるからである。したがって，ソ連もアメリカも同一の方向に進んでいたことにいずれ気が付くことになると，彼は予言したと考えられる。コジェーヴは古典的資本主義と社会主義を同一視する。その理由はおそらく，アメリカ的でない古典的資本主義において貧富の差は拡大するばかりであり，それは社会主義経済においても全く同様だからである。彼が言うには，古いタイプの資本主義が現在でも残っているのはソ連においてのみである。

今日において事実上，この古典的な資本主義はソ連を別にすれば，高度に工業が発展した，いかなる国においても存在していない。ソ連は「社会主義」を自称してはいるが，そこでは一方で「警察型の *policiers*, polizeilichen」，他方では「革命型の *révolutionnaires*, revolutionären」社会的－政治的症状が現在見られ，その症状は前世紀にヨーロッパの資本主義が見せた症状とあらゆる点で類似している。[89]

ソ連は暴力を伴った革命により成立し（「革命型の」症状），そこでは警察が治安維持のために絶大な力を持っている（「警察型の」症状）。[90]この国においては，大衆に対してなるべく少なく与えることが最も重視されており，彼らの生活は一向に良くならないどころか，体制そのものが行き詰まりを迎える。なぜならば，買い手は大衆の側であり，彼らが貧しければ，売り手の側も生産を続けることが困難となってしまう。コジェーヴ自身があえて口語調で述べた言葉を借りれば，次の通りである。

　　貧しい顧客は悪い顧客である。そして，会社の大多数の顧客が貧しい，すなわち悪い顧客であれば，会社そのものも悪い会社である，あるいは少なくとも，あまり安定した会社ではない。[91]

したがって，古典的資本主義にせよ，社会主義にせよ，第二次世界大戦後の国家が採用すべきイデオロギーではないとコジェーヴの目には映っていた。この状況を改善するためには，フォード流の新しい資本主義，すなわち資本を投下することで得られた剰余価値を従業員全体へと再分配するような資本主義的制度を導入しなくてはならない。コジェーヴに従えば，マルクスの資本主義に対する指摘そのものは正しかったものの，資本主義には，自らの形態を改変することができたために，マルクス流の共産主義へと移行する必要などなかった。マルクスの意見では，資本主義は早晩，閉塞状況に陥ってしまう。それは，プロレタリアートという搾取される側と，ブルジョワという搾取する側との闘争が続く限り，不可避的な結果である。だが実際には，高度に工業が発展した国々においてはロシアという例外を除き，マルクスの言

う意味でのプロレタリアートは存在しないとコジェーヴが考えていたことが先の引用から読み取れる。工業国家の中でロシアにおいてのみ，プロレタリアートが残存しているという彼の意見は皮肉に満ちている。ただし，世界中で見るとプロレタリアートは存在していたため，今後とも階級闘争が続く可能性があったように筆者には思われる。そのため，世界中で新しいタイプの資本主義の考えに基づいた制度を広めていく必要があるとコジェーヴは考えたのだろう。

(4) 贈与型資本主義の実現方法

　総じて言えば，マルクス主義的資本主義を導入するべく，コジェーヴはフォードが行なったように，贈与型資本主義を実施することで1950年代当時の格差の問題を解消できると考えた。彼がこの講演を行なった当時，生産の手段を独占していたのはヨーロッパ及びアメリカであり，アフリカ及びアジアは貧しくなる一方であった。なぜならば，剰余価値が分配されたのはヨーロッパとアメリカの中であり，アフリカ及びアジアがその恩恵に与することはなかったために，いつまで経っても現状を打破することができなかったからである。

　コジェーヴは剰余価値がいかにして投資されるかに応じて，「古い資本主義」，社会主義及び植民地主義の性質を区別している。(92) 19世紀のヨーロッパを典型例とする古い資本主義のシステムを採用していた国では，剰余価値は個人の手によって投資されるが，社会主義国では，それは国家，すなわち官僚によって投資される。そして，植民地とされた国では，資本主義国同様に，国家ではなく個人により投資がなされるが，それは国内ではなく国外からなされるという特徴を持つ。コジェーヴの考えでは，マルクス主義の理論において剰余価値が個人あるいは官僚によって分配されるかはさして問題ではない。問題となるのは，労働者が生きていくうえで最低限十分な剰余価値が配分されているかどうかのみである。(93) その点で，フォードの手法は評価に値する。古い資本主義のシステムに基づく限り，ヨーロッパ及びアメリカ，そしてアフリカ及びアジアの間の格差は拡大し続けるのみであり，均衡なきゆえに崩壊の一途を辿る。資本主義の原動力は，剰余価値の分配にあり，それにより格差が縮小することにある。

第5章　普遍同質国家の予示　　197

それでは，「貧しい顧客」を「豊かな顧客」へと変えるために，どのような形で分配すれば良いのであろうか。換言すれば，豊かな国から貧しい国への援助はどのようになされるべきであろうか。コジェーヴは次のように報告している。

　　国連の専門家は，西洋世界の低開発国（pays sous-développés）の問題全体が，もし工業が高度に発展した西洋の国々が歳入の約3パーセントを後進国（pays arriérés）への投資に回せば，解決できるかもしれないと見当を付けている(94)。

　コジェーヴはフランスが戦後に実際そうしてきたと言及することで，その説を支えている。彼の意見では，単に国際商品協定を結ぶことで，生産量や価格を調整するだけでは不十分であり，途上国に対して直接に資本を投下したり，現物支給したりする必要がある。これまでのところ，フランス及びイギリスは，現地への投資を行ない，アメリカは消費物を途上国に送るという傾向があった。コジェーヴは後者の方法ではなく前者の方法をより支持している(95)。さらに，彼は，国ごとに限定して支援するのではなく，地域ごとに援助を行なうべきであるとしたうえで，例えばロシア人1人に対してアジア人3.5人，イギリス人1人に対してアジア人10人というように具体的な数字を挙げることで援助の目安を掲げた(96)。むろん，この方法では，アジアの国々において，どの国がどれだけ受け取るかで論争がなかなか終息しないと考えられることから，現実に移すのは困難である。当時，ヨーロッパに対して豊かであったアメリカの負担はさらに大きいとされた。コジェーヴ自身が，当時の欧州のことを「現代の超大国から見れば，「小さなヨーロッパ」と確かに述べることができる」（フランス語版ではこのように書かれているが，ドイツ語版では「小さなヨーロッパ」の箇所が「「小さな kleinen」，というより「非常に小さな kleinsten」ヨーロッパ Europa」と定冠詞なしの最上級により，小ささが強調されている(97)）と書かれていることからも，ヨーロッパがそれだけの発言力を持っていたとは考えがたい。

　多分に理想主義的な傾向を持つコジェーヴのこのような提案の背景にあるのは，いまだに戦争の惨禍から脱し切ってない欧州の現状であった。彼の意

見では，平和構築のためには，第4章で見たような，シュミットがかつて構想していた戦争の限定だけでは，全くもって不十分であり，ヨーロッパの足並みを整える必要があると感じていたものと思われる。実際に，彼はヨーロッパで戦争ゲーム（jeux guerriers）をもはや続けるべきではないと述べた後で，「彼ら〔ヨーロッパ人たち〕がいかなるものであれゲームをやめて，真剣な行動及び和解（transactions）に向けて全力を尽くすような時代の到来は，そう遠くない」と書いている。[98]

では，コジェーヴはヨーロッパの国々として，どの国を念頭に置いていたのであろうか。彼は次のように主張している。

> ヨーロッパに固有の「贈与型資本主義」としては，長い歴史の流れの中で経済的な発展性を示してきた地中海地域の全体を包含するものでなくてはならず，沿岸線地帯（la bande côtière）が今日ではローマ帝国時代とは比較にならないほど奥行きがあるという事実を鑑みても，おそらくそこを越え出る必要はないかもしれない。[99]

ドイツ語版では，この節に続けて，当時フランスの贈与型植民地主義は地中海地域の半分だけしか含んでいなかったとコジェーヴは付け加えている。つまり，フランスの力のみでは新しい肯定的な植民地主義の実現が不可能であることを彼が強調していると解釈できる。引用中の「地中海地域の全体」とは曖昧な表現ではあるが，この文脈では，フランス，イタリア，アルジェリアなどの地中海に面した国々だけではなく，ドイツも含んでいる可能性がある。コジェーヴがドイツで講演を行なったことからもそのように推測される。だが，地中海地域にロシアはもちろんのこと，イギリスも彼は含めようとしなかった。その理由は論文「ヨーロッパから見た植民地主義」の中では明白に書かれていないが，本章の1で見たように，イギリスやロシアが「ラテン帝国」とは異質な宗教的・文化的背景を持つからであろう。また，フランスの相対的な地位低下を回避するためでもあるように思われる。コジェーヴはそれでもやはり，以上の政策がシュミット同様に「ヨーロッパの視点」から見たものであることを繰り返し主張している。[100]

フランスの哲学者テオドア・パレオローグが指摘しているように，ドイツ

には植民地がないので，そもそも植民地から奪い取るという悪事を働いておらず，したがって，植民地へと与えることにより罪滅ぼしをする必要もないという批判も考えられる。彼がコジェーヴの法理論に施した解釈によると，「もし「贈与」がノモスの主要な源泉になれば，「贈与型植民地主義」に参画するために，かつて植民地から取得していたということは全く必要ない」。つまり，コジェーヴにしてみれば，ノモスの語源的意味の中で，「与えること」のほうが「取ること」よりも肝要であり，奪うことを目的とした植民地主義的政策は時代の趨勢にも沿わないものであった。したがって，今後は「与える植民地主義」を実施していく必要がある，すなわちドイツも含めた豊かな国は貧しい国に与える必要があると彼は考えたのであろう。

　そのような必要性があるのは，平和実現のためである。パリでコジェーヴと交流したことのあるアメリカの哲学者スタンレー・ローゼンによると，「コジェーヴが信じていたように，歴史の最終段階とは，資本家－ブルジョワとプロレタリアートの間ではなく，豊かな国々と貧しい国々の間で繰り広げられる世界的な闘争である」。そのような闘争が，実際に脱植民地化の運動の過程において，コジェーヴが生きていた時代に起きていたと言えることから，彼が本当にそのように信じていた可能性は高い。ローゼンの意見が正しいとすれば，コジェーヴは豊かな国々と貧しい国々の間の争いを避けて平和を実現すべく，与える資本主義を提唱したと言える。

　また，コジェーヴの伝記の著書であるドミニック・オフレは，コジェーヴのこのような視点において，今日的な意味での途上国の自律的な開発を支援するという配慮が微塵も感じられず，その視点はヨーロッパの利益中心に構成されたものに過ぎないとしている。確かにその可能性も完全に排除できないものの，コジェーヴはおそらく先進国から途上国への贈与がヨーロッパとかつての植民地の双方にとって利益があるものと考えたのであろう。（どのような利益があったと考えられたかに関しては，「(6)　クセノフォン及びモースからの影響」で詳しく見ていきたい。）当時のコジェーヴの問題意識として，アメリカ資本が世界中に投下されるとともにアメリカの世界政治におけるヘゲモニーが確立していくことを阻止しつつ，フランスの経済的再生のために新たな市場を開拓していくことこそ喫緊の課題であったことが念頭に置かれていたと考えられる。

(5) コジェーヴとシュミットの贈与観念の相違

　コジェーヴはこのように，与えることの重要性を強調するのであるが，それは先のノモスの三つの意味（すなわち取得，分配——コジェーヴの用語では贈与——，生産）のうちの一つである贈与にのみ焦点を当てていると言うこともできる。第4章でも述べたように，シュミットは1957年のコジェーヴの講演を聴講した後に，論文「取得・分配・生産」を雑誌に掲載する際に，次のように追記した。

> 　コジェーヴに対して，何らかの形であらかじめ取得することなくして与えることは，いかなる人間にもできないと反論した。世界を無から創造した神だけが，取得することなくして与えることができるのである。(105)

　このように彼は，生成という視点を導入することで自説を補強している。シュミットにとっては，贈与よりも取得のほうがより根源的なのである。それゆえに彼は，先に挙げた論文の最後で，人間にはもはや取得するものは残っていないのだろうかと問いかけた後で，人間は，すでにあらゆる大地を取得してしまったのであろうかと，さらに問いを立てることで，先の論文を締めくくった。

　それに対しコジェーヴは，シュミットに宛てた1955年5月2日の手紙の中で，ナポレオンの時代以降，取得は行なわれていないと応答する(106)。つまり，ナポレオンを皇帝の座に据えた帝国が，他の帝国と競って，植民地政策を掲げてヨーロッパの外にある土地を取得してから，新たな取得は行なわれていないとする。コジェーヴは，取得せずとも生産することができる，すなわち無から有を生み出すことが可能であると考えた。ここで，コジェーヴにとって究極的な目標は，均等に分配を成し遂げることで，普遍同質国家を形成することにある点は強調しておかなければならない。

　パレオローグは，コジェーヴとシュミットの議論の争点は，贈与と取得の対立にあると述べる(107)。確かにシュミットにとって，大地からの取得がノモスの第一義であるが，パレオローグも認めているように，大地に関する古いノモスの観念は消滅しようとしている。なぜなら，そのノモスは植民地主義と

結び付いていたからである。もはやヨーロッパは世界の中心とは言えず，また国家が人間の行為を全て統制しているとも言えない。

　このように一見したところ，コジェーヴとシュミットの意見は相反するように見えるのだが，コジェーヴの言う「取得」とシュミットの言うそれとでは意味内容が食い違っていることに注目したい。コジェーヴは土地の取得のことを念頭に置いているのだが，シュミットにおいては，むしろ土地を用いた生産の意味で，この語が使われている。シュミットは人間が生産するためには取得をしなくてはならないと述べている。筆者の意見では，人間は他者から取得する以前に，大地や太陽といった自然から取得することで，いわば無から有を作り上げている。このことを理解するために，コジェーヴやシュミットが挙げた例ではないが，農業を例に取ることにしよう。人は土地に種をまき，太陽の恵みを得ることで農作物を作っている。⁽¹⁰⁸⁾

　レオ・シュトラウス流に秘教的著述技法を意識した解釈を施すなら，コジェーヴと異なり，シュミットは分配の必要性を説いてはいるものの，彼の提案は方法論に触れることがなく，具体性に欠けていることから，シュミットが本心から分配を望んでいなかった可能性を示唆していると言えよう。⁽¹⁰⁹⁾古賀敬太の述べるように，シュミットの思考が，かつてのヨーロッパ公法の通用していた時代，それもカトリシズムとプロテスタンティズムの違いこそあれ，キリスト教という共通の宗教を信仰していた国民らによって，「世界」が構成されていた時代への哀愁を伴っているという印象は，やはり払拭できない。⁽¹¹⁰⁾またパレオローグによると，シュミット自身はカトリックであることを公にしており，キリスト教の「聖なる帝国」への憧憬を抱いていたという。⁽¹¹¹⁾周知の通り，1932年の『政治的なものの概念』でシュミットは他国の国民を敵とみなしたが，その見解は1950年代半ばにおいても完全に放棄されていないのかもしれない。そうであるとすれば，その点でコジェーヴと決定的に意見を異にしたと言えることになる。コジェーヴにとっては，絶対的な敵など存在せず，他者ないし他国の国民といえども同質な存在となりうる。自己と他者とが弁証法的過程を経て同質化するために，分配を通じ，自己と他者とで共有することが要請される。

(6) クセノフォン及びモースからの影響

　コジェーヴが提唱する，贈与を中心とした新しいタイプの資本主義は単に所得の再分配をめぐる思考に起因しているわけではない。もし仮にそうであるとすれば，フォードの行為は，それまで資本家が従業員から不当に奪うことで得た利益を返還ないし再分配するだけのことであり，贈与の名で呼ぶに値しないように筆者には思われる。

　ところで，コジェーヴは先に挙げた『僭主政治について』の中で，クセノフォンの「ヒエロンまたは僭主的な人」の終章における恩恵的な僭主の在り方に着目していた。コジェーヴによれば，「僭主は，公共善のためにその「個人的」財産の一部を費やすべきであり，また宮殿ではなく公共施設を作るべきである。一般的に言って，僭主は臣民をより幸福にし，また「祖国は財産，市民は仲間で」あることをわきまえていれば，臣民の「愛情」を得ることであろう（第11章）」[112]。コジェーヴの指摘する通り，クセノフォン自身も，賢者シモニデスの口を通じて「ヒエロン様，あなたはあなたの私的な所有物を公共善のために出費するのに尻込みをされてはなりません」[113]，そして，もし僭主ヒエロンがそれを実行すれば，「多くの贈り物に値すると評価されているので，あなたは，それらの贈り物を分け与えてやりたいような，あなたに好意的な人びとに事欠くことはないでしょう」[114]と述べている。シュトラウスが「僭主政治について」の中で述べているように，シモニデスの助言に対してヒエロンが沈黙を保つところで対話篇が終了しているということは，ヒエロンはその助言に反駁する必要性を感ずることなく，それを全面的に受け入れることにしたことを示唆しているのかもしれない。

　　詩人〔シモニデス〕のほとんど際限なき約束に対してどんな風に答えたとしても，拍子抜けになっただろう，そしていっそう悪いことに，その答えは礼儀正しい沈黙を確かに楽しむことを読者に妨げただろう——その沈黙の中で，犯罪と軍事的栄光にたけた一人のギリシャ人僭主が聞くことができたのは，徳への誘惑（セイレーン）の歌だった。[115]

　そうであるならば，徳を求めた贈与的僭主の有り様は，コジェーヴの主張する贈与型先進国の姿の内に見て取ることができると言える。

第5章　普遍同質国家の予示

コジェーヴによる贈与の発想は他の同時代人の研究者からの影響も見られる。彼は，社会人類学の権威であったモースの『贈与論』（初出年代は1925年）をふまえつつ，自身の議論を構築していたことが推測される。実際にコジェーヴは，1931年のモースの講義を聴講したことがあり，その内容はフランス国立図書館（BNF）のコジェーヴの遺稿の中のBOITE IIIに収められたノートの中に書き留められている。モースの贈与に関する理論を今ここで詳述する必要はないであろうが，その結論箇所で次のように論じられていることを確認しておきたい。現代ヨーロッパ社会においても，いまだに「古い貴族的なポトラッチの痕跡」が残っている，すなわち「われわれは貰ったよりも多くを返さなければならない」という発想に基づいた慣習が根付いている。なぜならば，「返礼なき贈与はそれを受け取った者を貶める。お返しするつもりがないのに受け取った場合はなおのこと[117]」だからである。
　これまで指摘されてこなかったが，コジェーヴは『法の現象学』の中で，モースの名前を挙げずに，贈与について考察している。コジェーヴは「ポトラッチの原理すなわち平等の原理」に基づいて推論しながら，「誰かに何かを贈与することは，与える人のほうが与えられる人よりも優越していると想定する，または信じさせることである[118]」と主張するに至る。この箇所だけを読むと，あたかもコジェーヴはポスト植民地主義的発想から，旧宗主国が旧植民地への支配を続けるための手段として，贈与の理論を説いたというように早合点してしまうかもしれない。だが，彼は先の文章の数行後で，「贈与を受け取った人は，自分の主人性すなわち人間性を証明するために，それに返礼しなくてはならない[119]」とも書いている。つまり，贈与する者と受贈者との間での等価的な状態を維持するために，後者は返礼をするまで経済的な負債はもとより，精神的な負担も負うことになると考えられる。
　ところが，豊かな先進国から貧しい発展途上国へと贈与を行なったとしても，後者が物や金銭の形で返礼できないことはありうる。その場合，先進国には贈与を行なう利点はないのであろうか。コジェーヴは，「与える者」（先進国）が「受け取る者」（途上国）に対し，「無償の贈与」を行なう結果として「贈与から「道徳的」有利（avantage «moral»）を引き出すと言われる」[120]と書き記している。この「道徳的」有利というのは，政治的支配ではなく，より一般的な用語で言えば，人が他者に対して自発的に認める権威のことを

指していると推測される。管見では，そもそも与える者と受け取る者との間でもしも不均衡の状態があるとすれば，彼らは中立な第三者へと法的解決を求めることになるであろうが，あえてそうしないという事実は，両者の間に隠れた等価性が成立していることを意味する。ここでは，平等の原理ではなく，等価性のそれが働くことで，法的及び社会的正義が実現されているのである。換言すれば，コジェーヴは等価性の原理を持ち出すことにより，経済的に不平等な状態を克服して公平な社会としての同質国家を作り上げることを企図していたと考えられる。

　等価性とは何か。コジェーヴは人間発生的闘争の後に，その勝者が主人となり，敗者が奴隷となることを受け入れることになるが，彼はそこには等価性が成立すると考え，その根拠を次のように示している。

　　　生命の安全がもつ有利は，奴隷の目から見れば，支配することの有利と等価である。逆に，主人の目から見れば，支配することの有利は，生命の安全がもつ有利と等価である。[121]

このように，両者が彼らの関係性から何らかの有利を見出すことができたことから，彼らは等価であったとされる。奴隷と主人という不当な関係自体は，後に革命を通じて廃棄されることになったが，等価性の原理に関しては現代においても広く認められている。例えば男性と女性（これについては第4章の「4　法的なもの」の「(2)　コジェーヴにおける法的な第三者」を参照），工場長と労働者の間でそれを見出すことができる。[122] 後者の例の場合には，工場長は労働者よりも多くの責任を負うか，大きな利益を出す義務がある。贈与論の文脈では，与える者が権威を，受け取る者は経済的恩恵を得ていると感じる限りで，等価性の原理が働いていると言える。贈与論の文脈では，与える者が権威を，受け取る者は経済的恩恵を得ていると感じる限りで，等価性の原理が働いていると言ってよいだろう。

おわりに

　普遍同質国家とは理論上，これ以上拡大できない国家のことであり，そこ

に住まう国民は全員が平等である。ちょうどプラトンが『国家』において描き出した最善の国家の在り方が，理想的という意味でイデア的であったのと同様に，コジェーヴもまた，あるべき国家について思索を展開しながらも，その成立可能性を素朴に信じていたわけではない。彼は『法の現象学』の中で，「「普遍同質国家」（人間的現実存在の有限性をみるとけっして実現しないこともありうる）」というように断わりを設けることで，実現不可能な理論，すなわちいわゆる机上の空論ばかりを取り扱うイデオローグの誹りを免れようとしているように見受けられる。コジェーヴにおいては，理念型としての国家と現実の世界情勢とが相互に連関を持っており，理想の実現のために，彼は現実を変革しようと奔走していたのであると言える。そのことが意味するのは，単に哲学者が現実社会への助言を与えることによって自らが住んでいる世界をより善きものにしたり，社会貢献したりしながら歴史的進歩に与するという目的を果たすべきであるということだけではない。反対に，コジェーヴは哲学者が行動することによって，自らが構想した観念の正当性を確認する必要性をも説いている。

　そもそもコジェーヴは，シュトラウスが言うところの秘教的（esoteric）著述技法を用いていた，すなわち自らの主張をいつでも完全に公にしてはいなかったと考えられる。シュトラウスに指摘されずとも，コジェーヴ自身が普遍同質国家の存立を疑っていたとも言えなくはない。少なくとも，コジェーヴはそのような国家が直ちに何の問題もなく建設されると盲目的に信じていたわけではなかった。それでもやはり，公教的（exoteric）解釈としては，彼が普遍同質国家の作られる兆しを，歴史的過程と彼の時代における政治的及び社会的な情勢の中に見出そうとしていたことは明白である。

　ここまで論じてきた通り，普遍同質国家における経済システムが資本主義であるか，マルクス主義ないし社会主義であるかは問わない。というのも，コジェーヴにとっては資本主義の最先端に立っているアメリカこそ，ある意味で最もマルクス主義的色彩を帯びているからである。このようにコジェーヴはアメリカ的な歴史の終わりに対して，政治経済的な観点から積極的な評価を下していた。彼の意見では，彼の時代の資本主義はアメリカでマルクス主義的改革を経験し，そのことにより歴史が終焉したと言える。したがって，「贈与型国家」の節の冒頭で引用した箇所で見たように，対立しているかに

見えるソ連もアメリカも，結局は政策の方向性において大差がないと，彼は予言したのである。「アメリカ的生活様式」を支える理念は，普遍性を有するマルクス主義的資本主義であるから，それは必ずしもアメリカという一つの地域のみに限定的に適用されるのではなく，世界中において通用しうる。現に，資本主義が今日においても大多数の国で採用され続けているという事実は，このような背景に基づいていると考えられる。今後とも，世界中の国々が，アメリカと同様の経済的，政治的，社会的諸制度を採用していくことで結果的に普遍同質国家が成立する可能性は大いにある。『ヘーゲル読解入門』の中で「普遍同質国家（ナポレオンの帝国）」[125]と括弧書きを加えたことからもわかるように，世界が単独の統治者によって支配されるべきであるとするコジェーヴの見方はもともと帝国主義的発想に基づいていた。コジェーヴはその後，武力を用いて築き上げる帝国ではなく，和解に基づく帝国を築く方向へと議論を発展させていった。

　いずれにしても，コジェーヴがアメリカこそ歴史の終焉時に現われる普遍同質国家の典型例であり，またそのような国家の具体的な実現方法として先進国が途上国へと「分ける」ことを提案するに及んだのは，単に旅行を通じてだけではなく，同時代の学者さらには過去の哲学者からの影響によることが，これまでの内容から確認された。普遍同質国家を作り上げるための具体的手法は，豊かな国から貧しい国へと分けることであるが，コジェーヴのもくろみは，そのことによって国同士を同化すること，そして豊かな国々と貧しい国々の間での闘争を回避しつつ，平和を実現することにあった。本章では贈与論を基盤に据えながら，また平等及び等価性の原理に基づいて普遍同質国家を解明したが，このようなコジェーヴの国家論はグローバル化された今日の世界の理解を予見したものであり，したがってそれは現代の社会理論にとっても重大な意義を持ちうると言えよう。

第Ⅱ部の結びに代えて

(1) 第4章及び第5章の概要

　第4章では，コジェーヴとシュミットを対質させていくことにより，ポスト歴史の時代において，法的なもの及び政治的なものについて，いかに考えることができるか明らかにすることで，彼らの思想が現代においていかなる意義を持つか考察した。1930年代にコジェーヴが初めて示した見解では，われわれは歴史がすでに終了した後の時代を生きていたのであるが，実はシュミットも同時期に同様の認識を抱いていた。歴史終了後に，伝統的な国民国家は解体される方向へと向かうと彼らは考えていたことから，今日的な視点から言えば，彼らの議論はグローバリゼーションが孕む法的及び政治的な問題系と通底している。

　一般的にコジェーヴは親スターリンの左派，シュミットは親ナチの右派であると考えられがちであるが，厳密には，彼らの政治的及び法的思想は複雑であり，第4章ではその内実を丹念に読み解くことを試みた。ヘーゲル主義を標榜した普遍主義者であるコジェーヴに従えば，第一項と第二項の間の対立は，中立的な法的第三項（tiers）による介入がない限り，解決されえない。逆に言えば，第三項の介入により，第一項と第二項とが和解することが可能である。その第三項の存在は，ヘーゲルの法哲学に依拠するというよりも，アリストテレス解釈に由来していた。加えて，コジェーヴが第三項を強調することの背景には，三位一体論の発想があったことが推測される。それに対して，大地に対する愛着という信念から持論を展開するシュミットによれば，あくまでも第一項と第二項の間での均衡状態によってしか，国際秩序は確立されないのであった。結局のところ，彼は空のノモス——彼は，法という意味の他に，生産，分配，取得という語源的意味をノモスという語に込めている——や海のノモスよりも，原初のノモスである陸（＝故郷）へと再び回帰することが，具体的秩序を形成する契機となりうると考えたと言えるであろう。

最後に，第5章では，コジェーヴが普遍同質国家の名で探究していた，未来の（＝来たるべき）国家はいかなるものであるか検討した。その際に，シュトラウスやシュミット，モースからの影響に言及しつつ，慎重にコジェーヴの議論を追った。
　フランスの官僚として働いていたコジェーヴは1945年の終戦時に，フランスとスペイン，イタリアの三国がラテン帝国となることを，上司である政府の高官に提唱した。後に結語で詳しく見るように，コジェーヴの哲学はキリスト教を独自の「無神論的」視座から脱構築しながら展開されたものである。「帝国主義なき帝国」であるとされたラテン帝国の宗教的観点に関して言えば，そこではカトリック教会が国境線を変えるための無益な戦いを抑制する任務を負っている。このように，この帝国の背景において，軍事力及びキリスト教が果たす役割を軽視してはならないであろう。コジェーヴの議論に従えば，キリスト教の宗派をプロテスタント教会，カトリック教会，東方正教会という三つに分けるべきであり，それぞれの教会に対して対応する民族が見られることに着目しなくてはならない。この点で，コジェーヴの国家論はキリスト教と深い親和性を持っている。
　精神的観点に関して述べると，ラテン帝国はアングロ・サクソン的な技術の向上を背景とした快楽主義に抗する「無為の楽しみ」によって支えられている。この観点は，アメリカ文化が世界中に浸透している現代を生きるわれわれにとって興味深い。
　戦略的観点から言えば，都市国家から国民国家，そして帝国への移行という歴史の流れは必然的である。なぜならば，武器の性能の向上により，かつてより大きな共同体により国家を防衛する必要があることは抗えない事実だからである。
　ここで，コジェーヴは知識人が哲学者と政治家の間の「媒介者」として為政者に助言を与える役割を果たすべきである，と考えていたことをここで再び想起しておきたい。彼自身が哲学者であったばかりではなく，知識人として世界を変革するために行動していたことが第5章の内容からうかがえるであろう。ヘーゲル哲学から演繹されたとされる普遍同質国家の理念は抽象的な性格を持つものの，コジェーヴはそれをより具体的かつ実現可能な政策として政府に提案する際に，ラテン帝国論を唱えたのであった。彼の提案は受

け入れられることこそなかったとはいえ，われわれはその提案内容から，コジェーヴにおいて哲学と政治が交錯する地平を垣間見ることができる。

　また，第5章では，コジェーヴとシュトラウスの政治哲学をめぐる論争を，国家における自由と平等の問題から読み解いた。シュトラウスが指摘したように，そもそも指導者と一般人とは平等ではないことは明らかであり，そこに不満を持つ人々が改革を求めることは，当然ながらありうる。だが，コジェーヴが主張したように，普遍同質国家においては，人々はその支配体制に完全に満足しないにしても，相互承認がなされている限りでは，そのような国家を転覆するために革命や戦争が起きることは理論上ありえない。もちろん，その前に普遍同質国家が成立することが実際に可能であるかどうかという問題は残るけれども。

　ともあれ，自由と平等を進展させることは，現代を生きるわれわれにとって普遍的な課題であることは議論をまたない。コジェーヴとシュトラウスの論争を追いながら，われわれは現代国家において，本当に自由と平等を実現することができるか，そしてそれはいかにして可能か，その弊害も含めて，いま一度，考え直していく必要があるだろう。

　さらに，第5章ではコジェーヴがなぜ資本主義国アメリカと共産主義国ロシアの間に，大して差がないと考えたか解き明かした。彼の認識では，アメリカでフォーディズムによる生産形態が現われて以降，資本主義内部における矛盾は解決の糸口を見出したことから，現代において革命を起こす必要はもはやなくなってしまったのであった。したがって，フォードは自分では意識していなかったものの，実は最善のマルクス主義的変革者であった。

　以上の背景から，シュミットの前で講演を行なった1957年の時点でコジェーヴはもはやスターリニストではなく，反革命の立場を取るようになっており，68年の五月革命を学生のお遊びに過ぎないとして退けたのである。ここまで見てきたように，コジェーヴの国家論は革命に伴う暴力ではなく，独自の武器論（火器から核兵器へ），キリスト論（三つの宗派），第三項をめぐる議論に基づいていると言える。コジェーヴにすれば，現代の豊かな国に要請されているものは，貧しい国へと贈与することに重きを置く「与える資本主義」の実現であり，そのことがマルクスの理念にも適っている。このように考えれば，序論や第4章で言及したように，コジェーヴが自らを「右派

マルクス主義者」であると語ったのも，ゆえなきことではない。

　第4章で論じたように，コジェーヴの国家論は，シュミットのそれから大きな影響を受けていることも看過できない。シュミットの場合には，コジェーヴの普遍国家に近い連邦，シュミット自身の言葉で言えば広域の形成を唱えていた。コジェーヴがシュミットの理論を基にしながら贈与型資本主義の観念を導出し，それを自らの国家論（とりわけ同質国家についての議論）に付け加えたものと考えてよいであろう。

　第5章で論じたように，コジェーヴの国家論に真っ向から異議を唱えたのが，シュトラウスであった。シュトラウスが普遍同質国家の主張に合意しない理由は，哲学を擁護する立場から，そこでは独裁者が人々を支配し，哲学する自由が与えられていないからである。だが，コジェーヴにすれば，普遍同質国家において独裁者自身が組織の歯車に過ぎないのであり，一人の官僚に過ぎないことから，そこでもやはり哲学する自由は与えられている。

(2)　コジェーヴにとって国家とは何か

　第Ⅱ部で論じてきた内容をふまえて，コジェーヴにとって国家とは何であるか考えてみたい。コジェーヴはシュミットに宛てた手紙の中で，国家とは「戦争を行なう領土的単位」であると述べたことを第4章で論じた。コジェーヴはまた，『法の現象学』の中で，「国家は，当の市民の身体を支配する権利をもち，戦時にはこの権利を行使したいと思う[1]」とまで述べている。

　ただし，彼はこのような暴力的な本質に基づく国家を肯定的に捉えたわけではない。ここで，コジェーヴが平和の実現のためにヨーロッパ統合に尽力したと考えられることを強調しておかなくてはならない。第5章では，第二次世界大戦時にコジェーヴが，ドイツがフランスにとって軍事的脅威でなくなるために，ラテン帝国の建設を主張したと論じた。結果的にラテン帝国に関する助言は受け入れられることはなかったものの，それまでの国民国家体制を克服して，諸国家を連合させようと試みたのである。一言で言えば，コジェーヴは戦争をなくす（あるいは，平和を実現する）ために，（「歴史の終焉」時に現われるとする）普遍同質国家に関する理論を持ち出したと考えられる。

　それでは，普遍同質国家とは何か。それは，世界規模の領土を持つという

意味で普遍的であり，またその国家の内部には支配を行なう集団がなく，したがって支配を受ける集団もまたないという意味で同質的である。普遍同質国家の特質について，コジェーヴは『法の現象学』の中で次のように述べている。

　一方では，この国家は敵を持たないし，戦争する必要もない。他方では，その同質性のゆえに，この国家の中には排他的政治グループが存在しない，すなわち支配する者と支配される者との関係が存在しない。（ただ管理する者（Administrants）と管理される者（Administrés）との区別はあるが）[(2)]。

　普遍同質国家において，支配する者は支配される者の意思に反して，暴力を用いてまでその支配を遂行することはないことになる。
　ところで，コジェーヴは『ヘーゲル読解入門』の第二版の注の中で，対外的戦争も内戦もなかったという意味で平和な「ポスト歴史の」時代を経験した唯一の社会として，江戸時代の日本社会を挙げていた。しかしながら，江戸時代の日本社会が完全な国家であったとコジェーヴが素朴にも思い込んでいたなどと考えるべきではない。
　コジェーヴにとっては，普遍同質国家のみが完全な国家である。なぜならば，普遍同質国家が最も安定した形で公民を統治することができると考えられることに加え，この国家が最も十全に正義を実現することもできると想定されるからである。『法の現象学』の中でコジェーヴは，「世界は滅ぶとも，正義は行なわれしめよ Fiat justicia, pereat mundus」[(3)]という古い諺を引き，ここで言う世界とは裁判官の世界であると述べている。裁判官が国家の代わりに審判を下すことを考慮に入れれば，国家が実現するのは正義である。
　では，ここで言う正義とはいかなるもののことを指しているのだろうか。コジェーヴは正義について語る際に，次のように公平（équité）の正義という言い方をしている。

　もちろん等価性の正義は平等を排除せず，平等と両立しうるし，同様に，平等の正義は等価性と両立しうる。実際，現実に受け入れられている正

義の理念は常に二つの原理を（さまざまな割合で）同時に含み，したがって公平の正義であり，公民（多かれ少なかれ顕在化した）の正義である(4)。

　このように，コジェーヴにとって国家は公平（すなわち等価性及び平等）の正義を実現するものである。
　ただし，コジェーヴに従えば，国家は普遍性を持たない限り，つまり国家の外部に，その力の及ばない別の世界が広がっている限り，それはいまだ不完全である，つまり完全に公平の正義を実現することができないと言える。第4章で見たように，コジェーヴの意見に従えば，「国際法」は厳密には成立しえず，国内法のみが真の意味で効力を持つのであった。
　普遍国家（すなわち帝国）の建設の試み自体は，アレクサンドロス大王，カエサル，ナポレオン，ヒトラーらにより行なわれた。彼らの試みの問題点は何であったか。彼らの帝国が武力によって打ち立てられたことは当然問題視すべきだが，コジェーヴの意見では，帝国内で階級制度が残っていたこと，すなわち同質性が保たれていなかったことが帝国の問題点であった。つまり，国家が同質性を持たない限り，すなわち一部の排他的集団が国家権力を独占し，排除された集団がそれに対抗する限り，そのような国家は不安定である。なぜならば，それは革命により転覆される危険性を抱えているからである。この革命は，現在与えられている政治的身分に対して不満を抱えた被支配者層が起こすものである。「革命とは，まさしく法の不在（これは法の「潜在態」でもある）であり，法の（創造的）否定である(5)」とコジェーヴは書いているが，この法とは当然ながら国家が定める法を意味し，また国家は安定性を指向すると考えられる。
　以上で論じてきたように，われわれはコジェーヴの思想及び実践から学ぶことで，平和の実現について考えることができる。というのも，すでに指摘したようにコジェーヴの国家論は平和主義的発想法に基づいているからである。国家の法が公平の正義をもたらすものであることも考慮に入れれば，コジェーヴにとって国家とは正義及び平和を実現するものでなくてはならない。

結　語

(1) 何が議論されてきたか

　ここまで本書の多くの箇所で，コジェーヴの哲学自体に的を絞って論じるよりも，他の知識人たちとの対比を行なってきた。それは，彼の思想史家としての功績及び思想史における重要性を示したかったからである。このような試みは，ヘーゲルによる哲学の完成すなわち終焉を提唱し，ヘーゲル以降に新しい哲学は現われていないとするコジェーヴの知見に照らし合わせても，正当なものであると考えられよう。

　本書において，コジェーヴの哲学を紹介するにあたり，第Ⅰ部では無神論を，第Ⅱ部では国家を中心的な主題として取り扱った。第Ⅰ部は第1章・第2章・第3章に，第Ⅱ部は第4章と第5章にそれぞれ分かれていた。ここで，コジェーヴにおける無神論と国家論の関連性について考えてみたい。

　筆者は本書に『無神論と国家』という挑発的な題目を付しながらも，神の非存在論的性質や有神論的宗教の問題点を示して糾弾するような無神論ではなく，コジェーヴの無神論的立場に焦点を当てながら，その政治哲学について論じてきた。コジェーヴは確かに無神論者であるが，いや無神論者であるがゆえにかえって，キリスト教の教義について冷静かつ客観的な眼差しを向けていた。つまり，コジェーヴの無神論には，ニーチェの無神論に見られるような，反キリスト教的性格がほとんどなく，キリスト教及び教会を攻撃することは彼の意図するところではなかったし，実際にも彼はそうしたことはなかったのである。それどころか，彼の無神論には，三位一体論というキリスト教の正統教義が内包されていた。そしてまた，彼の無神論は，否定する主体としての神‐人に重きを置く，キリスト教的発想に基づいた人間学にも

215

通ずるところがあった。

　このような無神論的思考に基づきながら，コジェーヴはアリストテレス的第三項と三位一体論を結び付けることによって，未来における普遍同質国家の存在形態を模索したのであった。彼は，キリスト教の教会が目指した同質国家と，アリストテレスの教え子であるアレクサンドロス大王が目指した普遍国家を組み合わせながら，そこから宗教的及び攻撃的性質を排除しつつ，新たな国家の理念を作り上げるとともにそれを実現しようと試みていた。コジェーヴは，普遍同質国家が，卓越した統治者——その人物は神 - 人であることが望ましい——の権威が普遍的に認められる時にのみ形成されると信じていたように思われる。この統治者は第三項として，第一項及び第二項である国民を，彼らから抵抗を受けることなく統率することができる。

　以上の内容をふまえれば，究極的にはコジェーヴの国家とは第三項であると言える。この第三項とは何か，ここで若干の補足を加えながら論じ直したい。

　コジェーヴは明記していないが，無神論が広く受け入れられている現代，つまり少なくとも政教分離の原則が認められている現代の多くの国家において，神が人間を直接裁くことはできないのは言うまでもなく，さらには神の名において人間が人間を裁定することもできない。理論上は国家が神に代わって人を裁くのである。当然ながら，実際には国家ではなく，第三項である人間（裁判官）が別の人間たち（被告人や被告）を裁く。コジェーヴの言い方を借りれば，A（第一項）及びB（第二項）という二人の人間存在が対抗関係にあり，それを裁く裁判官はC（第三項）である。Cは公平無私でなければならない，すなわち私的利害をその裁定に持ち込むべきではない。彼は，AやBから対抗行為という意味での反作用を自らがこうむることを考慮に入れてはならないのである。その意味で，彼は自らが神のように超越的存在であると考える必要がある。「Cは，あたかも自分が神的存在であり，自分が行為する世界から超越しているかのように介入し，行為すべきである」[1]とコジェーヴは明言している。現実には，Cが公平無私であることは難しいが，だからこそ人々はCを神的存在であると考えることにより，この難点を回避しようとしたとコジェーヴは指摘する。コジェーヴが述べる通り，第三項の役割は，裁判官以外にも，立法者，そして裁判官の決定を実行に移す警察が

請け負うのだが，彼らは全て神的でなければならない。

　こうした神的な第三項の理論は，キリスト教の三位一体論はもとより，コジェーヴの哲学史解釈（とりわけアリストテレス及びヘーゲルについての解釈）からも導出されたものである。コジェーヴのアリストテレス読解に関して言えば，われわれの目には，彼は『ニコマコス倫理学』における，アリストテレスの秘教的プラトン批判に第三項の根拠を求めていたように見受けられる。すなわち，コジェーヴの意見では，善と悪などの対立項に見られるプラトンの二分法的発想をアリストテレスが批判し，対立する二項の間にある中間項（mesotes）の存在を主張したのであった。けれども，プラトンもアリストテレスも三位一体論的思考をしていなかったことから，三項が融合しうるという考え方については，（コジェーヴによると「無神論者」である）ヘーゲルの登場をまたなくてはならないことになる。

　コジェーヴが無神論的真理論を構築する際に念頭に置いていた三位一体論的発想法は，彼の国家論にも影を落としているように思われる。彼が構想した普遍同質国家は帝国的性質を持つが，帝国とは諸国家の統合が実現した状態に他ならない。

　むろん，現実の政治においては，そのように単純に統合が実現されるわけではないことは，コジェーヴも熟知していた。彼は，理想の実現のための第一段階として，フランスとイタリアとスペインを合わせ，ラテン帝国の名の下で統合し，一つの連邦を作り上げることを提唱した。また，ドイツで行なった講演で彼は，フランスがかつて搾取してきた旧植民地国に対して，今後は富を分け与えることを提唱したが，このことによって，「帝国主義なき帝国」（すなわち，武力を背景とした威嚇あるいは攻撃以外の仕方で成立した連邦）を作り上げようとしていたと解釈できる。つまり，普遍同質国家を作り上げるための具体的手法とは，豊かな国から貧しい国へと分け与えることであるとコジェーヴは考えたが，彼のもくろみは贈与を通じて，国同士を同化することにあった。彼は明白に語っていないが，この意見は，おそらくモースの贈与論に影響されている。コジェーヴの脳裏に，ポスト植民地主義的発想があったと指摘することはたやすいが，実際には，彼はフランスが旧植民地と連携を深めることが，フランスのためだけではなく，旧植民地にとっても利益になると信じていたように思われる。

以上の過程を経て，国家の統合を推し進めなければならないとコジェーヴが感じていた理由として，国家の制定する法のみが強制力を持つことが挙げられる。その意味で，究極的には国家のみが第三項になりうるのである。国内の法から訴追を逃れることは，その国にいる限り困難であるが，「国際法」から訴追を免れることは比較的容易である。コジェーヴの認識では，「国際法」は成立しないか，成立しているように見えても大して効力を持たない。
　そうであるとすれば，歴史終焉以降の時代に起こるのは，小さな国家（国民国家）の衰退と同時に巨大な国家（普遍国家）の登場でなくてはならず，その時にはその巨大で完全な国家が神に取って代わり，第三項となり，正義及び平和が実現されることになると言える。

（2）　なぜ政治（と）哲学なのか
　「無神論と国家」あるいは「哲学（者）と政治」の関係性についての本書全体の結論を述べる前に，タイトルにある政治哲学という語について説明しておきたい。ハインリッヒ・マイアーは，政治哲学とは「最善の政治秩序」や「正当な支配 die gerechte Herrschaft」についてのみならず，「正しい生 das rechte Leben」や「人間の魂の諸能力」などについても問うものであると述べた後で，次のように続けている。

　　政治哲学の対象とは，こうして包括的意味における人間的事柄であり，政治哲学にかんするもろもろの問いはすべて，人間としての人間に向けて掲示される一つの問いへと戻っていくのである。それは正しいもの（das Richtige）にかんする問いである[2]。

　このように，政治哲学とは単にあるがままの国家について考察するのではなく，人間にとって理想的な生き方及び理想的な国家の在り方について論じる学問横断的なものであり，それは内省的な側面だけではなく，実践的な側面も持っている。
　だが，序論でも述べた通り，現在では政治的事象は必ずしも哲学者の関心事になってはいない。第5章で論じたが，コジェーヴによると，哲学者とは定義上，真理を探究することに少しでも多くの時間を割こうとする者のこと

を指すので，彼は政治に直接関わることができない。コジェーヴの言い方を引用すれば，「かれがそのようにできない唯一の理由は，かれには時間がないということである[3]」。別の箇所からコジェーヴの文言を引用すると，「彼〔哲学者〕は，「低俗な快楽」を断念するだけではなく，統治という行為を含めて，本来の意味でのあらゆる行動を，直接的にも間接的にも断念するだろう[4]」。シュトラウスも批判している通り，哲学者には時間がないから政治に関わらないというだけではあまり説得力を持たないが，彼が政治に参加することができるようになるために，まず彼は真理へと到達して賢者となっていなければならないと考えれば納得が行く。コジェーヴが「哲学者には興味がない，私が探しているのは賢者なのだ[5]」と述べた所以はここにある。

　したがって，コジェーヴは哲学者が身近にある現実的なものに関する真理へと到達した後でしか，政治に関わることはできないと考えていることになる。マイアーによれば，このような発想法は古代ギリシャにおいても存在していた。

　　哲学にとってもっとも近しいものが，もっとも批判的な探究に服させられなければならないのである。このことは，政治的なものは第一諸原理の光の中でもっとも説得力のあるかたちで解明されうるという，あるいは，ポリスのもろもろの意見，慣習，制度は，真に存在するもの（das wahrhaft Seiende）にかんする先立つ知識の基礎のうえに再構築されうるであろうという，ソクラテス以前の信念にもまたあてはまる[6]。

その後で，マイアーはプラトンが哲人王の議論を展開することで，「ソクラテス以前の信念」を継承しようとしていたといみじくも主張する。そうであるならば，コジェーヴの研究を通じて政治哲学の復権を唱えることは，現代において古代の伝統を復活させることになるであろう。

　政治哲学という語について，もう一点だけ断わりを入れておきたい。一般的には，政治を論考の対象とする哲学が政治哲学であり，それは社会について思考を重ねる哲学である社会哲学とほぼ同義であると考えられている。しかし，石崎嘉彦によれば，厳密には必ずしもそうとは言えない。彼は次のように指摘している。

ヘーゲルは，その『法哲学』において「市民社会」を「人倫」の媒介項に位置づけたことによって，しばしば「社会（Gesellschaft）」という概念を哲学の内に正しく位置づけた人物とされているが，それによって「政治的なもの」を見る目が曇らされた可能性についても考えてみる必要がある。(7)

　そして，ヘーゲル以降にマルクスが客観的に価値を排除しながら，社会としての共同体を資本の論理で説明したことに典型的に見られるように，現代になるにつれて次第に，政治哲学は社会哲学へ，ひいては社会科学へと場を譲っていくことになってしまった。本書では，政治哲学の復権を目指すにあたって，単に交換のロジックを解明することで社会の現状を追認した，あるいは実現可能な低い目標設定を定めた近代のプロジェクトから距離を取り，理想的な国家あるいは統治の在り方を考え直してみようと試みた。したがって，政治哲学は単に国家の事柄について哲学的に考察するのではなく，最善の政治的秩序を目指そうとする学問であると言える。石崎嘉彦の巧みな表現を借りれば，「政治哲学ということによってわれわれが言おうとしていることは，政治や社会の問題を哲学的に取り扱うということを意味するだけではなく，共同体的な事柄の本質を理解しその本質に合致するようわれわれの生を導くことである」。(8) この意見に筆者も共鳴する。そして筆者の考えでは，コジェーヴは現代において，まさにそのような政治哲学に取り組もうとした人物なのである。

(3)　「シュトラウスは無神論者か」という問い及び政治哲学の意義
　ところで，筆者は第1章でシュトラウスが有神論者として振る舞ったと主張したが，彼は無神論者であったという説もある。実はこの説は，コジェーヴとシュトラウスの（第1章で挙げたものとはまた別の）哲学観の違いと関連しており，さらにその違いは政治哲学の意義と関わりを持つ。
　シュトラウスが無神論者であったという説を唱えた人物は何人かいる。まず，彼の弟子の一人であるロバート・ロックを挙げたい。ロックは次のように書いている。

シュトラウスは無神論者であった。このことが彼に関する最も厄介なことであると私は思っている。彼はけっして神が存在しないということの証拠を挙げなかった。より深刻なことを言えば，（ユダヤ‐キリスト教の）宗教は単に不確かなものではなく，虚偽なのであると彼は明らかに確信していた。⁽⁹⁾

　シュトラウスは無神論者であることを公言せず，また神が存在しないことを証明しようともしなかった。このような事情から，ロックはシュトラウスが無神論者であったことの証拠を挙げなかったように思われる。
　シュトラウスが無神論者であると主張する人物の中で最も代表的な論者は，彼の別の弟子のスタンレー・ローゼンである。もっとも，ローゼンもまたシュトラウスが無神論者であったことの根拠を示してはいない。ローゼンは『政治学としての解釈学』の中で，コジェーヴだけではなくシュトラウスもともに「神でありたいと願う無神論者」であったと述べている⁽¹⁰⁾。とはいえ，彼らの意見は真っ向から対立しており，シュトラウスは「古代人」の立場，コジェーヴは「近代人」のそれを代弁しながら論争を繰り広げていた。つまり，同じ頁でローゼンが述べているように，二人の論争は「古代人と近代人の抗争」であり，「その抗争の内的な意味あるいは秘教的意味は，「神とは何か」という問いの中にあるのである」。それでは，ここでいう神とは何なのか。そして，神は何を行なうのであろうか。
　シュトラウスの選び取ったとされる古代人の立場からすれば，神は「観想 theoria」（「理論 theory」）と「制作 poiesis」（「生産 production」）を区別しながら，前者にのみ専念するとローゼンは主張する⁽¹¹⁾。ローゼンは前者の思考を「ソクラテス学派」に帰属させたうえで，それをシュトラウスが継承しようとしたと述べ，同様に後者の思考が近代イギリス思想の理論に遡るものであると書きながらも，そのように判断した理由を示していない。また，「ソクラテス学派」が誰のことを指しているかも明白ではない。前者の立場は，理念と実践の統一を図ったプラトンよりも，観想の優位を唱えたアリストテレスが取ったものに近いことから，「ソクラテス学派」という用語は避けたほうが賢明であった。さらに，コジェーヴはあまりイギリス思想に傾倒して

いないことから，ローゼンの説に全く問題がないとは言えないものの，ヘーゲリアンであるコジェーヴが近代人の立場を取ったことは確かである。

シュトラウスが古代人の立場を選択したことの根拠を，彼自身のテクストから探すことにしたい。彼は『ホッブズの政治学』のドイツ語版への序文の中で，近代人と古代人の抗争に言及している。現代において近代思想がニヒリズムあるいは狂信的な蒙昧主義へと堕してしまったことを鑑みれば，近代思想が古代思想を乗り越えたなどとはとうてい考えられないことを前提に，シュトラウスは次のように書いている。

> そこからわたくしは，つぎのような結論を引き出した。わたくしは，近代人と古代人の対決が，ながらく後生大事に保持されてきた思い込みや信念に惑わされることなく，憎悪も偏愛もなしに，再開されねばならない，と。換言すれば，スウィフトが近代世界を小人国(リリパット)になぞらえ古代世界を巨人国(ブロブディングナグ)になぞらえたとき，かれの言い分は正しかったのだということを，われわれは真剣に，すなわち頭を冷やして冷静に検討できるようにならなければならない，という結論を引き出したのである。わたくしは，政治哲学は政治的根本事実に関する究極的な真理への探究として可能でありかつ必然的なものである，という前提に立っていた。(12)

この引用からして，シュトラウスが古代人の立場を選択したことは明白であり，さらにその立場からすれば政治哲学は政治的事象に関する真理の探究を行なうことを目的としていることになる。そうであるならば，哲学もまた真理の探究（あるいは真理の観想）を行なうものであると考えて差し支えないであろう。

シュトラウスに対して，コジェーヴの選んだ近代人の立場からすれば，神は観想と制作を区別せずに，その双方に関わるとローゼンは述べる。これらのことから，ローゼンの述べる神とは，この世界の外にいる超越的な神ではなく，哲学を行なうことにより神の領域に到達した人間，すなわち「神人(かみびと)」を意味していると考えられる。したがって，コジェーヴがこのような神人に求めた役割は，賢者（すなわち真理に到達した後の哲学者）として政治について言及すること，換言すれば，政治哲学の営みを通じて世界を変革するこ

とにあった。

　このような違いはあるものの，シュトラウス自身がコジェーヴに対しては有神論者として振る舞っていたこと，そしてコジェーヴにとってシュトラウスは有神論者に見えたか，控え目に言っても，シュトラウスが哲学と宗教のどちらを選択するかという場面で両義的な態度を示していたことに対して疑義を呈していた可能性を払拭できないことは，資料（手紙や論文）の面からもうかがえる。コジェーヴがシュトラウスは有神論者ではなく無神論者であったと考えていたことを示すような証拠は全くない。ここでいう有神論者とは，先に挙げた神人ではなく，現世界を超越する神の存在を信ずる者のことを指している。すでに見たように，シュトラウスはコジェーヴが「無神論や僭主政治などといった恐ろしい事柄について語り，それらを当然のこととみなすのである」と書いていたことや，コジェーヴが古代の異教に回帰したと知って喜んでいたことからも，少なくともコジェーヴに向けて書いた論考や手紙の中では，有神論的見解を示していたとひとまずは述べてよいであろう。

　では，コジェーヴとシュトラウスの哲学観はどのように異なっていたのだろうか。そのことをうかがい知るために，シュトラウスの論文「クセノフォン『ヒエロン』についての再説」から引用しよう。

> 　わたしは，コジェーヴの推論のかなりの部分には異議を唱えなければならないけれども，哲学者が広場へと出かけていかなければならないとするかれの結論，言いかえれば，哲学者と都市〔＝一般市民〕との抗争は不可避であるというかれの結論について意見は一致している。哲学者は広場へ出かけて行って，そこで潜在的な哲学者を捜し出さなければならない。青年たちを哲学的生へ向かわせようというかれの試みは，都市からは，必然的に，青年たちを腐敗させる試みと見なされるであろう。それゆえ哲学者は，哲学の大義を弁護しなければならなくなる。

　つまり，哲学者は「エピクロス主義的」楽園——ピエール・ベールの所属していた「文芸共和国」——を後にして「広場」へと向かわなくてはならないとするコジェーヴの結論にシュトラウスは同意した。そうすることにより，哲学的素養のある若者を見つけ出さなくてはならないとシュトラウスは考え

結　語　　223

たが，コジェーヴはこのようなことを主張してはいない。第5章でも言及したように，実際にはコジェーヴは次のように述べていた。

> ある一つの教義を採用する全ての閉鎖社会，ある一つの教義を教育するという見地から選ばれた全ての「エリート」は，その教義に付随している偏見を強化する傾向がある。偏見を退ける哲学者は，それゆえ「共和的」であろうが「貴族的」であろうが，いかなるものであっても「隠遁生活」ではなく，広い世界に（ソクラテスのように「広場」ないし「路上」に）生きようとしなければならない。[17]

したがって，コジェーヴは哲学者が国政に関わらなくてはならないと結論付けているのに対し，シュトラウスはおそらくソクラテスの悲劇を念頭に置きながら，先の引用で見たように，「哲学者と都市との抗争は不可避である」と考えている。

次に，シュトラウスとコジェーヴの政治哲学をめぐる見解の相違を示す根拠を挙げたい。シュトラウスは哲学者の政治的行動について論じたコジェーヴを批判して，次のように述べている。「私に言わせれば，コジェーヴは，最善の体制を樹立しようとして，あるいは現実の秩序を改善しようとして哲学者が企てる政治的行動と哲学的政治とを，区別し損ねている」[18]。ここでいう「哲学的政治」とはどういう意味か。「クセノフォン『ヒエロン』についての再説」から引用しよう。

> 哲学者たちは無神論者ではないということ，哲学者たちは都市〔＝一般市民〕にとって聖なるものをすべて汚すわけではないこと，都市が崇敬するものを崇敬するということ，かれらは破壊分子ではないということ，要するに，哲学者たちは無責任な冒険主義者ではなく善き市民であるということ，そればかりか最善の市民ですらあるということ，これらのことを都市に納得させることに哲学的政治の本質がある。これこそ古今東西，体制の如何に関わらず，必要とされた哲学の擁護論である。[19]

われわれがシュトラウスは有神論者であると見せかけようとしたと主張し

たのは，このように彼自身が著作の中で有神論者であると思われるよう，意図的に心がけたことに起因する。ハインリッヒ・マイアーは『レオ・シュトラウスと神学‐政治問題』の中で，「啓示の反駁に至る必然性をシュトラウスが執拗に指示しながら，そのような反駁の可能性を自ら遂行することは執拗なまでに控えている[20]」といみじくも述べている。シュトラウスの講義「進歩か回帰か」によれば，「エルサレムとアテナイ」ないし「聖書とギリシャ哲学」を一致させる試みが西洋史全体を通じた課題であったが，そのような試みは全て失敗に終わった[21]。というのも，第1章で論じたように，ともに真理を主張する哲学と聖書は，そもそも原理的に相反しうるからである。また，論文「『スピノザの宗教批判』への序言」の中でシュトラウスが示した見解によると，「これまで知られてきた哲学，つまり古い思想は，神の経験から出発したどころか，そのような経験を捨象もしくは排除した[22]」。また，同じ論文の別の箇所で，彼は「信仰に基づいているということは，宗教の誇りではあっても，哲学にとっては一つの惨禍（calamity）ではないだろうか[23]」とまで述べている。したがって，マイアーによれば，「シュトラウスが際立たせる対立の中で，哲学が求める問うことと認識することの自由と，啓示が命じる主権的な権威への服従とは，互いに対立し合っている[24]」ことになる。

　以上のことから，秘教的（esoteric）解釈を施せば，シュトラウスはおそらく無神論者であった可能性が高いが，公教的（exoteric）解釈に基づけば，有神論者であるか，少なくとも無神論者ではないように見せかけようとしていたことになる。シュトラウスが有神論者と無神論者の間で揺れ動いていたように周囲に思わせようとしたのも，彼がユダヤ系の哲学者として，いかに哲学を擁護しようと懊悩していたことに起因するのではないだろうか。換言すれば，シュトラウスは自らが無神論者であるなどと明言しようとしなかったが，意図的にそうしないことにより，彼は迫害から逃れて哲学する自由を担保しようとしていたと考えられる。彼が生きていた時代の迫害に関して言えば，ナチスドイツのユダヤ人に対する迫害がすぐに想起されるであろうが，ここでいう迫害とは直接的にはそのことを指していない。その迫害の内容を理解するには，ユダヤ人としての彼の出自のみならず，ドイツ及びアメリカの風土を考慮に入れる必要がある。彼の時代においても今と同様，アメリカには有神論者が多かったことは想像に難くない。シュトラウスは，スピノザ

の『神学・政治論』に関する研究を執筆した1925 - 1928年のドイツについて，「本研究が執筆された時と国においては，ユダヤ教の信仰は科学や歴史によっては反駁されなかったということが，時代遅れの者を除くあらゆる人々によって認められていた」と書いている。当時ドイツに住んでいたユダヤ教徒たちは，ダーウィンの進化論が与えた無神論的衝撃がいまだ冷めやらぬ中でも，依然として信仰心を保持していた。このような背景をふまえれば，シュトラウス自身が無神論者であると公言することが大きな危険を伴っていたことは自明であり，彼が想定される迫害を逃れながら哲学しようと試みたことは賢明な判断であった。それゆえ筆者の意見では，シュトラウスにとって哲学的政治としてであれば政治哲学は可能であるが，彼は政治よりも哲学を重視したのである。

それに対し，コジェーヴは自分が無神論者であると他者から思われることに抵抗がなかったように思われる。彼はロシア革命の最中に幼少期から青年期を過ごしたが，ソ連の無神論政権からすれば無神論者であることは好ましいこととされていた。コジェーヴが最終的に亡命した先であるフランスにおいても，政教分離の伝統があることから，無神論を唱えることはさほど大きな問題ではなかった。したがって，コジェーヴは自らの無神論的哲学を表明するにあたって，シュトラウスのように政治的な配慮をする必要がなかった。このような背景にあって，コジェーヴもまた政治哲学の可能性を肯定するものの，彼は政治と哲学のどちらかに比重を置くことなく，両方を重要視したと考えられる。

コジェーヴの真意はシュトラウスの述べることとは異なり，賢者となった哲学者は広場あるいは都市へと向かうことにより，現実を彼が発見した真なる理論に合わせて改変していく必要があるということであった。つまり，コジェーヴは哲学者と都市との和解を試みたとも言える。そうすることが政治哲学の課題であり，ひいては賢者にとっての義務であることになる。コジェーヴは，ただひたすら「神の啓示」や「個人的努力（プラトン的な「知的直観」）」を頼りにして真理を追究するために，象牙の塔（コジェーヴ自身の表現では，「静寂な「楽園」」）に籠る哲学者たちを批判している。ここで，コジェーヴが「神の啓示」に依拠する有神論的観念を抱いている哲学者として，シュトラウスを念頭に置いていた可能性が高い。先の批判に続くコジェーヴ

の文章を引用しよう。

> もしもこの真理の（そして存在の）有神論的観念を受けいれないとすれば，もしも存在それ自体は本質的に時間的なもの（存在＝生成）であり，存在は歴史の過程の中で（あるいは歴史として，すなわち，開示された存在＝真理＝人間＝歴史として）言説的に開示されるかぎりで創造されたとする急進的なヘーゲル主義的無神論を受けいれるとすれば，そしてもしも真理の観念そのものを破壊して真理の探究すなわち哲学を破滅させてしまう懐疑主義的相対主義へと陥りたくなければ，その場合には，絶対的な孤独と「楽園」ばかりではなく「文人共和国」という（相対的に孤独で孤立している）狭い社会から逃れなければならないし，またソクラテスのように「木と蝉」ではなく「ポリスの市民」のもとにたびたび赴かねばならないのだ（『パイドロス』を参照）。[27]

　この文章ほど，本書が主張しようとしている哲学者と国家の間のあるべき関係について，明確に言い表わしているものは他にないであろう。哲学者は自らが真理の探究に成功して賢者となったと考えるならば，その真理の明証性を確認するために，都市に向かわなくてはならない。存在が時間であると理解しているこのような賢者は，急進的なヘーゲル主義的無神論の立場を取っているので，存在がイデア界に還元されえない現実的かつ歴史的なものであると認識している。それゆえ，彼は来世ではなく現世において理想の国家を創造することをもくろむ。そしてまた，彼はそのもくろみを言語により説明可能であるとする命題を受け入れているので，必然的に国家の事柄に言及しようとしなくてはならない。つまり，無神論者である賢者は政治哲学に取り組む責務を負っているのである。すでに論じたように，哲学の擁護者であるシュトラウスはコジェーヴの国家論において哲学する自由がないと批判したが，コジェーヴはシュトラウスとは異なる仕方で，つまり政治と関連付けることによって哲学を擁護したのである。

　コジェーヴはシュトラウスに宛てた1958年5月15日の手紙の中でも，プラトンの「アカデミー」つまり「知恵を目指しつつ，すなわち，知を愛しつつ共に過ごされる生」が「世界」から分離されていることを問題視し，次の

ように書いている。

> この正真正銘のプラトン的構想は，(キリスト教徒たちやイスラム教徒たちの両者によって) 一千年にわたって試みられ (「修道士たち」)，今日まで「生き」残っているベールの文芸共和国へと退化した。(知識人たちの裏切り)。[28]

コジェーヴが「ベールの文芸共和国」に対して批判的な態度を取っていたことについては，マルコ・フィローニの『日曜哲学者』の中でも次のように言及されている。

> コジェーヴにとって，哲学者はベールの文人共和国の市民ではない——哲学者とは非活動的・寛容・順応主義的な者ではない。反対に，哲学者は自分の理論の正しさを歴史的・人間的現実の中で証明することを可能とするために活動する必要がある。[29]

筆者もここで描かれているフィローニのコジェーヴ像に賛同する。そして，筆者にすれば，コジェーヴが政治と哲学を分断することに関して批判的であったことは疑いない。政治と哲学について同一の俎上で語ることは多大なるリスクを伴うと承知したうえで，本書においてそのように試みた理由は以上の通りである。

本書における筆者の試みをもう一度述べれば，コジェーヴに関する研究をすることで，彼がいかに国家体制の改善を目指したか検討しながら，政治哲学の復権を図ることであった。善き（すなわち公正な）国家体制の探究は，プラトン哲学が目指したことでもあった。コジェーヴの国家論に関して考察することで，プラトンの伝統を現代に復活させたいとも考えている。

一時期は科学的な政治過程論に追いやられていた政治哲学を復権させようとする動きは，20世紀後半になってから，いくつか見られる。

例えば，ダントレーヴは『国家とは何か』(1967年) の序文 (1966年) の中で，アイザイア・バーリンが「「理性的な好奇心——動機と理由による正当化と説明の欲求が存在する限り」，政治理論が地上から消滅することはない

であろう」と語ったと書いたうえで，自らもそう固く信ずると述べている[30]。ダントレーヴによれば，この本の条文を書く数年前までは，古典を読みながら理論的に政治について思考を重ねるというアプローチは，時代遅れのものとされつつあった。彼は政治哲学というよりも政治理論という語を選んで，そういったアプローチの復権を試みたとも言える。バーリンの言葉をいくぶん改変して言えば，政治哲学の探究を通じて，武力よりも動機や理由に基づきながら，国家的事象を正当化して説明しようとする本書の試みと，ダントレーヴやバーリンのそれは近いところにある。

この二人も重要ではあるが，現代にまで連なる政治哲学の復活の兆しに関して言及するなら，やはり1971年に出版されたロールズの『正義論』を皮切りに，1980年代のハーバーマスの活躍，1990年代以降のアーレント再評価を挙げておかないわけにはいかない。

現代日本においても，石崎嘉彦は『倫理学としての政治哲学』の中で，シュトラウスの哲学を下敷きにしながら，政治哲学を倫理学として再生しようとしている。

さらに現代アメリカでは，マイケル・サンデルも社会における具体的な倫理的問題を哲学的立場から回答することを通じて，政治哲学を現代によみがえらせようとしている。

こういった取り組みに批判的な意見もある。その一例として，市田良彦の『革命論』が挙げられる。この本の冒頭では「倫理とはこの政治哲学が問題にしているような問題だったのか」[31]と疑問が投げかけられている。そして，「政治が哲学とは縁遠いものであるとすれば，政治哲学などそもそも存在の権利を失い，哲学者は政治を前に黙っているのが仕事だということになる」[32]が，アルチュセールによると「哲学と政治の関係にはどこかまだ考えられていないところがある」[33]とのことである。筆者が政治と哲学の関係を問い直そうと試みたのも，『革命論』から一つの着想を得たことに言及しておきたい。

ただし，筆者がコジェーヴとその関連人物を参照しながら取り扱った問題は，倫理学とは直接関係を持っていなかったため，倫理と政治哲学の関係については上で挙げた著者たちの議論を参照してもらうことにして，本書では，倫理学とは関連付けずに政治哲学を復権させようと試みたことを強調しておきたい。その限りにおいて，政治と人間についての洞察を取り扱った寺島俊

穂の『政治哲学の復権』(1998年)の試みに,本書のそれも近いと言える。同氏は,ハンナ・アーレント,レオ・シュトラウス,エリック・フェーゲリン,カール・ポパー,マイケル・オークショット,ジョン・ロールズといった20世紀の政治哲学者たちが一様に,過去の理論家との対話を通じて,正しい政治秩序を模索していたと考えているが,コジェーヴもまた同様の試みを行なっていた。

(4) 「無神論と国家」あるいは「哲学(者)と政治」

本書のタイトルにある「無神論と国家」の関係について,そろそろ結論を出すべき時が来たようである。この関係は,今日では一般的に,政治が宗教に関与すべきではないし,また逆に宗教が政治に直接に関わることは好ましくない,という意味で政教分離の原則を貫くべきであるという程度に考えられることが多いように思われる。

しかしながら,コジェーヴにおける無神論と国家の関係はそのような議論とあまり関係がない。そのために,宗教と政治の分離に関する議論を期待していた読者は,肩透かしを食らったように感じてしまったかもしれない。

序論で書いたように,本書の関心は政治と宗教の関わりではなく,政治と哲学(者)の関係性にあった。というのも,コジェーヴの無神論は,単に宗教あるいは神を否定するものではなく,むしろ無神論こそが彼の哲学の根底にあると考えられるからである。管見では,コジェーヴの哲学体系の中枢に据えられる彼の無神論は神人論の側面を持ち,また最終的には真理論へと逢着したが,このことは重要な意義を持つ。なぜならば,彼の考えでは,無神論的哲学者が到達する真理は,プラトンが主張するような永遠的(あるいは超時間的)なものではなく,時間的なものであるべきだからである。

ここで,コジェーヴの無神論が神人論の側面を持つことを考慮に入れながら,また『無神論』の中でコジェーヴが「有神論及び無神論とは何であるか理解するためには,生ける有神論者及び生ける無神論者について語る必要がある」[34]と主張したのと同様の事情から,無神論と国家の関係について考えるうえで,神人としての無神論者と国家の関係について論じたい。それはまさに,序論の冒頭でわれわれが述べた,政治と哲学の関係,ひいては政治と哲学者との関係を考えることに他ならない。なぜならば,コジェーヴが無神論

者について語る際，彼は無神論的哲学者のことを念頭に置いているからであり，また哲学の営みを通じて無神論者は神人となりうるからである。したがって，無神論者と国家の関係は哲学者と国家の関係に行き着くと言える。

ところで，先にコジェーヴの無神論が真理論へ逢着したと述べた。コジェーヴは無神論的哲学者が真理に到達することと，政治家が正当な国家体制を構築することが並行関係にあると考えているように思われる。それはどういうことを意味するのだろうか。

そのことを説明するために，『ヘーゲル読解入門』の中の一節に着目しなければならない。『精神現象学』の中で「不幸な意識」という表現をヘーゲルは用いている。コジェーヴは，その意識がキリスト教を信仰する態度に内在するものであると指摘したうえで，次のように続ける。

> 宗教心理から免れること，それは不幸という意識，不足という感情を捨て去ることである。そして，このことは人間が真に「満足」が得られるような現実の世界の実現によっても可能であり，抽象的行為によって超越者を捨て去り，理想を現実に合わせることでも可能である。(35)

コジェーヴの考えでは，このような理想の実現がフランス革命であり，理想の探究の学が「ヘーゲルの無神論的絶対的学」（これは，すなわち「抽象的行為」を指すと思われる）であった。一般的に言えば，哲学は抽象的なものについて論じる学問だと思われがちであるが，コジェーヴにとって，哲学は現実的なものを研究対象とすべきであり，また哲学は現実的なものに関する理想的状態を探究するものである。そして現実的なものは政治と関わる。したがって，現実的なものとしての政治と理想的なものの探究としての哲学は通底する。コジェーヴの意見に従えば，現代においても，時代に即した理想を哲学者が考察し，その理想に沿った政治形態が実現されることが望ましいことになる。

それゆえに，コジェーヴ自身がそうであったように，理想世界を来世において見出すことを否定する無神論的哲学者の立場からすれば，現世の内に理想の国家を打ち立てることが最も望ましい。このことに関係していると思われるコジェーヴの記述を引用しよう。

したがって，死すべき人間であり，自己をそのようなものと知っている人間によって実現されうるようなものでなければ，人間の理想は実現不可能である。換言すれば，キリスト教の総合は，来世や死後においてではなく，現世において，人間の生存中に遂行されねばならず，これは，個別者を承認する超越的普遍者（神）が世界に内在する普遍者に取って代わられなければならない，ということを意味する。ヘーゲルにとってこの内在する普遍者は国家以外のものではありえない。天の王国において神によって実現されるとみられているものは，国家においてそして国家によって，地上の王国において実現されねばならない。自分が思い描く「絶対的」国家（ナポレオンの帝国）はキリスト教の天の王国を実現するものであるとヘーゲルが述べるのはそのためである。[36]

　無神論者は死後の世界の存在を認めない。したがって，彼は自分が生きている世界の中で「超越的普遍者（神）」に取って代わるものである，理想の状態としての「絶対的」国家を作り上げることを目指すべきである。ヘーゲルにとってこの「絶対的」国家はナポレオンの帝国を指したが，ヘーゲルとは別の時代を生きる個々の無神論的哲学者は，自分が生きている時代に最も理想的な国家の在り方を模索しなければならない。これこそ無神論的哲学者が政治（ないしは共同体）に関わらなくてはならない理由である。ただ，コジェーヴから離れて言えば，有神論的哲学者に関しても，来世に自らが理想とする国家を見出すだけではなく，現世においてもまたそのような国家を設立しようと試みることが望ましい。それゆえ，有神論者であるから政治に関わらなくてもよいということにはならない。

　それでは，哲学者はいかにして政治に関わるのだろうか。コジェーヴの意見では，そもそも哲学者は研究に専念しようとする時間を少しでも多く割こうとするため，直接的に政治に参画する時間が取れない。それではどうすれば良いのか。この疑問に答えるためには，「知識人」に言及する必要がある。

　知的探求に従事する者である知識人に関して，コジェーヴはどのように考えていたのであろうか。『ヘーゲル読解入門』を書いた頃には，知識人の行動には限界があるとコジェーヴは考えていたように思われる。まず，宗教者

と異なり,「知識人は本質的に無 - 宗教者,さらには無神論者である」が,そのことは大して重要な問題ではなかったとコジェーヴは述べる。なぜなら,知識人は宗教者のように死後や来世において「満足」するわけではないにしても,彼の自己満足の仕方は芸術家のそれと何ら変わるところがない。というのも,彼は「世界をあるがままに放置し,それを享受することで事足れりとする」からである。知識人の限界に関して,別の箇所から引用すると,次の通りである。

> 主でも奴でもないために,すなわちどのような労働にも闘争にも関与しないために,彼はみずから見いだした総合を真に実現することはできない。すなわち,闘争も労働もない以上,知識人によって構想されたこの総合は純粋に言葉の上でのもの(verbale)に留まる。

したがって,知識人は彼が生きている世界を変貌させることによって,満足しようとはしないことになる。コジェーヴはここで,知識人と哲学者の関係について論及していないが,おそらく彼は知識人と哲学者の間には大きな差はなく,現実を変えようとしない哲学者もまた知識人の一人に過ぎないと,『ヘーゲル読解入門』を書いた頃には認識していた。知識人としての哲学者にできるのは,「天国を地上に引き下ろす,超越的理想を抹殺する観念の上での発展」を促す役割を果たすことだけである。

ところが,論文「僭主政治と知恵」の中では,コジェーヴは知識人に関する見解を大きく変更している。まず,哲学者たちは理想の国家や統治について語ってきたが,彼らが理想を語るだけであり,それを実現しない限り,彼らの行動には限界があるとコジェーヴは前提する。しかし,哲学者たちは現実の問題に直接関わる時間はない。哲学者と知識人の関連性について,コジェーヴは次のように語る。

> 哲学者たちが,理論面で,かれの哲学的理念と政治的現実とのあいだに一致をもたらす責任を,さまざまな違いを持つ(多かれ少なかれ時間と空間のなかに広がっている)知識人たちに託しているのは正しいことである。知識人たちがこの仕事に専念すること,そして彼らが理論の中で,

結　語　233

現在の政治的事柄によって引き起こされた具体的な問題の水準にまで到達した場合には，僭主に直接に助言を与えることは共に正しいことである。[41]

この次の頁でコジェーヴは「「媒介的」知識人」という表現を用いているが，その理由は，僭主の行動と哲学者の理念を媒介する役割を果たす者として，知識人を捉えるようになったからであると考えられる。

コジェーヴはなぜ先の引用の中で，あえて政治家ではなく，僭主と書いたのだろうか。簡単に言えば，すでに書いた通り，哲学者は定義上，哲学の研究に専念する者であるため，彼には直接政治に関わるだけの時間がないため，現実案として，僭主に助言をするより他にないからである。『僭主政治について』を見聞きしたことのない読者からすれば，そもそも僭主とは聞き慣れない用語であろう。シュトラウスはdictator（独裁者）にネガティヴなニュアンスを込めたのに対し，tyrant（僭主）についてはポジティヴな意味で用いている。例えば，「クセノフォン『ヒエロン』についての再説」の中で，「かれ〔コジェーヴ〕は，現今の独裁者は僭主であると公言してはばからない」とシュトラウスは書いている。[42] 確かにコジェーヴは「僭主政治と知恵」の中で，「クセノフォンにとってユートピアに思えたものが，今日ではほとんどありふれた現実になっていることに気づく」と述べながら，一つの[43]「理想的」僭主政治が現代において実現されていることを，おそらく皮肉を込めつつ認めている。そして，その根拠として，「褒賞」の配分，「国家」警察の組織，公共施設の建設が挙げられている。一つ目の「褒賞」の配分に関しては，ソ連のスターハノフ運動が例示されているものの，コジェーヴは次のように述べたうえで，スターリンではなく，ポルトガルの政治家サラザールを20世紀における善き僭主の例として挙げる。

> かれ〔クセノフォン〕は，真に典型的な政治的・社会的・経済的理念のために（つまり，すでに存在している目的とは異なる諸目的のために），民族的・人種的・帝国的・人間的基礎にもとづいて「僭主政治」がおこなわれるのを見たことがなかったのだ。[44]

「すでに存在している目的」とは，既得権益を有する社会階級が今後も得をすることや，特定の個人または家族が野心を満足させることである。サラザールが果たして，本当に「民族的・人種的・帝国的・人間的基礎にもとづいて「僭主政治」」を行なったのか，疑問の余地があるが，いずれにせよ，コジェーヴの考えでは，僭主——それが気に入らない者のために，政治家と置き換えても本書の趣旨は失われない——と哲学者を媒介する助言者が必要であり，その役割を果たす人物こそ知識人であることがここでは重要である。知識人がいなければ，ソクラテスの場合のように悲劇的結末を迎えることになってしまうであろう。

　周知のように，プラトンは哲学者が王になるべきであると考えていたが，それは現実的には不可能に近い。だが，哲学者は神人（あるいは賢者）となることならばできるとコジェーヴは考えた。神人論を唱えるという意味で無神論者である哲学者が，知識人及び政治家と協同する結果として，彼は政治に関わる，すなわち現実の世界を変革することができる。

　したがって，序論の (2) で述べた通り，確かに「政治は哲学に依拠している」。控え目に言っても，哲学的立場から政治的理想を語ることが望ましい。本書を通じて，国家において哲学者が果たすべき役割を再確認するとともに，シュトラウスをはじめとする，政治に関して語った哲学者たちと対比しながら，コジェーヴを 21 世紀において再び取り上げる意義として，実証主義に基づく研究とは異なった政治哲学の復権を提唱しようと試みてきた。

(5)　新たなコジェーヴ像へ

　最後に，コジェーヴが『異教哲学の体系的歴史に関する試論』を出版してから，亡くなるまでの間に行なわれたジル・ラプージュとのインタビューの一部を取り上げたい。インタビューの中で，なぜコジェーヴは無神論者として哲学の探究を行なったか，その理由を語っている。そのエピソードを紹介しながら，新たなコジェーヴ像を提示することで本書を締めくくりたい。すでに何度も論じたように，コジェーヴは，古代ギリシャの哲学及びキリスト教の三位一体論に由来すると思われる人間の神性の信念を持ちながら，研究を推し進めていた。彼は次のように語った。

あなたが自身の神性を信じることができる場合にのみ，あなたは自身の賢知に与することができるのは確かです。ところで，精神の健康な人たちは非常に稀有です。神的になること，それは何を意味しているのでしょうか。それはたぶんストア派の賢知あるいは遊びでしょう。誰が遊ぶのでしょうか。それは神々で，彼らは抵抗する必要がないので，遊ぶのです。彼らは無為の神々（les dieux fainéants）です。⁽⁴⁵⁾

　これに続けて，コジェーヴは自らもまた無為な者であると述べている。第5章で述べた通り，無為でいることがラテン人たちの特質であり，彼らの文化の源泉にあった。ラテン人だけではなく，哲学者もまた，無為な行為ばかりを追究することができる。というのも，もはや彼はかつてのように圧政や抑圧者に抵抗することにより内容を改変する必要がないために，形式のみを追い求め続ければよいのであった。その意味で，彼はロゴスを用いて，真理を観想することに勤しむ者以外の何者でもないと言える。そして，哲学者は政治家のように行動する者ではなく（もし行動するならば彼は哲学的理念を媒介する者である「知識人」となる），戦士や革命家のように闘争する者でもなく，さらにまたヘーゲル的な意味で「働く」（つまり自然界に存在しているものに働きかけて，それを変形する）者でもない。端的に言えば，彼は積極的に現実世界を変えようとはしない。したがって，単に哲学者である限り，彼は無為の者である。コジェーヴ自身もギリシャ哲学から近代哲学に至る哲学史を解釈し直した哲学者としての側面だけを鑑みれば，無為の者であることになるだろう。

　『概念・時間・言説』の内容紹介を行なったベルナール・エスポアは，無為な者の遊びとしての哲学について，それがたとえ役には立たないにしても，「ちょうど子供の遊びのように，真剣な遊びなのである」と書いている。⁽⁴⁶⁾

　しかしながら，本書の見解では，政治と哲学を和解させようとしたコジェーヴにとって，無為な者の遊びとしての哲学が目指す真理の探究は，子供の遊びとは性質を全く異にする。コジェーヴは無神論的哲学者として真理の探究を終えたという意味では賢者であり，今度はその発見した真理に基づいて現実の政治問題に関わろうと，官僚の仕事を通じて現実の改変を試みたという意味では，知識人でもあった。このことが，『ヘーゲル読解入門』を書い

てから,「僭主政治と知恵」を執筆するまでの間にコジェーヴが知識人に関する見方を変更したことの背景にあったと考えられる。

それゆえ,序論で取り上げたシュトラウスの「一言でいえば,コジェーヴは哲学者であって知識人ではない」という意見は,誤りであることになる。コジェーヴは,哲学者が世界を解釈するばかりでそれを変えてこなかったことを問題視していた点ではマルクスと見解を共にする。だが,マルクスとコジェーヴとの決定的な違いは,前者が革命により国家を外部から転覆させようとしたのに対し,後者は自ら知識人となることで,国家の内部から世界を変えようと試みた点である。

コジェーヴが知識人であるとすれば,彼はどの政治家に助言を与えたのだろうか。そのことについて彼は著書の中で明言することはなかったが,オフレによる伝記や,第5章の「はじめに」の中で取り上げたローゼンの証言から推測するに,彼が助言した相手はド゠ゴールであると考えられる。

コジェーヴは独裁者(あるいは専制君主)こそ哲学者が助言を与える政治家としては最もふさわしく,また現代において古代の哲学者が述べるところの善き独裁者がいると考えていたが,ド゠ゴールは捉えようによっては現代の善き独裁者(シュトラウスとコジェーヴの用語では,僭主)であったと言える。先に引用した文言を再び書くと,コジェーヴは,「真に典型的な政治的・社会的・経済的理念のために(つまり,すでに存在している目的とは異なる諸目的のために),民族的・人種的・帝国的・人間的基礎にもとづいて「僭主政治」」を実現しようと試みていた。ド゠ゴールの下で,ヨーロッパ共同体の創設のために奔走したコジェーヴの功績は今もなお欧州の遺産として残っており,その輝きを失ってはいない。

注

■序論

(1) 北嶋美雪・松居正俊・尼ヶ崎徳一・田中美知太郎・津村寛二訳『政治学』，1252b, 16 頁。
(2) 同上，1253b, 17 頁。
(3) 同上，1252a, 11 頁。
(4) 同上，1282b-1283a, 82 - 86 頁。
(5) 同上，1295a-1296b, 166 - 173 頁。
(6) Kojève, «Tyrannie et sagesse», in DT, p. 182.(「僭主政治と知恵」『僭主政治について』，下 57 頁。)
(7) Ibid., p. 194.(同上，下 74 頁。)
(8) Ibid., p. 413.(同上，下 83 頁。)
(9) 志水速雄訳『人間の条件』，434 - 435 頁。
(10) 同上，407 頁。
(11) 20 世紀において，このような傾向はとりわけハイデガーに顕著である。政治哲学という語で「個と全体との調和」を意味すると前提する寺島俊穂は，ハイデガーについて次のように述べている。

> たとえハイデガーに政治的思考があったとしても，それは時代への哲学的対応であって，精神の高みの中にとどまっている。ハイデガーが現代の政治哲学者にインスピレーションを与えたとしたら，それは彼の政治的思考よりむしろ人間を根源的に規定しようとする問いにおいてであろう。(『政治哲学の復権』，255 頁。)

そうであるとすれば，ハイデガーもやはり，アーレントが言うところの主観主義的傾向から逃れていないことになる。
(12) マイアー『レオ・シュトラウスと神学 - 政治問題』，133 頁。
(13) コジェーヴは自分が神であると語っていたことがあり，それを聞いた彼の家政婦が笑ったことに対し，彼は気分を害したという神話がある。人間の神性に関する問題については，第 I 部で検討する。
(14) この論文の基となった講演は 1954 年 12 月と 1955 年 1 月にエルサレムのヘブライ大学で行なわれた。その後，講演内容のヘブライ語訳が雑誌『探究 Iyyun』に 1955 年に最初に掲載された。

(15) Strauss, 'What Is Political Philosophy?', in *What Is Political Philosophy? and Other Studies*, p. 17.（「政治哲学とは何であるか？」『政治哲学とは何であるか？とその他の研究』，9頁。）

(16) Strauss, 'Political Philosophy and History', in *What Is Political Philosophy? and Other Studies*, p. 57.（「政治哲学と歴史」『政治哲学とは何であるか？とその他の研究』，51‐52頁。）

(17) このことからイデオロギーという語は，現在でも消極的なニュアンスを伴いながら用いられている。この語の起源は，ナポレオンの政敵であったカバニスやデステュット・デ・トロシーは，観念が感覚によって形成されるものであるとする「観念の形成学」において使われたことにある。佐伯啓思『イデオロギー／脱イデオロギー』，28頁，参照。

(18) 彼は後にドイツで学んでいた際には，Alexander Koschewnikoff（アレクサンダー・コシェヴニコフ）と名乗っていた。パリに移住した当初，彼はロシア名に近い Alexandre Kojevnikoff（アレクサンドル・コジェーヴニコフ）と自称していたが，1937年1月にフランスに帰化するに当たって，ようやくわれわれの知る Alexandre Kojève（アレクサンドル・コジェーヴ）の名前に変更する。Cf. Filoni, *Le philosophe du dimanche*, p. 36.

　ちなみに，レオ・シュトラウスは1935年5月9日までの手紙では Alexandre Kochevnikoff（アレクサンドル・コシェヴニコフ）と呼んでいた。戦後になってからは，1948年12月6日の手紙で，なぜかコジェーヴの呼び名で宛てたのを除けば，1951年1月19日までの手紙において，ずっと最初のフランス語名アレクサンドル・コジェーヴニコフで呼んでいた。その後，シュトラウスは1951年2月22日の手紙からは，何の前触れもなく，アレクサンドル・コジェーヴという名前で呼んでいる。この日の手紙では，二人の本をもうじき公刊することを伝えているため，コジェーヴの正式名を意識的に用いるようにしたと推測される。呼び名の多さは，彼らの友情の長さに加え，心理的な近さを示唆していると言える。

(19) Dominique Auffret, *Alexandre Kojève*, p. 86.（『評伝アレクサンドル・コジェーヴ』，80頁。）この程度のことで10代半ばの青年が逮捕されるというエピソードは，われわれにとって非常に煽情的であるが，コジェーヴが石鹸を売ったという説は，クーズネットゾフの記憶によるものに過ぎない。彼女が筆者に語ったところによると，彼女はオフレに対し，他の資料にも当たるよう求めたが，彼はそうすることなく，本を出版したということである。

(20) Auffret, *ibid.*, p. 90.（同上，85頁。）

(21) «Entretien avec Gilles Lapouge, "Les philosophes ne m'intéressent pas, je cherche des sages"», *La Quinzaine littéraire*, pp. 18-19.

(22) Auffret, *Alexandre Kojève*, p. 217.（『評伝アレクサンドル・コジェーヴ』，217頁。）引用箇所は，1986年のジャン・ダイヴのラジオ番組に基づいているが，このラジオを聞くことはできなかったため，オフレの本から引用した。

(23) Filoni, *Le philosophe du dimanche*, p. 254.

(24) おそらくその草稿であると思われる「権威に関する覚書 Notice sur l'autorité」は1940年に書かれた。Cf. Auffret, *ibid.*, p. 611.（『評伝アレクサンドル・コジェーヴ』，631頁。）

　　この本の邦訳版は2010年に『権威の概念』というタイトルで出版された。ところで，コジェーヴは『概念・時間・言説 *Le Concept, le Temps et le Discours*』の中で，ヘーゲルに倣って，Concept とは notions の総体であると定義づけていた。コジェーヴ自身の言葉を引用すると，「概念とは把握可能であるもの（把握可能なものとして取り上げられたもの）の〈統合された-全体性 la Totalité-intégrée〉である。〔ドイツ語では，Der Begriff ist der Ein-begriff des Begreiflichen（als solchen）〕」（CTD, p. 92.『概念・時間・言説』，96頁。）この本の邦訳の中では前者を概念，後者を観念と訳されたことから，それに従うなら *La notion de l'Autorité* についても『権威の観念』という訳語を用いたほうが，整合性が取れることになるだろう。しかし，『権威の観念』という響きがやや聞き慣れないものであることも，また確かである。

(25) *La notion de l'autorité*, p. 16.（『権威の概念』，8頁。）EPD, p. 7.（『法の現象学』，1頁。）

(26) Filoni, Le philosophe du dimanche, p. 263.

(27) こうしたコジェーヴの外交手腕については，1976年から1981年まで，ジスカール・デスタン大統領の下で首相であったレイモン・バールの証言を参照。Cf. Auffret, *Alexandre Kojève*, pp. 587-598.（『評伝アレクサンドル・コジェーヴ』，606-617頁。）この証言の中でも，とりわけ以下の頁が参考になる。*Ibid.*, pp. 589-591.（同上，608-609頁。）

(28) Auffret, *ibid.*, p. 475.（同上，493頁。）邦訳の該当箇所では，「情交することなく」とぼかして訳されていたが，フランス語原文で sans faire l'amour と明確に書かれていることから，本書ではこのような訳語を用いた。

(29) なぜ彼の墓が，住居のあったパリ郊外のヴァンヴではなく，ブリュッセルに作られたか明らかではない。

(30) フィローニは同年，高田康成，西山雄二らの招きに応じて，東京大学で「本

当のコジェーヴ」という題目で講演を行なっている。

(31) Cf. Filoni, *Le philosophe du dimanche*, p. 7.

(32) Auffret, *Alexandre Kojève*, p. 8.（『評伝アレクサンドル・コジェーヴ』, 2 頁。）

(33) Filoni, *ibid.*, p. 13.

(34) 堅田研一『法・政治・倫理』, 100 頁。

(35) 同上, 60 頁。

(36) Dominique Pirotte, *Alexandre Kojève, Alexandre Kojève, Un système anthropologique*, p. 18.

(37) Shadia B. Drury, *Alexandre Kojève, The Roots of Postmodern Politics*, p. 201. 〔　〕内は執筆者による補足である。

(38) そもそも何をきっかけに、コジェーヴはKGBスパイであるという神話が生まれたのだろうか。やや通俗的な逸話にはなってしまうが、コジェーヴの肖像写真を手掛かりに考えてみたい。最も有名な肖像写真は、本書の10頁の右側のものである。これは、1968年に撮影されたものと思われる。この写真のコジェーヴはサングラスにスーツ姿で、いかにもスパイのような雰囲気を醸し出している。おそらく、そのこともあり、彼はスパイではないかと嫌疑をかけられた。だが、彼の姪クーズネットゾフによれば、彼はサングラスをかけたことはなかったと言い、単にこの写真自体が悪質であったために、普通の眼鏡がサングラスのように見えるだけである。

別の画像（image）を見ると、彼に対する印象（image）は異なってくる。本書10頁の左の写真は、コジェーヴが20歳の時にベルリンで撮影されたものであるが、これを見ると彼が若かった頃は美男子であったことが——だからといってスパイでなかったことにはならないが——うかがえる。パリでコジェーヴの謦咳に触れたアメリカ人の哲学者スタンレー・ローゼンによれば、コジェーヴは弟子たちをギリシャ神話の神々に例えるのを好み、やはり若かった頃に美男子であったメルロ゠ポンティを太陽神アポロに例え、自らはと言えば、ゼウスに見立てていたという（Stanley Rosen, *Hermeneutics as politics*, p. 106.／石崎嘉彦監訳『政治学としての解釈学』, 141 頁。）さらに、ローゼンはコジェーヴが「私は秘書に自分は神だと言うのだが、彼女は笑うのだ」と述べたとも書いている（*Ibid.*, p. 106.／同上, 141 頁。）コジェーヴが自らを神であると語ったのも単なる戯言だったようにも思えるが、必ずしもそれだけではない。この問題に関して、本書の第Ⅰ部を通じて考えていきたい。

(39) Auffret, *Alexandre Kojève*, p. 425.（『評伝アレクサンドル・コジェーヴ』, 444 頁。）

(40) OT, p. 256.（邦訳，529 - 530 頁。）

(41) "Restament on Xenophon's *Hiero*", OT, pp. 188-189.（「クセノフォン『ヒエロン』についての再説」『僭主政治について』，422 頁。）〔　〕内は筆者による補足である。

(42) OT, p. 257.（邦訳，530 頁。）

(43) 塚原史『模索する美学』，424 頁。

(44) 同上，425 頁。

(45) James H. Nichols, Jr, *Alexandre Kojève, Wisdom at the End of History*, p. 135. なお，〔　〕内は筆者による補足である。コジェーヴが左翼の思想家であるかどうかは大いに議論の余地がある。

(46) Nichols, *Alexandre Kojève, Wisdom at the End of History*, pp. 135-136.

(47) «Kojève's Paris. Chronique», *Cités*, No. 3, Le corps humain sous influence: La bioéthique entre pouvoir et droit, Presses Universitaires de France, 2000, p. 211.

(48) Strauss, "Restatement on Xenophon's *Hiero*", in OT, p. 186.（「クセノフォン『ヒエロン』についての再説」『僭主政治について』，下 100 頁。）この箇所については，第 1 章で再び引用することになる。

(49) 実際には明白な根拠はなかったにもかかわらず，警察は自殺と判断した。参照，塚原史『模索する美学』，437 頁。

(50) 塚原史『模索する美学』，436 頁。

(51) 矢野久美子『「戦争の世紀」を生きた政治哲学者』，50 頁。矢野氏はベンヤミンがこの講義に出ていたかどうかは触れておらず，サルトルは出席していたと記しているが，そこでもその証拠は挙げられていない。アーレントやサルトルが講義に出ていたという，確実な証拠を筆者はいまだ目にしたことがない。

(52) Auffret, *Alexandre Kojève*, p. 330.（『評伝アレクサンドル・コジェーヴ』，345 - 346 頁。）

(53) 塚原史『模索する美学』，438 頁。〔　〕内は筆者による補足である。

(54) Auffret, *Alexandre Kojève*, p. 373.（『評伝アレクサンドル・コジェーヴ』，390 頁。）

(55) 塚原史『模索する美学』，440 頁。

(56) 鹿島徹「イントロダクション」『歴史の概念について』，20 頁。

(57) 同上，27 頁。

(58) このことについては，オフレによる伝記の中でも言及されている。Cf. Auffret, *Alexandre Kojève*, pp. 419-429.（『評伝アレクサンドル・コジェーヴ』，438 - 444 頁。）

(59) ここであえて政治哲学ではなく政治思想と書いたのは，コジェーヴもシュトラウスも西洋哲学史に関する研究を究めたうえで，政治的事柄に関する真理について語ったという意味で政治哲学者であると言えるのに対し，哲学史よりも世界史に通じながら，真理論とは直接関わりなく政治について語ったシュミットは，政治思想家であるとは言えても政治哲学者であるとは言いがたいからである。われわれの用法では，哲学者は思想家に含まれるが，その逆は真ではない。

■序　無神論の系譜
(1) アンリ・アルヴォン『無神論』，11頁。
(2) OT, pp. 233-234.（邦訳，下182頁。）
(3) *Identité et Réalité dans le «Dictionnaire» de Pierre Bayle*, p. 13.

■第1章
(1) Thomas L. Pangle, "Editor's Introduction", in *The Rebirth of Classical Political Rationalism*, p. ix.（石崎嘉彦監訳『古典的政治的合理主義の再生』，5頁。）
(2) 古代の文脈で用いられることの多い tyranny は，dictatorship（独裁制）と区別するために，やや聞き慣れない用語ではあるが，邦訳書では「僭主政治」と訳されている。この語には「専制」という訳語を当てても良いであろう。
(3) 石崎嘉彦『政治哲学と対話の弁証法』，136頁。
(4) この本の最新版の中では，それに続いて，シュトラウスの論文に対してコジェーヴが記した批評「僭主政治と知恵」が加わり，またそれに関して今一度シュトラウスが付けた批評「クセノフォン『ヒエロン』についての再説」が掲載され，最後に二人の往復書簡が編纂者によって付け加えられている。そのことから，この本は「風変わりな書物」と呼ばれている。
(5) Kojève, *L'Empereur Julien et son art d'écrire*, p. 9.
(6) Kojève, «Tyrannie et sagesse», in DT, p. 149.（「僭主政治と知恵」『僭主政治について』，下10頁。）
(7) 「ヘーゲルの「弁証法的」あるいは人間学的な哲学は，究極において，死の哲学（あるいは同じことであるが，無神論の哲学）となるのである。」ILH, p. 539.（『ヘーゲル読解入門』，374頁。）
(8) 2010年10月から2011年7月にかけて三回行なわれた，筆者とクーズネッゾフ氏との間での個人的なインタビューによる。

(9) ギボン，中野好夫訳『ローマ帝国衰亡史3』，468頁。

(10) パワーソック，新田一郎訳『背教者ユリアヌス』，131-132頁。

(11) コジェーヴからシュトラウスに宛てた1961年4月6日の手紙の中では，以下のように書かれている。「ブルームは彼の翻訳の仕事で忙しく，私は彼にほとんど会っていない。他方，ローゼンとはしばしば会話をする。どちらかといえば私は彼の方を気に入っているよ。彼はブルームより真面目だと，私には思われる。」OT, p. 305.（邦訳，下290頁。）

(12) Stanley Rosen, *Hermeneutics as politics*, p. 192.（『政治学としての解釈学』，253-254頁。）

(13) 石崎嘉彦『倫理学としての政治哲学』，51頁。

(14) ILH, p. 164.（邦訳，48頁。）

(15) Kojève, *L'Empereur Julien et son art d'écrire*, p. 9.

(16) Strauss, "Persecution and the art of writing", *Social Research*, p. 499.（石崎嘉彦訳「迫害と著述の技法」『現代思想』，192頁。）

(17) Strauss, "Farabi's Plato", in *Louis Ginzberg Jubilee Volume on the Occasion of His Seventieth Birthday*, p. 361.

(18) シュトラウスは，レッシングの公教的教説に関する意見を要約する際に，以下のように述べたうえで，その主張を基本的に受け入れている。「レッシングは，すべての古代哲学者たちならびにライプニッツが，真理の秘教的な掲示とは区別される真理の公教的掲示を使用した，と主張する。」Strauss, "Exoteric Teaching", in *The Rebirth of Classical Political Rationalism*, p. 66.（「公教的教説」『古典的政治的合理主義の再生』，116頁。）

(19) パワーソック，前掲書，38頁。

(20) Julian, *A consolation to himself upon the departure of the excellent Sallust*, Julian Volume II, with an English translation by Wilmar Cave Wright, Loeb, 248, d. 以下，本書ではユリアヌスの著作を参照する際に，この版を用いることにする。コジェーヴも，ユリアヌスの著作物から引用する際にこの版を用いた。

(21) Strauss, "Persecution and the art of writing", *Social Research*, p. 496.（「迫害と著述の技法」『現代思想』，190頁。）

(22) Strauss, *ibid*., p. 496.（同上，190頁。）

(23) Strauss, "Exoteric Teaching", in *The Rebirth of Classical Political Rationalism*, p. 63.（「公教的教説」『古典的政治的合理主義の再生』，113頁。）

(24) Kojève, *L'Empereur Julien et son art d'écrire*, p. 47.

(25) Kojève, *ibid*., p. 14.

(26) Julian, *To the uneducated Cynics*, 187, c; Kojève, *ibid.*, p. 13.
(27) Julian, *ibid.*, 187, c. ブルームも批判する通り，コジェーヴがユリアヌスの著作物から引用する際に用いた訳にときおり，問題が見受けられることは，認めなくてはならないように思われる。
(28) バワーソック『背教者ユリアヌス』，134頁。
(29) OT, p. 269.（邦訳，下230-231頁。）なお，邦訳では「キュニコス主義者」のことが「キニク派」と表現されているが，本書では「キュニコス主義者」で統一した。
(30) "Supplement to the Strauss-Kojève Correspondence, additional notes", *Interpretation*, vol. 36, 2008, p. 85.
(31) *Ibid.*, p. 85.
(32) Julian, *Hymn to King Helios*, 157, d.
(33) Julian, *Hymn to the mother of the gods*, 170, b.
(34) Kojève, *L'Empereur Julien et son art d'écrire*, p. 20. （　）内はコジェーヴによる補足である。
(35) "Supplement to the Strauss-Kojève Correspondence, additional notes", in *Interpretation*, vol. 36, 2008, p. 87.
(36) *Ibid.*, p. 87.
(37) Rosen, *Hermeneutics as politics*, p. 180.（『政治学としての解釈学』，237頁。）
(38) このようなシュトラウスによる神学的論証に関しては，以下も参照。ハインリッヒ・マイアー，石崎嘉彦・飯島昇藏・太田義器他訳『レオ・シュトラウスと神学 - 政治問題』，36頁。
(39) シュトラウスが，哲学的思索は啓示と神話を説明可能であるものかどうか説いた論稿である「理性と啓示」は未刊であるが，マイアーの研究書を参照することでその輪郭をうかがうことができる。マイアー『レオ・シュトラウスと神学 - 政治問題』，34-57頁，参照。
(40) Strauss, "Progress or Return?", in *The Rebirth of Classical Political Rationalism*, p. 253.（「進歩か回帰か」『古典的政治的合理主義の再生』，323頁。）
(41) Julian, *To the cynic Heracleios*, 205, c.
(42) Kojève, *L'Empereur Julien et son art d'écrire*, p. 25.
(43) Kojève, *ibid.*, p. 47.
(44) Julian, *Against the Galilaeans*, 44a-94a. ユリアヌスのキリスト教批判については以下も参照。長友栄三郎「ユリアヌスとキリスト教」（『キリスト教ローマ帝

国』所収), 107-139 頁。とりわけ 123 頁以降で *Against the Galilaeans* の解説がなされている。

(45) Kojève, *ibid.*, pp. 29-30.

(46) Kojève, *ibid.*, p. 38.

(47) ここで,コジェーヴが独自のヘーゲル哲学についての解釈をユリアヌスに適用としていることが伺える。コジェーヴのヘーゲル読解の特徴は,相互承認の理論をその解釈の中心に据えることにあるが,人が承認されたいのは,それによって快楽を得るからである。承認されるためには何らかの栄光を築かなくてはならないが,それを助ける役割を果たす者として,詩人の存在意義は見出されるのである。むろん,このようなヘーゲル観が正しいかどうかに関しては様々な議論がある。例えば,ヘーゲルは相互承認に重きを置いたのは一時のことであり,後に意見を変えたとする説もある。あくまでもコジェーヴ独自の一解釈であることは強調しておく必要があるであろう。

(48) 原題は «Tyrannie et sagesse» である。sagesse とは sage(賢者)の到達した絶対知であることから,「僭主政治と賢知」と訳した方が良いようにも思われるが,邦訳者の訳を尊重して,本書では「僭主政治と知恵」の訳を用いる。

(49) Kojève, «Tyrannie et sagesse», in DT, pp. 190-194.(邦訳,下 68-73 頁。)

(50) それでは,『ユリアヌス帝とその著述技法』の中心的議題は,『ヘーゲル読解入門』と同じく承認論ではないかと賢明な読者には思われるかもしれない。しかし,承認論はこの本の中で相対的に小さな問題にすぎない。その根拠は,承認という用語が出てくる文脈を追うことで明らかにできる。その箇所を引用しよう。

> ユリアヌスはアレクサンドロスが現世で起きていることなどでは,全く満足できないということを入念に強調する。そしてつまり,人々が神学の神話を真実であると信じてしまうのはなぜかと言えば,不死の存在あるいは神々から永遠の栄光,さらには「承認」において,またそれによって,死後にも生が存続することを彼らに期待させてくれるからである。

つまり,アレクサンドロス大王にとって,かかる承認によって自分が不死の存在であり,また永遠に続く栄光を得たと人々に信じ込ませることこそ最終的な目標である。したがって,神話が作られた目的に関して論じられた途中の過程において,承認の語が出てくるのみに過ぎない。

(51) Kojève, *L'Athéisme*, p. 279. この本は死後出版であるため,その著者名がフランス名であるコジェーヴとなっている。

(52) ILH, p. 192.(邦訳,85 頁。)

(53) *Ibid.*, p. 192.（同上，85 頁。）
(54) Kojève, «Tyrannie et sagesse», in DT, p. 177.（「僭主政治と知恵」『僭主政治について』，下 50 頁。）
(55) *Ibid.*, p. 161.（同上，下 55 頁。）
(56) これについては，以下も参照。石崎嘉彦『政治哲学と対話の弁証法』，147 頁。
(57) Strauss, "Restatement on Xenophon's *Hiero*", in OT, pp. 185-186.（「クセノフォン『ヒエロン』についての再説」『僭主政治について』，下 100 頁。）
(58) Strauss, *Liberalism, Ancient and Modern*, p. 233.（石崎嘉彦・飯島昇藏他訳『リベラリズム　古代と近代』，359 頁。）
(59) Strauss, *ibid.*, p. 235.（同上，394 頁。）
(60) Strauss, "Progress or Return?", in *The Rebirth of Classical Political Rationalism*, p. 260.（「進歩か回帰か」『古典的政治的合理主義の再生』，331 頁。）
(61) Strauss, *ibid.*, p. 260.（同上，330 頁。）
(62) OT, p. 270.（石崎嘉彦・飯島昇藏・金田耕一他訳『僭主政治について』，下 232 頁。）
(63) OT, p. 275.（邦訳，下 241 頁。）
(64) プラトン，藤沢令夫訳『プラトン全集 3　ソピステス』，4 頁。
(65) Strauss, "Restatement on Xenophon's *Hiero*", in OT, p. 192.（「クセノフォン『ヒエロン』についての再説」『僭主政治について』，下 113 頁。）
(66) Strauss, "Progress or Return?", in *The Rebirth of Classical Political Rationalism*, p. 270.（「進歩か回帰か」『古典的政治的合理主義の再生』，342 頁。）
(67) Strauss, "Restatement on Xenophon's *Hiero*", in OT, p. 186.（「クセノフォン『ヒエロン』についての再説」『僭主政治について』，下 100 頁。）
(68) OT, p. 281.（邦訳，下 249 頁。）
(69) 読者の中には，histoire raisonnée を「体系的歴史」と訳すことに違和感を覚える者も少なからずいるであろう。コジェーヴはなぜこのような表現を取ったか明らかにしておらず，この本の序文（Préface, 1967 年 12 月 30 日に執筆）で，ただ次のように述べている。

>　10 年ほど前に書かれ，この本に採録されることになったこの後の頁は，全体において哲学の（「体系的 raisonnée」）歴史，すなわちタレスからヘーゲルへと至るそれであるような第三の導入の始まりをなす。（*Essai d'une histoire raisonnée de la philosophie païenne I*, p. 9.）

「第三の導入」とはヘーゲルの「知の体系」に対してコジェーヴが付した三つの導入のうちの最後のものである。「知の体系」の題目の下で、コジェーヴはヘーゲルの賢知の「百科辞書的な encyclopédique」(すなわち完全な) 開示を試みている。ヘーゲルが哲学者として歴史を体系的に解釈しようとしたことは明白であることから、われわれは raisonnée を「体系的」と訳すに至った。なお、『僭主政治について』の邦訳の中では、コジェーヴの本のタイトルの英訳 *Essay at a Reasoned History of Pagan Philosophy* に依拠しながら、『異教哲学における理性の歴史についての小論』と訳されている（下 294 頁）。

(70)　OT, p. 309.（邦訳、下 295 頁。）
(71)　OT, p. 314.（邦訳、下 300 頁。）
(72)　OT, p. 273.（邦訳、下 236 頁。）

■第 2 章

(1)　«Entretien avec Gilles Lapouge, "Les philosophes ne m'intéressent pas, je cherche des sages"», *La Quinzaine littéraire*, p. 19.
(2)　シュトラウスはこのことに関して、「コジェーヴないしヘーゲルがおこなった古典的道徳と聖書的道徳との総合」という表現を用いながらその試みを辛辣に批判しているが、その批判の是非はここでは取り扱わない。Cf. Strauss, OT, p. 191.（邦訳、下 112 頁。）
(3)　Dominique Pirotte, *Alexandre Kojève*, pp. 27-28. ピロットが（ ）内で示しているのは、執筆された年ではなく、最初に出版された年である。
(4)　OT, p. 309.（邦訳、下 295 頁。）｜ ｜内は執筆者による補足である。
(5)　OT, p. 273.（邦訳、下 236 頁。）〔 〕内はコジェーヴ自身、〈 〉内は編集者による補足である。
(6)　現象学と言えば、現代ではもっぱらフッサールのそれのことを指すが、本書ではフッサールがコジェーヴに与えた影響は取り扱わず、主にヘーゲル哲学の流れを組んだコジェーヴの現象学を考察の対象にする。序論でも言及したように、コジェーヴはハイデルベルク大学で学んでいた頃、フッサールの講義に出ることは避けていた。その後も、彼がフッサールに言及することは稀である。その理由は明らかではない。
(7)　CTD, p. 30.（邦訳、24 頁。）
(8)　Nichols, *Alexandre Kojève, Wisdom at the End of History*, p. 107.
(9)　歴史主義については、以下を参照。石崎嘉彦『倫理学としての政治哲学』ナカニシヤ出版、2009 年、149 頁及び 152 頁。

(10) 「一般的にいえば，政治家や僭主の行ないは，知識人が実践的な目的に合わせて改造した哲学者の理念の一機能として（意識的にせよそうでないにせよ）遂行されている（中略）。」Kojève, «Tyrannie et sagesse», in DT, p. 199.（「僭主政治と知恵」『僭主政治について』，下 80 頁。）
(11) CTD, p. 191.（邦訳，226 頁。）
(12) CTD, p. 92.（邦訳，96 頁。）
(13) CTD, p. 148.（邦訳，170 頁。）
(14) CTD, p. 101.（邦訳，107 頁。）
(15) Colin Cordner, "The Concept of Plato: An exegesis of the sixth through eighth lectures of Kojeve's 1938-39 series on the Phenomenology of Spirit", p. 3.
(16) *Ibid.*, p. 5.
(17) 三浦要によれば，パルメニデスの「形而上学的一元論は，実体的一元論（実在をただ一つのものとする）と属性的一元論（実在のカテゴリー・属性をただ一種類のものとする）」に分けられ，現在主流となっている解釈は前者であり，その中でも，ただ一つの実在があるとする「数的一元論 numerical monism」である。コジェーヴもまた「数的一元論」の立場を取っているが，パルメニデスにおける存在論と時間論を組み合わせて捉えた点が興味深いと言える。三浦要『パルメニデスにおける真理の探究』，129 頁，参照。
(18) CTD, p. 193.（邦訳，229 頁。）
(19) CTD, p. 195.（邦訳，232 頁。）コジェーヴ自身はこれらの語を noein, noima というようにアルファベット表記したうえで，括弧書きにした。邦訳では $νοεῖν$ は言説，$νόημα$ は対象とだけ訳出されており，括弧書きは省略されている。
(20) 訳については，内山勝利編『ソクラテス以前哲学者断片集　第Ⅱ分冊』を参照した。
(21) WLS, S. 49.（邦訳，93 頁。）
(22) CTD, p. 195.（邦訳，232 頁。）
(23) CTD, p. 196.（邦訳，233 頁。）
(24) 存在論に関する文脈で忘却といえば，ハイデガーが指摘した，従来の西洋哲学史における，「存在論的差異」つまり「存在者 das Seiende」及びこの存在者を存在者にしている「存在 das Sein」との峻別を忘れてしまっていたという「存在忘却 Seinsvergessenheit」についての議論を我々に想起させる。コジェーヴはまだ若かりし頃にベルリン大学で学んでいた際に，前者の授業をなぜか避けていたが，後にハイデガーを意識するようになった。しかし，この文脈ではハイデガーの存在論と直接的な関連性はないと思われる。

(25) CTD, p. 191.（邦訳, 226 頁。）
(26) EHII, p. 254.
(27) 訳に関しては, 久保勉訳を参照した。
(28) 中期ではなく, 後期あるいは中期から後期への途上に書かれた作品であるという説もある。
(29) CTD, p. 214.（邦訳, 386 頁。）
(30) 訳出に当たって, 田中美知太郎訳『プラトン全集4』を参照した。形相とはエイドスの訳語であるが, 語源的にはエイドスもイデアも同じである。これについては,『プラトン全集4』, 27 頁の注2を参照。
(31) プラトンがパルメニデスの存在論を意識しながら, 感覚的事象を「ありかつあらぬもの」であると考えていたことに関しては, 以下を参照。内山勝利「プラトン」『哲学の歴史1』, 496 頁。
(32) CTD, p. 211.（邦訳, 250 頁。）
(33) 代表的なものとして, プラトンを心身（物心）二元論の源流と解釈する風潮は現在でも残っている, と論じる瀬口昌久の文章を引用しよう。
　　（プラトンが現実界を軽んじたという）通念は, 哲学の領域にとどまらず, キリスト教世界においても, パウロが『ローマの信徒への手紙』で述べている霊肉二元論的な図式と結びつけられ, 信仰世界と世俗社会の二元論を補強する教説として, 賞賛されたり非難をあびたりしながら, 広汎で甚大な社会歴史的影響を現在にまで与え続けている。(『魂と世界──プラトンの反二元論的世界像』, III 頁。)
(34) サルトルもおそらく同様の事情から, 『存在と無 L'Etre et le néant』を書くにあたって, néant の語を用いたものと思われる。
(35) Dominique Auffret, *Alexandre Kojève*, p. 603.（『評伝アレクサンドル・コジェーヴ』, 622 頁。）
(36) ルネ・グルセの著作 *Philosophes indiennes* についての書評（1931 年に雑誌 *Revue d'histoire de la philosophie* に収録), マルセル・グラネの *La pensée chinoise* に関する書評（1934-1935 年に雑誌 *Recherches philosophiques* の中で発表された), 友松円諦の著作『仏教』についての書評（1935-1936 年に雑誌 *Recherches philosophiques* に掲載された) がある。
　　本節の冒頭でコジェーヴが若かりし頃, 東洋哲学に関心を持っていたことについて, 自身が晩年になって, 「間違えた道へと進んでいた」と述べたことは, 彼の思想に東洋哲学からの影響があったとする見解と矛盾するのではないかと思われるかもしれない。

コジェーヴは1930年代のヘーゲル講義を行なった辺りから，東洋哲学の研究に専念することはやめて，後に西洋哲学の始まりである古代ギリシャの哲学へと関心を向けた。彼は晩年にこのことを述べているだけである。東洋哲学そのものの内に間違いがあったなどと彼が考えているわけでは，けっしてない。そのことは次の内容からわかる。

　コジェーヴが「間違えた道へと進んでいた」と述べたインタビューの記事が出版された1968年の前年である，1967年に出版された『異教哲学の合理的歴史』の序論（Introduction）に付けられた注の中で，彼はインド哲学からの影響を受けていると自認している。彼は，無神論的宗教としての仏教について，最も明確かつ根源的に考察された場所がインドであると述べたうえで，次のように続けている。

　　したがって，宗教及び（「哲学的」あるいはそうではない）神学一般を理解するうえでも，いくつかのまさしく哲学的な問題について，さらにヘーゲルの哲学の問題を解明するうえでも，（私が長年行なってきた）仏教について書かれた著作の研究はきわめて有益であった。（中略）しかし，仏教哲学の中には，ヘーゲルの知の体系の中に統合された「西洋」哲学の中に見出されるものと本質的に異なるようなものは，何ひとつ見つからないので，私はこの序論の本文の中で「東洋」哲学に言及しないでも良いと信ずるのである。（*Essai d'une histoire raisonnée de la philosophie païenne I*, p. 164.）

　それゆえ，たとえ明示されていなくとも，コジェーヴが宗教・神学・哲学について語る際に，東洋哲学からの影響が見て取れるとしても何の不思議もない。

(37) 　CTD, pp. 285-286.（邦訳，346頁。）
(38) 　CTD, p. 175.（邦訳，378頁。）
(39) 　訳出に当たり，田中美知太郎訳『テアイテトス』を参照した。
(40) 　訳については，岩田靖夫訳『パイドン』を参照した。
(41) 　CTD, p. 211.（邦訳，250頁。）
(42) 　CTD, p. 209.（邦訳，247頁。）
(43) 　EHII, p. 50.
(44) 　CTD, p. 219.（邦訳，258頁。）この本を読む限りでは，コジェーヴはプラトンが信仰者であると断言できるという明白な根拠を示してはいないように思われる。ただ，プラトンがイデア界という超越的な世界を認めている時点で，彼が信仰者であるとするコジェーヴの仮説は一定の説得力を持つと言えよう。
(45) 　周知のように，ソクラテスについて語る文脈では，この語は通常は「問答法」と訳される。

(46) CTD, p. 212.（邦訳，251-252頁。）
(47) 第1章ですでに見た通り，コジェーヴはしかし，啓示の可能性については否定的態度を取っている。彼によると，啓示によって真理へと到達したと人が主張することは不合理ではないが，「その場合に彼は，その知識を他者に伝える哲学的に確かな根拠をもたない（中略）し，また，それゆえ彼が真に哲学者なのであれば（中略），そんなことはしないだろう。」(Kojève, «Tyrannie et sagesse», in DT, p. 177. 邦訳，下50頁。)
(48) EHII, p. 177.
(49) CTD, p. 218.（邦訳，257-258頁。）
(50) CTD, p. 214.（邦訳，387頁。）〔 〕内はコジェーヴが付けた補足である。
(51) CTD, p. 215.（邦訳，387頁。）
(52) ILH, p. 342.（邦訳，171頁。）
(53) ILH, p. 340.（邦訳，168頁。）
(54) ILH, p. 346.（邦訳，176頁。）
(55) ILH, p. 345.（邦訳，175頁。）
(56) ILH, p. 347.（邦訳，177頁。）
(57) キリスト教神学がいかにギリシャ文化を包摂してきたか，とりわけ啓示としてのキリスト教と理性としてのイデアリズムの関係をどのように解決してきたか，その歴史に関しては，掛川富康「キリスト教神論におけるヘブライズムとヘレニズム」を参照。この論文ではカール・バルトに至るまでのキリスト教神学の成立過程が中心的な関心事になっている。バルトの他にも，プラトンの著書をドイツ語に翻訳した際に，新プラトン主義の造語を作り出したことで知られる，フリードリヒ・シュライエルマッハーが神学者としてプラトン哲学を神学とは矛盾しない形で受容した。彼が『従来の倫理学批判大綱』(1803年) の中でプラトン礼賛を行なっていることについては，武安宥「シュライエルマッハーの徳論――プラトンの徳論との関連で」を参照。
(58) EHII, p. 489.
(59) ILH, pp. 344-345.（邦訳，174頁。）
(60) ILH, p. 455.（邦訳，345頁。）
(61) CTD, p. 60.（邦訳，59頁。）
(62) ILH, p. 347.（邦訳，177頁。）
(63) 確か実際にはコジェーヴ自身がこのような表現を用いているわけではないが，彼はハイデガーに従って，時間内存在としての人間に着目していたことから，この表現を用いることは不自然ではないと考えられる。

(64) コジェーヴはこの点を『法の現象学』の第二節で強調している。EPD, p. 11.（邦訳，6 頁。）
(65) ILH, p. 380.（邦訳，214 頁。）

■第 3 章

(1) CTD, p. 30.（邦訳，24 頁。）
(2) ILH, p. 272.（邦訳，135 頁。）
(3) CTD, p. 61.（邦訳，61 頁。）
(4) 「ネオ・ヘーゲル主義」とは，レオ・シュトラウスがコジェーヴに宛てた 1956 年 6 月 4 日の手紙の中で，ヘーゲル自体とコジェーヴの斬新なヘーゲル解釈とを区別するために用いた造語である。Cf. OT, p. 264.（邦訳，下 222 頁。）
(5) その問題点に関しては，*De Kojève à Hegel*（écrit par Jarczyk, Gwendoline et Labarrière, Pierre-Jean）の中で手厳しい批判とともに論じられているように，コジェーヴがヘーゲル的「主奴の弁証法」を「欲望の弁証法」と恣意的に読み変えたり，「主奴の弁証法」を軸に人類の歴史を読み解くマルクス主義的手法を用いたりしたことが挙げられる。
(6) *De Kojève à Hegel*, p. 64. この内容は，コジェーヴがヘーゲル哲学を最終哲学とみなした見解と矛盾すると思われるかもしれない。彼は微に入り細を穿つような「正当なヘーゲル解釈」をめぐる論争より，ヘーゲル読解を通じた自己の哲学の形成に重きを置いたのであろう。
(7) OT, p. 307.（邦訳，293 頁。）
(8) アンリ・アルヴォン，竹内良知・垣田宏治訳『無神論』，104 頁。
(9) 岡本裕一朗『ヘーゲルと現代思想の臨界』，109 頁。
(10) このことについては，大石雄爾『ヘーゲル論理学の真相──「普通の理解力」で読むヘーゲル論理学の有論』も参照。
(11) WLS, S. 48.（邦訳，91 頁。）
(12) WLS, S. 63.（邦訳，112 - 113 頁。）
(13) WLS, S. 48.（邦訳，92 頁。）引用の中の〔　〕内は筆者による補足である。
(14) WLS, S. 49.（邦訳，92 頁。）
(15) WLS, S. 47.（邦訳，90 頁。）
(16) WLS, S. 51.（邦訳，95 - 96 頁。）この箇所は，ヘーゲルの弟子たちが読み，コジェーヴも参照した 1812 年の初版にのみ存在する（CTD, p. 246. 邦訳，249 頁）。1831 年の第 2 版ではヘーゲル自身の手により，それは削除された。
(17) WLS, p. 64.（邦訳，113 頁。）

(18) CTD, pp. 242-243.（邦訳, 289 - 290 頁。）
(19) CTD, p. 285.（邦訳, 345 頁。）コジェーヴの用語 Existence は「現存在」と訳されることが多いが,「現存在」は Dasein の訳語である。ドイツ語の Existenz が「事実存在」あるいは「現実存在」を略して「実存」と訳されるのを鑑みて, Existence を「実存」と訳す。
(20) CTD, p. 264.（邦訳, 318 頁。）
(21) WLS, S. 85.（邦訳 93 頁。）
(22) 前節でも見た通り, プラトンの存在論の中に対立体が見出せるか否か議論の余地があるが, 彼は「一」と「一以外のもの」という二分法を頻繁に用いてはいる。Cf.『パルメニデス』, 160E。
(23) パルメニデスが説いたとされる一者に関しては, プラトン『パルメニデス』の他, パルメニデス「自然について」断片 6 及び 8 を参照。
(24) CTD, p. 292.（邦訳, 353 頁。）
(25) CTD, p. 258.（邦訳, 310 - 311 頁。）
(26) CTD, p. 287.（邦訳, 347 - 348 頁。）
(27) 人間を特殊な位置に置く発想法はキリスト教的であり,「科学的」議論である進化論ですらもこのような発想の下に成立していると我々には思われる。
(28) *De Kojève à Hegel*, p. 65.
(29) *Ibid*., p. 65.
(30) *Ibid*., p. 67.
(31) *Ibid*., p. 68.
(32) ILH, p. 350.（邦訳, 180 頁。）
(33) ILH, p. 494.（邦訳, 305 頁。）
(34) 「人間はある空虚であり, ある無, すなわち純粋の無（reines Nichts）ではなく, 存在を無化する限りで存在する何者かでなければならず, これにより存在の犠牲において自己を実現し, 存在の只中にあって無化するものでなければならない。」ILH, p. 167.（邦訳, 53 頁。）
(35) ILH, p. 548.（邦訳, 384 頁。）
(36) ILH, p. 523.（邦訳, 339 頁。）
(37) ILH, p. 566.（邦訳, 410 頁。）
(38) ILH, p. 539.（邦訳, 374 頁。）
(39) ILH, pp. 538-539.（邦訳 372 - 373 頁。）
(40) 石崎嘉彦『政治哲学と対話の弁証法』, 23 - 66 頁。
(41) 海老澤善一訳編『ヘーゲル批評集』, 299 頁。〔　〕内は執筆者による補足で

ある。
(42) ILH, p. 192.（邦訳，85 頁。）
(43) 御子柴道夫『ウラジミール・ソロヴィヨフ』，172‐220 頁。
(44) «La métaphysique religieuse de Vladimir Soloviev», *Revue d'histoire et de philosophie religieuses*, p. 116.
(45) PHG, S. 572.（長谷川宏訳『精神現象学』，529 頁。）
(46) ルネ・セロー，高橋允昭訳『ヘーゲル哲学』，76 頁。
(47) Jean Wahl, «A propos de *L'introduction à la philosophie de Hegel*», *Deucalion*, p. 78.
(48) «Hegel, Marx et le christianisme», *Critique*, p. 340.〔　〕内はコジェーヴ自身による補足である。
(49) ILH, p. 535.（邦訳，369 頁。）
(50) ILH, p. 535.（邦訳，368 頁。）
(51) ILH, p. 530.（邦訳，361 頁。）
(52) PHG, S. 22-23.（邦訳，11 頁。）
(53) ILH, p. 529.（邦訳，360 頁。）
(54) ILH, p. 529.（邦訳，361 頁。）
(55) PHG, S. 24.（邦訳，12 頁。）
(56) 厳密に言えば，無としての否定性は三位一体論にのみ依拠するわけではない。ユダヤ・キリスト教の伝統においては，人間にとっては原罪があるとも考えられ，この原罪は対峙されることで否定されなくてはならない。このような伝統に基づけば，人間は現実界において神同様に自己意思に基づいて否定的な行動ができるため，自立しており，自由であるとされ，また，常に新たな歴史的世界を創造する限りで比類なき個人である。ただ，コジェーヴの著書の中で原罪についての言及は少ないため，本書ではこれ以上それについて論じない。
(57) Alexandre Kojève et Pierre Klossowski, «Préface à l'oeuvre de Georges Bataille», in *Georges Bataille, Collectif Essai*, p. 79. この序文の中では，前半でヘーゲル哲学の概要説明が始まった後，後半でクロソウスキー，バタイユ，ブランショ，ボーヴォワール，サルトル，マルセル，メルロ＝ポンティ，イポリットなどの信仰者と不信仰者の間で開かれた会合の記録が続けられている。引用部分は前半の一部である。序文はコジェーヴとクロソウスキーが連名で書いたことになっているが，前半に関しては内容からしても，その後のコジェーヴが参加していない会合の内容をクロソウスキーがまとめたことから推測しても，コジェーヴが書いたと考えて良いであろう。なお，序文には本来はタイトルが

付けられていないが、コジェーヴの著作リストの中では、便宜上「バタイユの作品への序文 Préface à l'oeuvre de Georges Bataille」と記されることが多い。

■第Ⅰ部の結びに代えて

(1) Kojève, *L'Athéisme*, p. 74.
(2) *Ibid*., p. 69.
(3) ILH, p. 211.（邦訳、111 頁。）
(4) ILH, p. 207.（邦訳、107 頁。）
(5) Kojève, «Hegel, Marx et le christianisme», *Critique*, p. 340. 原文の中で付けられていた括弧に関しては〔 〕で表わした。
(6) ニーチェ、信太正三訳『悦ばしき知識』、220 頁。
(7) Kojève, «Christianisme et communisme», *Critique*, pp. 308-309.
(8) 同上、404 頁。
(9) OT, p. 209.（邦訳、143 頁。）
(10) ブルーム、菅野盾樹訳『アメリカン・マインドの終焉』、245 頁。
(11) ニーチェ、手塚富雄訳『ツァラトゥストラⅠ』、21 頁。
(12) 同上、23 頁。
(13) ILH, p. 436.（邦訳、245 頁。）

■序　国家論の系譜

(1) D'Entrèves, *The Notion of the State*, p. 30.（『国家と何か』、36 - 37 頁。）
(2) *Ibid*., pp. 99-100.（同上、122 頁。）
(3) *Ibid*., p. 33.（同上、40 頁。）
(4) *Ibid*., p. 108.（同上、133 頁。）
(5) *Ibid*., pp. 214-215.（同上、262 頁。）

■第 4 章

(1) 二人の交流の詳しい過程に関しては、以下を参照。Galin Tihanov, "Regimes of Modernity at the Dawn of Globalization: Carl Schmitt and Alexandre Kojève", in *Other modernisms in an age of globalization*, pp. 75-93.
(2) この講演については、以下も参照。ヤン・ヴェルナー・ミューラー、中道寿一訳『カール・シュミットの「危険な精神」』、99 - 111 頁。
(3) ただし、この際に無事再会できたかどうかは確認されていない。
(4) 2011 年秋から 2012 年夏にかけて三度にわたって行なった、コジェーヴの姪

クーズネットゾフとの個人的なインタビューによる。
(5) グローバリゼーション，とりわけその政治的次元に関しては以下を参照。Manfred B. Steger, *Globalization*, pp. 56-68.（櫻井公人・櫻井純理・高嶋正晴訳『グローバリゼーション』, 70 - 87 頁。）
(6) シュミット『政治的なものの概念』, 21 頁。
(7) 誤解を避けるために，法的なものをあえてフランス語で表現するなら，合法的なものを指す le légal よりも le juridique, 英語で表現するなら，the legal よりも the juridical, ドイツ語なら das Rechtliche あるいは das Legale よりも das Juristische とした方が適切であろう。
(8) 観念は notion の訳語である。本書では，Concept を概念と訳すことにする。
(9) 『ヘーゲル読解入門』及び『法の現象学』の邦訳においては，「市民」ではなく「公民」と訳されているが，本書では citoyen の訳語として，一般的に定着している「市民」の語を用いる。
(10) "Der Briefwechsel Kojève-Schmitt", in *Schmittiana VI*, S. 112.
(11) *Ibid.*, S. 115.
(12) Kojève, ILH, p. 21.（邦訳, 26 頁。）
(13) コジェーヴからシュミットに宛てた 1956 年 1 月 4 日の手紙。"Der Briefwechsel Kojève-Schmitt", in *Schmittiana VI*, S. 115.
(14) ここから，コジェーヴがヘーゲルを解読する際に，ホッブズを参照軸にしたことがうかがえるであろう。ホッブズは「人間は人間にとって狼である」という一種の性悪説を前提にしながら，その政治哲学を展開したことで知られているが，人間が他の人間にとって狼となる理由は敵意によるものと思われる。
(15) 主と奴の弁証法については，以下を参照。ILH, pp. 22-42.（邦訳, 27 - 43 頁。）
(16) EPD, p. 143.（邦訳, 161 頁。）
(17) *Ibid.*, p. 90.（同上, 94 頁。）
(18) *Ibid.*, p. 144.（同上, 161 頁。）
(19) *Ibid.*, p. 586.（同上, 673 頁。）
(20) ILH, p. 508.（邦訳, 321 頁。）Besonderheiten は特異性と訳せば良いであろう。
(21) シュミットからコジェーヴに宛てた 1955 年 6 月 7 日の手紙。"Der Briefwechsel Kojève-Schmitt", in *Schmittiana VI*, S. 108.
(22) 「ある時代，ある社会の状況において決断の重要性を強調する決断主義は，それ自体としては終末論と無関係であるが，その決断を必要とする社会が『世の終わり』に直面しているという思想とそれが結びつくと，終末論的性格を帯び

ることになる」(長尾龍一「カール・シュミットと終末論」臼井隆一郎編『カール・シュミットと現代』, 79頁)。
(23) シュミット, 田中浩・原田武雄訳『政治的なものの概念』, 30-31頁。
(24) シュミット, 岡田泉訳「域外列強の干渉禁止に伴う国際的広域秩序——国際法上のライヒ概念のへの寄与」『ナチスとシュミット』, 86頁。
(25) 同上, 99頁。
(26) 第一次及び第二次世界大戦前後において, 両者が二つの大戦をキリスト教的な終末論の発想で捉えていたことは大いに考えられる。
(27) ILH, p. 435. (邦訳, 244頁。)
(28) Kojève, «L'Empire latin — Esquisse d'une doctrine de la politique française (1945)», *La règle du jeu*, pp. 90-91.
(29) "Der Briefwechsel Kojève-Schmitt", in *Schmittiana VI*, S. 109. この箇所はフランス語で書かれている。
(30) Ebd., S. 104.
(31) ここで第三の祖国と書いたのは, コジェーヴがすでに一度ロシアからドイツに亡命していたからである。さらに, 彼は1941年に恋人のニーナ・イヴァノーヴァとともにヨーロッパを離れてアメリカへと亡命しようと試みたこともあったが, 彼らは当時フランスのパスポートを所持していなかったために逮捕及び拘束された。それから2年が過ぎた1943年に『法の現象学』が書かれた。
(32) シュミット『政治的なものの概念』, 27頁。
(33) クラウゼヴィッツ, 清水多吉訳『戦争論』上, 37頁。
(34) EPD, p. 497. (邦訳, 578頁。)
(35) このようなシュミットと現実の政治及び歴史の関わりについては, 長尾龍一による「カール・シュミット伝」が詳しい。この論文は, 長尾龍一編『カール・シュミット著作集Ⅰ』の中に所収されている。
(36) コジェーヴからシュミットに宛てた1955年5月16日の手紙。"Der Briefwechsel Kojève-Schmitt", in *Schmittiana VI*, S. 101.
(37) シュミットにおける, このような歴史的一回性の弁証法については以下も参照。大竹弘二『正戦と内戦』, 228-238頁。
(38) コジェーヴは武力による世界統一など不可能であると考えていたことから, 彼が東欧革命は必然的に起こるものと考えていたと解釈することも可能ではあるが, それは深読みであろう。姪のクーズネットゾフ氏は, 彼がソ連崩壊を見通していたかどうかは明らかでないと筆者にインタビューで証言した。
(39) 滝口清栄「ヘーゲル 生涯と思想」『ヘーゲル入門』, 69頁。

(40) OT, p. 176.（邦訳，下 80 頁。）

(41) シュミットがヨーロッパ中心主義的発想を持ちながら，新たな世界秩序を構想していたことに関しては，以下も参照。ヤン・ヴェルナー・ミューラー『カール・シュミットの「危険な精神」』，95 頁；田中純『政治の美学』，206 頁。

(42) "Der Briefwechsel Kojève-Schmitt", in *Schmittiana VI*, S. 97.

(43) このようなイメージに関しては，例えば，ローラン・ビバールによる，レオ・シュトラウスとコジェーヴの対比で描かれたコジェーヴ像を参照のこと。Cf. Laurent Bibard, *La Sagesse et le féminin. Science, politique et religion selon Kojève et Strauss*.

(44) EPD, p. 260.（邦訳，706 頁。）

(45) ドゥルーズがフーコーの権力論の中から管理社会を見出す前に，コジェーヴはすでに現代社会において市民の行動が公的組織によって管理されることを見通していた。

(46) ヘーゲルの哲学を一元論であるとするコジェーヴの分析は，イデオロギー的に単純化されたヘーゲル理解であるかもしれないが，この問題に関してはヘーゲル哲学をいかに解釈するかという複雑な問題系をその根底に秘めているため，シュミットとコジェーヴの対話の内容を主として取り扱う本章でそれを論じることはできない。ここでは，先にも論じたとおり，コジェーヴはヘーゲルの三位一体的弁証法を一元論的思考として把握していることのみを強調しておきたい。

(47) Kojève, "Du colonialisme au capitalisme donnant", *Commentaire*, p. 562.

(48) コジェーヴは明言していないものの，このような完全な自己防衛を可能にしたのは，各国が原爆と水爆を所有したことによると考えられる。現在においても，科学技術に基づいたこれらの核兵器が，それらを作り出した人類自体にもたらす脅威を取り除くために，哲学が科学技術へと制限を加えるという課題へと取り組むことが求められているように思われる。科学は，自身が与える恐怖について価値判断をあえて下すことがないからである。石崎嘉彦「恐怖の時代の政治哲学」『哲学』，27 - 43 頁，参照。

(49) Schmitt, "Nehmen/Teilen/Weiden", in *Verfassungsrechtliche Aufsätze aus den Jahren 1924-1954*, S. 504.

(50) ハインリヒ・マイアー，栗原隆・滝口清栄訳『シュミットとシュトラウス』，173 頁。

(51) シュミットからコジェーヴに宛てた 1955 年 12 月 14 日の手紙。"Der Briefwechsel Kojève-Schmitt", in *Schmittiana VI*, S. 113.

(52) シュミット，新田邦夫訳『パルチザンの理論——政治的なるものの概念についての中間所見 (1963 年)』，52 頁。
(53) 同上，62 頁。
(54) 同上，29 頁。
(55) 大竹弘二『正戦と内戦』，212 頁，参照。
(56) ノモスはここでは，法や規則を意味するが，シュミットによれば，この語は語源的にはギリシャ語で「取得，分配，生産」を意味している。彼は 1950 年代において，ノモスを鍵語として頻繁に用いている。
(57) シュミットからコジェーヴに宛てた 1955 年 6 月 7 日の手紙。"Der Briefwechsel Kojève-Schmitt", in *Schmittiana VI*, S. 109.
(58) シュミット，新田邦夫訳『大地のノモス』(改訳版)，232 頁。同様の主張は，172 頁にも見られる。
(59) 同上，233 - 234 頁。「ラウム関連の」とは raumhaft の訳語であり，「ラウム具備的」と訳されることもある。
(60) 第三者と第三項はともにフランス語の tiers，ドイツ語の Dritte の訳語であるが，第三者は法的な文脈で具体的な人に対して用いられ，第三項はより広範かつ一般的に使われる。本書では，文脈に応じて適宜訳し分けた。
(61) シュミット，大久保和郎訳『政治的ロマン主義 (1925 年)』，102 - 103 頁。
(62) 同上，108 頁。
(63) シュミット『政治的なものの概念』，16 頁。
(64) シュミット『パルチザンの理論』，160 頁。
(65) コジェーヴから今村仁司への影響関係については，以下を参照。堅田研一『法の脱構築と人間の社会性』，第三章「アレクサンドル・コジェーヴと今村仁司」。
(66) EPD, p. 267.（邦訳，313 頁。）
(67) EPD, p. 268.（邦訳，314 頁。）奴隷とブルジョワとを断りなく同一視することはできないし，またブルジョワ法の原理が必ずしも等価性の原理であるとも同定できないようにわれわれには思われるが，ここで重要なのはブルジョワと等価性の関わりの問題ではなく，等価性の原理そのものであるため，この問題については論じない。
(68) EPD, p. 313.（邦訳，368 - 369 頁。）
(69) EPD, p. 315.（邦訳，372 - 373 頁。）
(70) EPD, p. 387.（邦訳，454 頁。）
(71) EPD, p. 389.（邦訳，455 - 456 頁。）

(72) EPD, p. 77.（邦訳，78 頁。）本書でコジェーヴは intérêt の語に，利害及び関心という二重の意味を込めていることに留意されたい。
(73) コジェーヴからシュトラウスに宛てた 1957 年 7 月 1 日の手紙。OT, p. 283.（邦訳，下 254 頁。）
(74) EPD, pp. 283-284.（邦訳，下 253 頁。）
(75) プラトン，藤沢令夫訳『ソピステス』，257b，132 頁。
(76) シュトラウスもコジェーヴに対し，1957 年 9 月 11 日付けの手紙の中で「君の解釈全体が図式的かつ恣意的であるように私には思われるのだ」と辛辣に述べている。OT, p. 292.（邦訳，下 269 頁。）
(77) CTD, p. 208.（邦訳，246 頁。）
(78) コジェーヴからシュトラウスに宛てた 1957 年 7 月 1 日の手紙。OT, p. 285.（邦訳，下 258 頁。）邦訳では atomos eidos は「分割不能なイデア」と訳されているが，「分割不能なエイドス」と訳した。ただし，少なくともここでは，アリストテレスとプラトンとが同時に論じられているため，エイドスとイデアの観念的相違が曖昧となっていることから，どちらの訳語を採用するかはあまり本質的な問題ではないであろう。
(79) アリストテレス，高田三郎訳『ニコマコス倫理学』，1094a，18 頁。
(80) 同上，1098a，34 頁。「さきに述べられたところ」とは，上の 1094a を意味すると考えられる。
(81) コジェーヴからシュトラウスに宛てた 1957 年 7 月 1 日の手紙。OT, p. 288.（邦訳，下 263 頁。）
(82) OT, p. 288.（邦訳，下 263 頁。）
(83) 例えば，1107b 以下で，恐怖と平然の間にある勇敢や，快楽と苦痛の間にある節制などの具体的な中庸の例が列挙されている。
(84) Kojève, «Hegel, Marx et le christianisme», *Critique*, pp. 353-354.
(85) コジェーヴが古代哲学を数的観点から解釈し直す手法を取ったことは，おそらく『ギリシャ数学思想及び代数の起源 *Die griechische Logistik und die Entstehung der Algebra*』の著者であるヤコブ・クラインからの影響を受けてのことでもある。Cf. CTD, p. 33.（邦訳，28 頁。）
(86) シュトラウスにおいてもシュミットにおいてと同様に，ヘーゲル‐コジェーヴとは異なり，対峙する二項が「分裂」または「不和」という関係性を保持し続けることが本質的な知的パラダイムの基盤にあった。石崎嘉彦「ポストモダンの哲学としての政治哲学」『哲学』第 59 号，2008 年，27-43 頁，参照。
(87) シュミット『大地のノモス』，78 頁。

(88) シュミット「域外列強の干渉禁止に伴う国際的広域秩序——国際法上のライヒ概念のへの寄与」『ナチスとシュミット』，138頁．
(89) 文脈によっては，「空気」，「空中」という訳語が用いられることがある．
(90) 同上，422頁．
(91) 同上，121頁．
(92) "Der Briefwechsel Kojève-Schmitt", in *Schmittiana VI*, S. 105.
(93) シュミット『大地のノモス』，426頁．
(94) ところが，空中の友誼線なるものがわれわれの時代において成立していると考えるにしても，せいぜい航空機の運航を統制するための航空交通管制か，イラク戦争やリビア内戦の際に設定された飛行禁止空域（no-fly zone）という非武装地帯のような一時的なものである．したがって，かつてヨーロッパ諸国が陸や海を取得したように，今日において各国が空中を取得することにはならなかった．
(95) 同上，6頁．
(96) 同上，422頁．
(97) カテコーンの内容説明に関しては，以下も参照．大竹弘二『正戦と内戦』，211 - 214頁；同著者「ライヒ，カテコーン，ヨーロッパ」『社会思想史研究』，26 - 43頁．
(98) シュミット『大地のノモス』，40頁．
(99) シュミット，初宿正典・吉田栄司訳『ヨーロッパ法学の状況』，89頁．
(100) この論文は，後にコジェーヴ自身によって，その論文の一部が加筆修正されたうえで，タイトルも「僭主政治と知恵」と改められて『僭主政治について』に所収された．
(101) Kojève, «Tyrannie et sagesse», in DT, p. 199.（「僭主政治と知恵」『僭主政治について』，下80頁．）
(102) シュミット「域外列強の干渉禁止に伴う国際的広域秩序——国際法上のライヒ概念のへの寄与」『ナチスとシュミット』，150頁．
(103) 同上，118頁．
(104) シュミットは『陸と海と』の中でも，この官許海賊について以下のように言及している．「コルザールはピラートとはちがって法律上の権限，政府の委任状，王から出される正式な敵船拿捕免許状をもっている．」シュミット，生松敬三・前野光弘訳『陸と海と』，49頁．
(105) シュミット『パルチザンの理論』，149頁．
(106) ホブスンによると，「多数の相競争する帝国という観念は，本質的に近代的で

ある。」(矢内原忠雄訳『帝国主義論』, 上 47 頁。) つまり, 古代や中世の帝国は, 世界全体の国家を支配下に置こうとするものであった。

■第5章
(1) ILH, p. 437. (邦訳, 247 頁。)
(2) Jacques Derrida, *Spectre de Marx*, pp. 123-124. (増田一夫訳『マルクスの亡霊たち』, 165 - 166 頁。) 強調は筆者ではなく, デリダによる。〔 〕内は執筆者による補足である。
(3) Kojève, ILH, p. 437. (邦訳, 247 頁。)
(4) コジェーヴのヘーゲル読解の重要性及び後世への影響については, 以下を参照。Gwendoline Jarczyk et Pierre-Jean Labarrière, *De Kojève à Hegel*; 宇波彰「コジェーヴからヘーゲルへ」『ヘーゲル 現代思想の起点』, 36 - 59 頁。
(5) 「政府内での彼の政治的影響力は, 彼が省庁や GATT および国連のフランス代表団の一員であった——彼はそこで世界クラスの独学の経済学者として職務を果たした——ことによって, おそらくはド゠ゴール将軍に次ぐものであった。コジェーヴは私にそう語ったし, 彼の自己評価について私は, レイモン・アロンや, 後に GATT フランス代表団を務めたアンドレ・フィリップから確証を得た。」(Stanley Rosen, *Hermeneutics as politics*, p. 92. 石崎嘉彦監訳『政治学としての解釈学』, 122 頁。)
(6) Stanley Rosen et Jean-Louis Breteau, «Kojève's Paris. Chronique», *Cités*, No. 3, Le corps humain sous influence: La bioéthique entre pouvoir et droit, Presses Universitaires de France, 2000, p. 211. ここでは, 入手しやすく, ページ分けもされているフランス語版を参照したが, ページ分けのない英語版も参考文献一覧に挙げるウェブサイトで閲覧することが可能である。
(7) 1990 年に *La règle du jeu* という雑誌に編集版が所収され, 2007 年には *Hommage à Alexandre Kojève* というフランス国立図書館 (BNF) が編纂した雑誌に別の編集版が掲載された。完全版である英語版も存在する。BNF にはフランス語による完全版が所蔵されている。これらを全て適宜参照した。
(8) Kojève, «Esquisse d'une doctrine de la politique française», in *Hommage à Alexandre Kojève*, p. 93.
(9) ILH, p. 289. (邦訳, 156 頁。)
(10) 2011 年秋から 2012 年夏にかけて三度にわたって行なった, コジェーヴの姪クーズネットゾフとの個人的なインタビューによる。
(11) Cf. Robert Howse, "Kojeve's Latin Empire", *Policy Review*, Hoover

Institution Stanford University, 1 August, 2004.

(12) Alain De Benoist, "The Idea of Empire", *Telos*, pp. 81-98. フランス語版は未編集のため，英語版を参照した．

(13) もともとこの語はアテネの近くにあるアポロ・リュケイウス神殿付近にあった，城壁で囲まれた場所のことを指し，ひいてはアリストテレスがそこに創設した学園を意味していた．周知のように，現在では lycée はもっぱら高校を指す語として使われている．

(14) Kojève, «Tyrannie et sagesse», in DT, p. 173.（「僭主政治と知恵」『僭主政治について』，下 44 頁。）

(15) *Ibid.*, p. 170.（同上，下 40 頁。）

(16) 山本有造「「帝国」とはなにか」『帝国の研究』，3 頁。

(17) "La France devrait se mettre à la tête d'une action entreprise en vue de renverser le Gouvernement Franco, en accord avec les autres pays latins."

(18) Kojève, «Tyrannie et sagesse», in DT, p. 191.（「僭主政治と知恵」『僭主政治について』，下 69 頁。）

(19) *Ibid.*, p. 193.（同上，下 72 頁。）

(20) Kojève, «Esquisse d'une doctrine de la politique française», in *Hommage à Alexandre Kojève*, p. 94.

(21) 彼は日本がいずれ中国に政治的な意味で接近することになると考えていた．Cf. Dominique Auffret, *Alexandre Kojève*, p. 487.（『評伝アレクサンドル・コジェーヴ』，504 頁。）おそらくその根拠にあるのは，仏教もキリスト教同様に人種を乗り越える普遍的性格を持つことにあるようにわれわれには思われる．コジェーヴは必ずしも知日派であったとは言えないが，親日家であることは確かであり，二度来日したことが知られている．序論で言及したように，筆者が 2010 - 11 年に数回にわたり行なったコジェーヴの姪クーズネットゾフ氏との個人的なインタビューによると，コジェーヴは日本の文化がイギリスの文化よりも数段洗練されていると繰り返し語っていたという．

(22) ラテン帝国の中にポルトガルも含めるべきであるようにわれわれには思われるが，コジェーヴはなぜかあえてそうしなかった．コジェーヴは「僭主政治と知恵」の元となった論文「哲学者の政治的行動」を書いた 1950 年の時点で，スペインの悪名高き独裁者フランコとは異なり，ポルトガルの指導者サラザールこそ理想的な独裁者と考えていたにもかかわらず，そうしなかった．Cf. Kojève, «Tyrannie et sagesse» in DT, p. 154.（「僭主政治と知恵」『僭主政治について』，下 17 頁。）

(23) Kojève, «Esquisse d'une doctrine de la politique française», *La règle du jeu*, p. 122.〔　〕内は筆者による補足である。ここで，コジェーヴが帝国を支える宗教的基盤について言及していることは興味深いが，本章ではコジェーヴ及びシュミットの理論の宗教的背景という主題は取り扱わないことにする。

(24) Kojève, «Esquisse d'une doctrine de la politique française», *La règle du jeu*, 1990, pp. 103-104.

(25) 「(1948年から1958年までの間に) 合衆国とソ連とを数回旅行し比較してみた結果，私はアメリカ人が豊かになった中国人やソヴィエト人のような印象を得たのだが，それはソヴィエト人や中国人がまだ貧乏な，だが急速に豊かになりつつあるアメリカ人でしかないからである。アメリカ的生活様式 (*American way of life*) はポスト歴史の時代に固有の生活様式であり，合衆国が現実に世界に現前していることは，人類全体の『永遠に現在する』未来を予示するものであるとの結論に導かれていった。(中略)

　私がこの点での意見を根本的に変えたのは，最近日本に旅行した (1959年) 後である。(中略)

　最近日本と西洋世界との間に始まった相互交流は，結局，日本人を再び野蛮にするのではなく，(ロシア人をも含めた) 西洋人を『日本化する』ことに帰着するであろう。」(ILH, pp. 436-437. 邦訳，246頁。)

(26) *Schmittiana VI*, S. 105.

(27) Kojève, «Esquisse d'une doctrine de la politique française», in *Hommage à Alexandre Kojève*, p. 88.

(28) Kojève, EPD, p. 575. (邦訳，660頁。)

(29) OT, p. 256. (邦訳，下212-213頁。)

(30) 「歳を取るにつれて，私はいわゆる哲学的な議論というものにますます興味を抱かなくなっている。君とクラインを除いては，私が何かを学ぶことができる人を，私は依然として誰も見つけていないのだ。もし，君かクラインが，あるいは君たち二人がハイデルベルクに行くならば，私も当然向かうことになるだろう。」*Ibid.*, p. 307. (同上，下293頁。)

(31) *Ibid.*, p. 218. (同上，下159頁。)

(32) コジェーヴの最初にして最後の妻——彼らは1928年にパリで結婚し，1931年に離婚した——セシル・レオドーニナ・シュタークはユダヤ系ロシア人であった。彼女の元夫の兄は，やはりユダヤ系ロシア人のアレクサンドル・コイレであった。コジェーヴは彼女を通じて，1922年から1931年までパリの高等研究院でヘーゲルの宗教哲学についての講義をしていた科学哲学史の専門家コイ

レと知り合い，コイレのエジプト滞在に際して，コジェーヴは後に伝説となるヘーゲル講義を始めることとなった。
(33) Dominique Auffret, *Alexandre Kojève*, pp. 310-311.（『評伝アレクサンドル・コジェーヴ』，325頁。）
(34) 『僭主政治について』に所収されている。
(35) この論文も『僭主政治について』に所収されている。
(36) フランシス・フクヤマは，ニーチェのこの用語を用いて，『歴史の終わりと最後の人間』という，かの有名な本のタイトルにした。
(37) Strauss, "Restatement", in OT, p. 209.（「クセノフォン『ヒエロン』についての再説」『僭主政治について』，下144頁。）
(38) コジェーヴが第2版を出版するにあたって，意見を変更するに至った契機にシュトラウスによる批判があったことについては，以下も参照。堅田研一『法・政治・倫理』，95-97頁。
(39) ILH, p. 435.（邦訳，244頁。）
(40) ILH, p. 436.（邦訳，245-246頁。）
(41) 堅田，前掲書，97頁。
(42) Strauss, "Restatement", in OT, p. 209.（「クセノフォン『ヒエロン』についての再説」『僭主政治について』，下144頁。）
(43) *Ibid.*, p. 209.（同上，下145頁。）
(44) *Ibid.*, pp. 207-208.（同上，下142頁。）
(45) *Ibid.*, p. 208.（同上，下142頁。）
(46) ヘーゲル，長谷川宏訳『歴史哲学講義』，上41頁。この講義録は弟子たちが授業で取ったノートを基にして，編纂したものであるため，ヘーゲル自身が本当に厳密にこのように語ったかどうかは知る由がない。だが，彼がそれに近い趣旨のことを述べたものと推測される。
(47) Strauss, "Restatement", in OT, p. 210.（「クセノフォン『ヒエロン』についての再説」『僭主政治について』，下146頁。）
(48) Strauss, "Restatement", in OT, p. 210.（「クセノフォン『ヒエロン』についての再説」『僭主政治について』，下147頁。）
(49) OT, p. 255.（邦訳，下211頁。）
(50) Cf. Auffret, *Alexandre Kojève*, pp. 567-583.（『評伝アレクサンドル・コジェーヴ』，586-602頁。）オフレはこの箇所に «L'école du jeu et le jeu de la révolution, Mai 1968»（「遊びと学生と革命ごっこ 1968年5月」）というタイトルを付けた。

(51) Strauss, "Restatement", in OT, p. 192.(「クセノフォン『ヒエロン』についての再説」『僭主政治について』, 下114頁。)この箇所は最初に『僭主政治について』のフランス語版が出版された時には収録されていたが, 後に英語版が出版された際に, シュトラウス自身の手により削除された。彼の死後に弟子たちによって出版された決定版には再び採録された。Cf. "Restatement" (Critical Edition, 1950), *Interpretation*, Vol. 36, 2008, No. 1, p. 51.
(52) Kojève, «Tyrannie et sagesse», in DT, p. 193.(「僭主政治と知恵」『僭主政治について』, 下72頁。)
(53) アメンホテプ四世と称されることもある。
(54) ILH, p. 266.(邦訳, 132頁。)引用文中の〔 〕内は筆者による補足である。
(55) Kojève, *L'Empereur Julien et son art d'écrire*, p. 21.
(56) 石崎嘉彦『倫理学としての政治哲学』, 329頁。
(57) シュトラウス, 石崎嘉彦監訳「公教的教説」『古典的政治的合理主義の再生』, 120頁。
(58) ILH, p. 267.(邦訳, 132‒133頁。)
(59) Strauss, "Restatement", in OT, p. 210.(「クセノフォン『ヒエロン』についての再説」『僭主政治について』, 下146頁。)
(60) OT, p. 255.(邦訳, 下211‒212頁。)
(61) シュトラウスが, 現代の政治思想は自然権を批判し, 歴史相対主義に陥りつつあることを危惧したことについては, 以下も参照。石崎嘉彦『倫理学としての政治哲学』, 108頁。
(62) シュトラウス, 塚崎智・石崎嘉彦訳『自然権と歴史』, 6‒7頁。
(63) OT, p. 313.(邦訳, 下299頁。)
(64) このことから, フランシス・フクヤマがリベラル・デモクラシーをコジェーヴ‐ヘーゲルの最終国家に相応しいものであるとすることがいかに曲解であるかわかる。ただし, 後に見るように, コジェーヴが, アメリカを歴史の終焉に現われる国家, それもマルクス主義の行き着く先のそれであるとしていることもまた確かである。フクヤマはコジェーヴの思想を曲解しているとしばしば指摘され, その指摘はおおむね正しいものの, アメリカこそが最終国家であるという結論に限って言えば, 本人が全く意識することなく, コジェーヴの思考を引き継いでいるとも言える。
(65) Strauss, *Liberalism Ancient and Modern*, p. vii.(石崎嘉彦・飯島昇藏他訳『リベラリズム 古代と近代』, iv‒v頁。)
(66) ILH, p. 345.(邦訳, 175頁。)

(67) *Ibid.*, p. 350.（同上，180 頁。）

(68) Strauss, "Restatement", in OT, p. 177.（「クセノフォン『ヒエロン』についての再説」『僭主政治について』，85 頁。）

(69) ILH, pp. 436-437.（邦訳，246 頁。）

(70) これについて，例えば拙論文「歴史の終わりにおける主体の問題について」（『研究論叢』，第 84 号，京都外国語大学，2015 年，所収）を参照。

(71) Schmitt, «Nehmen/Teilen/Weiden —— Ein Versuch, die Grundfragen jeder Sozial-und Wirtschaftsordnung vom Nomos her richtig zu stellen», in *Verfassungsrechtliche Aufsätze aus den Jahren 1924-1954*, S. 489-504.

(72) Felix Heinimann, *Nomos und Physis*, S. 59.（広川洋一訳『ノモスとピュシス』，65 頁。）

(73) Schmitt, *Der Nomos der Erde*, S. 39.（新田邦夫訳『大地のノモス』，54 頁。）

(74) Ebd., S. 38.（同上，53 - 54 頁。）

(75) Ebd., S. 45.（同上，63 頁。）

(76) Ebd., S. 36.（同上，50 頁。）

(77) Schmitt, «Nehmen/Teilen/Weiden», in *Verfassungsrechtliche Aufsätze aus den Jahren 1924-1954*, S. 493-494.

(78) Schmitt, *Der Nomos der Erde*, S. 47.（邦訳，67 頁。）

(79) Schmitt, «Nehmen/Teilen/Weiden», in *Verfassungsrechtliche Aufsätze aus den Jahren 1924-1954*, S. 499.

(80) Cf. Schmitt, «Raum und Großraum im Völkerrecht», in *Staat, Großraum, Nomos. Arbeiten aus den Jahren 1916-1969*, S. 234-268; 大竹弘二『正戦と内戦』，165 - 223 頁。

(81) Cf. Jan-Werner Müller, *A Dangerous Mind*, pp. 43-44.（中道寿一訳『カール・シュミットの「危険な精神」』，44 頁。）

(82) Kojève, «Du colonialisme au capitalisme donnant», *Commentaire*, p. 562.（«Kolonialismus in europäischer Sicht», in *Schmittiana VI*, S. 136.)

(83) *Ibid.*, p. 562.（Ebd., S. 136.）〔　〕内は執筆者による補足である。

(84) Kojève, «Capitalisme et socialisme», *Commentaire*, p. 136.（Ebd., S. 128.）

(85) *Ibid.*, p. 136.（Ebd., S. 127.）

(86) *Ibid.*, p. 136.（Ebd., S. 128.）

(87) 栗木安延『アメリカ自動車産業の労使関係』，67 頁。

(88) Kojève, «Capitalisme et socialisme», *Commentaire*, p. 137.（Ebd., S. 128.）

(89) *Ibid.*, p. 137.（Ebd., S. 129.）なお，ドイツ語版では polizeilichen 及び revolu-

tionärenの二語は強調されていない。
(90) この箇所からも,少なくともこの講演が行なわれた1957年の時点において,コジェーヴがスターリニストではなく,すでにもともとの祖国ロシアへの共感を失っていたことが伺える。
(91) Kojève, «Du colonialisme au capitalisme donnant», *Commentaire*, p. 560.（Ebd., S. 132.）フランス語版は,先に挙げた «Du colonialisme au capitalisme donnant» の続編である。ドイツ語版は前編と後編に分かれてはいない。
(92) *Ibid.*, p. 559.（Ebd., S. 131.）
(93) 周知の通り,現在では,国家が適正な給与や価格を決定することは難しいと考えられており,市場の手に委ねた方が好ましいとする意見の方が優勢を占めている。
(94) *Ibid.*, p. 562.（Ebd., S. 137.）コジェーヴは現在よく用いられる「発展途上国」に当たる用語ではなく,「低開発国」及び「後進国」に相当する表現を用いているが,そこに侮蔑的なニュアンスは無い。
(95) Ebd., S. 138. フランス語版ではこの箇所は削除されている。
(96) *Ibid.*, p. 563.（Ebd., S. 138.）
(97) Kojève, «Du colonialisme au capitalisme donnant», *Commentaire*, p. 564.（«Kolonialismus in europäischer Sicht», in *Schmittiana VI*, S. 139.）
(98) *Ibid.*, p. 564.（Ebd., S. 139.）〔 〕内は筆者による補足である。ドイツ語版には「真剣な行動及び和解（transactions）に向けて全力を尽くす」というくだりは無い。
(99) *Ibid.*, p. 564-565.（Ebd., S. 139.）
(100) こうしたことから,コジェーヴは大学の職を顧みることなく,フランス代表団の一員として,ヨーロッパの統合へ向けて尽力したのかもしれない。
(101) Théodore Paléologue, «Carl Schmitt et Alexandre Kojève — Une anecdote, une conférence et autres miettes», *Commentaire*, p. 573.
(102) *Ibid.*, p. 573.
(103) Stanley Rosen, "Review of Kojève, *Essai d'une histoire raisonnée de la philosophie païenne, I, Les présocratiques*", *Man and World*, p. 121.
(104) Cf. Dominique Auffret, *Alexandre Kojève*, pp. 430-437.（『評伝アレクサンドル・コジェーヴ』,449-456頁。）
(105) Schmitt, «Nehmen/Teilen/Weiden», in *Verfassungsrechtliche Aufsätze aus den Jahren 1924-1954*, S. 504.
(106) *Schmittiana VI*, S. 100.

(107) Paléologue, *op. cit.*, p. 571.
(108) 自然からの贈与といっても，今やそれが限界に達しているのではないかと思われるかもしれない。だが，現代においても，やはり自然からの贈与を基にしたエネルギーを適切に用いることがむしろ課題となっていると言える。例えば，太陽光発電，地熱発電，風力発電などは最新の技術ではあるが，全て自然からの贈与を基にしている。
(109) レオ・シュトラウスによると，古代においては全ての著述家が迫害を逃れるために，秘教的著述技法を用いていたことは，第1章でも述べた。第1章では言及しなかったが，彼は現代においても，そのような著述技法を用いる者がいる可能性を全く排除してはいないように思われる。Cf. Leo Strauss, "Persecution and the Art of Writing", *Social Research*, pp. 488-504.（石崎嘉彦訳「迫害と著述の技法」『現代思想』，185-187頁。）
(110) 古賀敬太『カール・シュミットとカトリシズム──政治的終末論の悲劇』，参照。
(111) Paléologue, *op. cit.*, p. 568.
(112) Kojève, «Tyrannie et sagesse», in DT, pp. 153-154.（「僭主政治と知恵」『僭主政治について』，下16頁。）
(113) Xenophon, "Hiero or Tyrannicus", in OT, p. 19.（「ヒエロンまたは僭主的な人」『僭主政治について』，上96頁。）
(114) *Ibid.*, p. 20.（同上，上98頁。）
(115) Strauss, "On Tyranny" in OT, p. 64.（「僭主政治について」『僭主政治について』，上168-169頁。）
(116) Marcel Mauss, «Essai Sur le don. Forme et raison de l'échange dans les sociétés archaïques», in *Sociologie et anthropologie*, pp. 258-259.（吉田禎吾・江川純一訳『贈与論』，261頁。）
(117) *Ibid.*, p. 258.（同上，260頁。）
(118) EPD, p. 560.（邦訳，644頁。）
(119) EPD, p. 560.（邦訳，644頁。）
(120) EPD, p. 563.（邦訳，648頁。）
(121) EPD, p. 255.（邦訳，297-298頁）。
(122) EPD, p. 296.（邦訳，350頁。）
(123) EPD, p. 574.（邦訳，660頁。）
(124) 第1章で論じたように，コジェーヴがシュトラウスの影響の下に，秘教的著述技法を用いていたという事実は，コジェーヴの著作 *L'Empereur Julien et son*

art d'écrire の冒頭で表明されている。
(125) ILH, p. 194.（邦訳，87 頁。）

■第Ⅱ部の結びに代えて
(1) EPD, p. 60.（邦訳，59 頁。）
(2) EPD, pp. 579-580.（邦訳，665 頁。）
(3) EPD, p. 78.（邦訳，80 頁。）
(4) EPD, p. 297.（邦訳，351 頁。）日本語では公平（équité）及び公平無私な（impartial）という単語は似ているが，両者は直接関係がない。
(5) EPD, p. 94.（邦訳，100 頁。）

■結語
(1) EPD, p. 78.（邦訳，81 頁。）
(2) マイアー『レオ・シュトラウスと神学‐政治問題』，139 頁。
(3) Kojève, «Tyrannie et sagesse», in DT, p. 170.（「僭主政治と知恵」『僭主政治について』，下 40 頁。）
(4) *Ibid*., p. 167.（同上，下 37 頁。）〔　〕内は執筆者による補足である。
(5) これは，彼とラプージュとの間で行なわれたインタビューにおける発言であり，インタビュー記事のタイトルにもなっている。
(6) マイアー，前掲書，141 頁。
(7) 石崎嘉彦『倫理学としての政治哲学』，299 頁。
(8) 同上，297 頁。
(9) Robert Locke, "Leo Strauss, Conservative Mastermind", *Frontpage Magazine*.
(10) Rosen, *Hermeneutics as politics*, p. 16.（邦訳，21 頁。）
(11) 邦訳では，theoria は観想，poiesis は制作と訳されている。ローゼン自身はこれらの用語をそれぞれ theory, production と英訳した。これらの単語はさらに理論，生産と邦訳されている。
(12) 添谷育志・飯島昇藏・谷喬夫訳『ホッブズの政治学』，xvi 頁。
(13) OT, p. 186.（邦訳，下 100 頁。）
(14) シュトラウスからコジェーヴに宛てた 1962 年 5 月 29 日の手紙。OT, p. 309.（邦訳，下 295 頁。）
(15) Strauss, "Restatement on Xenophon's *Hiero*", in OT, p. 205.（「クセノフォン『ヒエロン』についての再説」『僭主政治について』，下 137 頁。）〔　〕内は執筆者による補足である。「広場」の語は，英訳では market place となっており，

それに基づいた邦訳では「市場」となっている。次の頁で参照箇所を示すように，コジェーヴは古代ローマにおいて集会に使われた公共広場を指すフランス語の単語 forum を用いていたことから，「広場」と訳した。「市場」と言えば，物の売り買いをする場を想起してしまうことから，コジェーヴの真意にふさわしい表現は「広場」であると考えられる。シュトラウスの議論の文脈においても，「市場」と書かれている箇所を「広場」に置きかえても遜色はない。

(16) 「国を越え，宗教を越えて，哲学者や文学者や宗教家が文芸共和国の一員である」(多賀茂『イデアと制度』，33頁)ことから，この「共和国」は実際には領土も，政治的権力も持たない。したがって，実際にはそれは国家とは言えない。

(17) Kojève, «Tyrannie et sagesse», in DT, p. 173.(「僭主政治と知恵」『僭主政治について』，下44頁。)

(18) Strauss, *op. cit.*, p. 206.（前掲書，下140頁。）

(19) Strauss, *ibid.*, pp. 205-206.（同上，下138-139頁。）〔 〕内は執筆者による補足。

(20) マイアー『レオ・シュトラウスと神学‐政治問題』，19頁。

(21) Strauss, "Progress or Return?", in *The Rebirth of Classical Political Rationalism*, p. 245.（「進歩か回帰か」『古典的政治的合理主義の再生』，314頁。）

(22) Strauss, "Preface to Spinoza", in *Liberalism Ancient and Modern*, p. 233.（「『スピノザの宗教批判』への序言」『リベラリズム 古代と近代』，359頁。）

(23) Strauss, *ibid.*, p. 236.（同上，364頁。）

(24) マイアー，前掲書，5頁。

(25) Strauss, *op. cit.*, p. 231.（前掲書，356頁。）

(26) Kojève, «Tyrannie et sagesse», in DT, p. 169.(「僭主政治と知恵」『僭主政治について』，下38頁。)

(27) *Ibid.*, pp. 169-170.（同上，下39頁。）

(28) OT, pp. 302-303.（邦訳，下286頁。）

(29) Filoni, *Le philosophe du dimanche*, p. 252.

(30) D'Entrèves, *The Notion of the State*, p. viii.（『国家とは何か』，iv頁。）

(31) 市田良彦『革命論』，8頁。

(32) 同上，30頁。同氏によれば，興味深いことに，レーニンは討論に参加することを哲学者から頼まれたが断わったにもかかわらず，その後で「経験批判論」に言及したり，哲学ノートを執筆したりしたとのことである。

(33) 同上，30頁。

(34) Kojève, *L'Athéisme*, p. 206.
(35) ILH, p. 205.（邦訳, 103 頁。）
(36) ILH, pp. 192-193.（邦訳, 86 頁。）
(37) ILH, p. 206.（邦訳, 104 頁。）
(38) ILH, p. 205.（邦訳, 104 頁。）
(39) ILH, p. 193.（邦訳, 87 頁。）
(40) ILH, p. 193.（邦訳, 86 頁。）
(41) Kojève, «Tyrannie et sagesse», in DT, p. 198.（「僭主政治と知恵」『僭主政治について』, 下 78 - 79 頁。）
(42) OT, p. 185.（『僭主政治について』, 下 100 頁。）〔　〕内は執筆者による補足。
(43) DT, p. 153.（『僭主政治について』, 下 16 頁。）
(44) DT, p. 154.（『僭主政治について』, 下 16 頁。）
(45) «Entretien avec Gilles Lapouge, "Les philosophes ne m'intéressent pas, je cherche des sages"», *La Quinzaine littéraire*, p. 20.
(46) CTD, p. 25.（邦訳, 19 - 20 頁。）
(47) Strauss, "Restatement on Xenophon's *Hiero*", in OT, p. 186.（「クセノフォン『ヒエロン』についての再説」『僭主政治について』, 下 100 頁。）
(48) DT, p. 154.（『僭主政治について』, 下 16 頁。）

参 考 文 献

ここに列挙するのは，本文あるいは注の中で引用したか，参照したことを示した資料のみに限定する。邦訳については，本書で引用する際に原文に依拠しながら適宜，改変を加えた。また，仮名づかいを一部改めた。引用文における強調は特に断わりがない限り，原文に基づいている。

I　欧語文献

Arendt, Hannah, *The Human Condition*, The University of Chicago Press, 1958.（志水速雄訳『人間の条件』〈ちくま学芸文庫〉筑摩書房，1994 年。）

Aristotle, *Nicomachean Ethics, Volume XIX*, with an English translation by H. Rackham, Loeb, Harvard University Press, 1926.（高田三郎訳『ニコマコス倫理学』岩波書店，1971 年。）

―――, *Politics, Volume XXI*, with an English translation by H. Rackham, Loeb, Harvard University Press, 1932.（田中美知太郎・北嶋美雪・尼ヶ崎徳一・松居正俊・津村寛二訳『政治学』〈中公クラシックス〉中央公論新社，2009 年。）

Arvon, Henri, *L'athéisme*, (Collection «Que sais-je?» No. 1291), Presses Universitaires de France, 1967.（竹内良知・垣田宏治訳『無神論』〈文庫クセジュ〉白水社，1970 年。）

Auffret, Dominique, *Alexandre Kojève*, Grasset & Fasquelle, 1990.（今野雅方訳『評伝アレクサンドル・コジェーヴ』パピルス出版，2001 年。）

Benjamin, Walter, "Über den Begriff der Geschichte" (1940), in *Walter Benjamin zum Gedächtnis*, 1942; Die Neue Rundschau, 1950.（鹿島徹訳・評注『歴史の概念について』未來社，2015 年。）

Bayle, Pierre, *Pensées diverses sur la comète*, Flammarion, 2007.（野沢協訳『彗星雑考』法政大学出版局，1978 年。）

De Benoist, Alain, "The Idea of Empire", *Telos*, Number 98–99, Winter 1993-Spring 1994, pp. 81–98.

Bibard, Laurent, *La Sagesse et le féminin: Science, politique et religion selon Kojève et Strauss*, L'Harmattan, 2005.（堅田研一訳『知恵と女性性――コジェーヴとシュトラウスにおける科学・政治・宗教』法政大学出版局，2014 年。）

Bloom, Allan, *The Closing of the American Mind*, Simon & Schuster, 1987.（菅野盾樹訳『アメリカン・マインドの終焉』みすず書房，1988 年。）

Bodin, Jean, *Les six livres de la République*（1576），LGF, 1993.

Bowersock, G. W., *Julian the Apostate*, Gerald Duckworth & Company Ltd., 1978.（新田一郎訳『背教者ユリアヌス』思索社，1986 年。）

Clausewitz, Carl, *Vom Kriege*, Nikol Verlagsges Mbh, 2008.（清水多吉訳『戦争論』〈中公新書〉中央公論新社，2001 年。）

Cordner, Colin, "The Concept of Plato: An exegesis of the sixth through eighth lectures of Kojeve's 1938‐1939 series on the Phenomenology of Spirit", *Gnosis*, Vol 10, No 3（2009），https://artsciweb.concordia.ca/Ojs/index.php/gnosis/article/download/84/46,（20 September 2014），pp. 1‐10.

D'Entrèves, Alexander Passerin, *The Notion of the State — An Introduction to Political Theory*, Oxford University Press, 1967.（石上良平訳『国家とは何か──政治理論序説』みすず書房，初版1972 年，新装版 2002 年。）

Derrida, Jacques, *Spectres de Marx*, Galilée, 1993.（増田一夫訳『マルクスの亡霊たち』藤原書店，2007 年。）

Diels, Hermann/Kranz, Walther, *Die Fragmente der Vorsokratiker*, 3Bde., Weidmann, 1951‐1952.（内山勝利編『ソクラテス以前哲学者断片集（第Ⅰ‐Ⅴ分冊，別冊）』岩波書店，1998 年。）

Drury, Shadia B., *Alexandre Kojève: The Roots of Postmodern Politics*, St. Martin's Press, 1994.

Feuerbach, Ludwig, *Das Wesen des Christentums*（1841），Nachwort von Karl Löwith, Reclam, 1994.（船山信一訳『キリスト教の本質（上・下）』〈岩波文庫〉岩波書店，1965 年。）

Filoni, Marco, *Il filosofo della domenica*, Bollati Boringhieri, 2008.（*Le philosophe du dimanche*, traduit de l'italien par Gérald Larché, Gallimard, 2008.）

Fukuyama, Francis, *The End of History and the Last Man*, Free Press, 1992.（渡部昇一訳『歴史の終わり（上・下）』三笠書房，1992 年。）

Gibbon, Edward, *The History of the Decline and Fall of the Roman Empire*（1776‐1788），Penguin Classics, 2001.（中野好夫訳『ローマ帝国衰亡史』〈ちくま学芸文庫〉筑摩書房，1996 年。）

Hegel, G. W. F., *Phänomenologie des Geistes*（1807），Suhrkamp, 1970.（長谷川宏訳『精神現象学』作品社，1998 年。）

───，*Wissenschaft der Logik, Das Sein*（1812），Felix Meiner Verlag, 1999.（寺沢

恒信訳『大論理学1』〔1812年　初版〕以文社，1977年。）

―, *Grundlinien der Philosophie des Rechts* (1821), Ullstein, 1972.（藤野渉・赤沢正敏訳『法の哲学 (1-2)』〈中公クラシックス〉中央公論新社，2001年。）

―, *Vorlesungen über die Geschichte der Philosophie* (suhrkamp taschenbuch wissenschaft), Werke in 20 Bänden mit Registerband: 18-20:, Taschenbuch, 1986.（長谷川宏訳『歴史哲学講義』〈岩波文庫〉岩波書店，1994年。）

Heinimann, Felix, *Nomos und Physis*, Friedrich Reinhardt, 1965.（広川洋一訳『ノモスとピュシス』みすず書房，1983年。）

Hobson, John Atkinson, *Imperialism: A Study*, George Allen and Unwin, 1938.（矢内原忠雄訳『帝国主義論』〈岩波文庫〉岩波書店，1951年。）

Howse, Robert, "Kojeve's Latin Empire", *Policy Review*, Hoover Institution Stanford University, 1 August 2004, http://www.hoover.org/research/kojeves-latin-empire (28 July 2015).

Jarczyk, Gwendoline/ Labarrière, Pierre-Jean, *De Kojève à Hegel*, Editions Albin Michel, 1996.

Julian, F. C., *Hymn to King Helios, Julian Volume I*, with an English translation by Wilmar Cave Wright, Loeb, Harvard University Press, 1913.

―, *Hymn to the Mother of the Gods, Julian Volume I*, with an English translation by Wilmar Cave Wright, Loeb, Harvard University Press, 1913.

―, *To the Uneducated Cynics, Julian Volume II*, with an English translation by Wilmar Cave Wright, Loeb, Harvard University Press, 1913.

―, *To the Cynic Heracleios, Julian Volume II*, with an English translation by Wilmar Cave Wright, Loeb, Harvard University Press, 1913.

―, *A Consolation to Himself upon the Departure of the Excellent Sallust, Julian Volume II*, with an English translation by Wilmar Cave Wright, Loeb, Harvard University Press, 1913.

―, *Against the Galilaeans, Julian Volume III*, with an English translation by Wilmar Cave Wright, Loeb, Harvard University Press, 1923.

Klein, Jacob, "Die griechische Logistik und die Entstehung der Algebra", *Quelle und Studien zur Geschichte der Mathematik, Astronomie und Physik*, Abteilung B: Studien, Vol. 3, fasc. 1 und fasc. 2, 1934, 1936.

Kojève, Alexandre, compte rendu de René Grousset, *Les Philosophies indiennes*, 1931: *Revue d'histoire de la philosophie*, 5, juillet-décembre 1931, pp. 416-418.

―, compte rendu de Marcel Granet, *La pensée chinoise*, 1934: *Recherches philosophiques*, 4, 1934 – 1935, pp. 446 – 448.

―――, compte rendu d'Entai Tomomatsu, *Le bouddhisme*, 1935: *Recherches philosophiques*, 5, 1935 – 1936, p. 453.

―――, «Christianisme et communisme», *Critique*, 1946, numéros 3 – 4, pp. 308 – 312.

―――, «Hegel, Marx et le christianisme», *Critique*, 1946, numéros 3 – 4, pp. 339 – 366.

―――, *Introduction à la lecture de Hegel*, Gallimard, 1947.（上妻精・今野雅方訳『ヘーゲル読解入門』国文社，1987 年。）1968 年に第二版が出版された際に，日本論も含めた重要な注が付加される。邦訳もこの第二版に基づいている。

―――, «Entretien avec Gilles Lapouge, "Les philosophes ne m'intéressent pas, je cherche des sages"», de Gilles Lapouge, *La Quinzaine littéraire*, numéro 53, 1 – 15 juillet, 1968, pp. 18 – 20.

―――, *Essai d'une histoire raisonnée de la philosophie païenne I/II/III*, Gallimard, 1968/1972/1973.

―――, *Esquisse d'une phénoménologie du droit*（1943），Gallimard, 1981.（今村仁司・堅田研一訳『法の現象学』法政大学出版局，1996 年。）

―――, *L'Empereur Julien et son art d'écrire*（1964），Fourbis, 1990.

―――, *Le Concept, le Temps et le Discours*（1952 – 1956），Flammarion, 1990.（三宅正純・根田隆平・安川慶治訳『概念・時間・言説』法政大学出版局，2000 年。）

―――, «L'Empire latin ― Esquisse d'une doctrine de la politique française（1945）», *La règle du jeu*, 1990, pp. 89–123. Réédité in *Hommage à Alexandre Kojève*, 2007, pp. 86 – 98.

―――, *L'Athéisme*（1931），Gallimard, 1998.

―――, "Kolonialismus in europäischer Sicht（1957）", in Tommissen, Piet（Hg.），*Schmittiana VI*, Duncker & Humblot, 1998, S. 126 – 140.（«Capitalisme et socialisme», *Commentaire*, numéro 9, printemps 1980, pp. 135 – 137; «Du colonialisme au capitalisme donnant», *Commentaire*, numéro 87, 1999, pp. 557 – 565.）

―――, *La notion de l'Autorité*（1942），Gallimard, 2004.（今村真介訳『権威の概念』法政大学出版局，2010 年。）

―――, *Identité et Réalité dans le «Dictionnaire» de Pierre Bayle*（1936 – 1937），Gallimard, 2010.

Kojève, Alexandre/Klossowski, Pierre, «Préface à l'oeuvre de Georges Bataille», in

Georges Bataille, Collectif Essai, Inculte, 2007.（Précédemment publié dans les numéro 32（1967）et numéro 44（1971）de la revue L'Arc）.

Lacan, Jacques, *Ecrits*, Seuil, 1966.（宮本忠雄ら共訳『エクリ（1-3）』弘文堂，1972年。）

Locke, John, *Two Treatises of Government*, edited by Peter Laslett, Cambridge University Press, 1988.（加藤節訳『完訳 統治二論』〈岩波文庫〉岩波書店，2010年。）

Locke, Robert, "Leo Strauss, Conservative Mastermind", *Frontpage Magazine*, 31 May 2002. http://archive.frontpagemag.com/readArticle.aspx?ARTID=24239（18 December 2014）.

Machiavelli, Niccolò, *The Prince*, with an English translation by Harvey Mansfield, University of Chicago Press, 1985.（池田廉訳『君主論』〈中公クラシックス〉中央公論新社，2001年。）

Marx, Karl, *Das Kapital*（1867, 1885, 1894）, in *Marx-Engels-Werke*, Band 23-25, Dietz Verlag, 1962/1963/1983.（向坂逸郎訳『資本論（1-9）』〈岩波文庫〉岩波書店，1969-1970年。）

Mauss, Marcel, «Essai Sur le don. Forme et raison de l'échange dans les sociétés archaïques（1902-1903）», in *Sociologie et anthropologie*, Presses Universitaires de France, 1950.（吉田禎吾・江川純一訳『贈与論』〈ちくま学芸文庫〉筑摩書房，2009年。）

Meier, Heinrich, *Carl Schmitt, Leo Strauss und „Der Begriff des Politischen"*, J. B. Metzler, 1988.（栗原隆・滝口清栄訳『シュミットとシュトラウス』法政大学出版局，1993年）

―――, *Die Denkbewegung von Leo Strauss. Die Geschichte der Philosophie und die Intention des Philosophen*, J. B. Metzler Verlag, 2000.（石崎嘉彦・飯島昇藏・太田義器他訳『レオ・シュトラウスと神学-政治問題』晃洋書房，2010年。）

―――, *Warum Politische Philosophie?*, J. B. Metzler Verlag, 2000.（同上。）

―――, *Das theologisch-politische Problem — Zum Thema von Leo Strauss*, J. B. Metzler Verlag, 2003.（同上。）

Müller, Jan-Werner, *A Dangerous Mind: Carl Schmitt in Post-War European Thought*, Yale University Press, 2003.（中道寿一訳『カール・シュミットの「危険な精神」』ミネルヴァ書房，2011年。）

Nichols, James H. Jr, *Alexandre Kojève, Wisdom at the End of History*, Rowman & Littlefield Publishers, 2007.

Nietzsche, Friedrich, *Die fröhliche Wissenschaft* (1882), Taschenbuch, 2000.（信太正三訳『悦ばしき知識』〈ちくま学芸文庫〉筑摩書房, 1993 年。）

―――, *Also sprach Zarathustra* (1885), Gebundene Ausgab, 2011.（手塚富雄訳『ツァラトゥストラ』〈中公クラシックス〉中央公論社, 2002 年。）

Paléologue, Théodore, «Carl Schmitt et Alexandre Kojève ― Une anecdote, une conférence et autres miettes», *Commentaire*, numéro 87, 1999, pp. 567-573.

Patard, Emmanuel, 'Introductory Remarks to "Restatement" by Leo Strauss (Critical Edition)', *Interpretation*, vol. 36, 2008, pp. 3-27.

Pirotte, Dominique, *Alexandre Kojève, Un système anthropologique*, Presses Universitaires de France, 2005.

Plato, *Phaedo, Plato Volume I*, with an English translation by Harold North Fowler, Loeb, Harvard University Press, 1914.（岩田靖夫訳『パイドン』岩波書店, 1998 年。）

―――, *Sophist, Plato Volume VII*, with an English translation by Harold North Fowler, Loeb, Harvard University Press, 1921.（藤沢令夫訳『ソピステス』岩波書店, 1976 年。）

―――, *Theaetetus, Plato Volume VII*, with an English translation by Harold North Fowler, Loeb, Harvard University Press, 1921.（田中美知太郎訳『テアイテトス』岩波書店, 1966 年。）

―――, *Symposium, Plato Volume III*, with an English translation by W. R. M. Lamb, Loeb, Harvard University Press, 1925.（久保勉訳『饗宴』岩波書店, 1965 年。）

―――, *Parmenides, Plato Volume IV*, with an English translation by Harold North Fowler, Loeb, Harvard University Press, 1926.（田中美知太郎訳「パルメニデス」『プラトン全集 4』岩波書店, 1975 年。）

―――, *Republic, Volume I and II*, with an English translation by Chris Emlyn-Jones William Preddy, Loeb, Harvard University Press, 2013.（藤沢令夫訳『国家（上・下）』〈岩波文庫〉, 岩波書店, 初版 1979 年, 改版 2009 年。）

Pufendorf, Samuel, *The Political Writings of Samuel Pufendorf*, edited by Craig L. Carr, with an English translation by Michael J. Seidler, Oxford University Press, 1994.

Rosen, Stanley, "Review of Kojève, *Essai d'une histoire raisonnée de la philosophie païenne, I, Les présocratiques*", *Man and World*, vol. 3, 1, 1970, pp. 120-125.

―――, *Hermeneutics as Politics*, Oxford University Press, 1987.（石崎嘉彦監訳

『政治学としての解釈学』ナカニシヤ出版, 1998年。)

―――, "Kojève's Paris," in *Metaphysics in Ordinary Language*, Yale University Press, 1999; St. Augustine's Press, 2010, http://stanleyrosen.jimdo.com/kojève-s-paris/ (29 August 2016).

Rosen, Stanley/Breteau, Jean-Louis, «Kojève, à Paris. Chronique», in *Cités*, No. 3, Le corps humain sous influence: La bioéthique entre pouvoir et droit, Presses Universitaires de France, 2000, pp. 197–220.

Rousseau, Jean-Jacques, *Du Contrat Social*, Flammarion, 2001. (桑原武夫・前川貞次郎訳『社会契約論』〈岩波文庫〉岩波書店, 1954年。)

Sartre, Jean-Paul, *L'Etre et le néant*, Gallimard, 1943. (松浪信三郎訳『存在と無――現象学的存在論の試み』全三巻〈ちくま学芸文庫〉筑摩書房, 2007–2008年。)

Schmitt, Carl, *Politische Romantik*, 2. Auflage, 1925. (大久保和郎訳『政治的ロマン主義』みすず書房, 2012年。)

―――, *Der Begriff des Politischen*, Duncker & Humblot, 1932. (田中浩・原田武雄訳『政治的なものの概念』未來社, 1970年。)

―――, "Völkerrechtliche Formen des modernen Imperialismus (1932)", in *Positionen und Begriffe im Kampf mit Weimar-Genf-Versailles 1923–1939*, Duncker & Humblot, 1988, S. 162–180. (長尾龍一訳「現代帝国主義の国際法的諸形態」『カール・シュミット著作集Ⅰ』慈学社出版, 2007年, 313–332頁。)

―――, *Völkerrechtliche Großraumordnung und Interventionsverbot für raumfremde Mächte. Ein Beitrag zum Reichsbegriff im Völkerrecht* (1942), Duncker & Humblot, 1991. (岡田泉訳「域外列強の干渉禁止に伴う国際的広域秩序――国際法上のライヒ概念への寄与」『ナチスとシュミット』木鐸社, 1976年。)

―――, *Land und Meer*, Reclam Verlag, 1942. (生松敬三・前野光弘訳『陸と海と』慈学社出版, 2006年。)

―――, *Der Nomos der Erde*, Greven, 1950. (新田邦夫訳『大地のノモス』福村出版, 1976年／改訳版, 慈学社出版, 2007年。)

―――, "Nehmen/Teilen/Weiden―― Ein Versuch, die Grundfragen jeder Sozial- und Wirtschaftsordnung vom Nomos her richtig zu stellen (1953)", in *Verfassungsrechtliche Aufsätze aus den Jahren 1924–1954*, Duncker & Humblot, 1958, S. 489–504.

―――, "Die andere Hegel-Linie. Hans Freyer zum 70. Geburtstag", Christ und Welt X, 30, 25. Juli 1957, S. 2. (服部平治・宮本盛太郎訳「もう一つのヘーゲルの系譜」『書斎の窓』第289号, 1979年, 30–34頁。)

―――, *Theorie des Partisanen. Zwischenbemerkung zum Begriff des Politischen*, 1963.（新田邦夫訳『パルチザンの理論――政治的なるものの概念についての中間所見』〈ちくま学芸文庫〉筑摩書房，1995年。）

―――, *Die Tyrannei der Werte*（1960），Lutherisches Verlagshaus, 1979, S. 37‐62.（森田寛二訳「価値による専制」長尾龍一編『カール・シュミット著作集Ⅱ』慈学社出版，2007年，185‐227頁。）

―――, *Staat, Großraum, Nomos. Arbeiten aus den Jahren 1916‐1969*, Duncker & Humblot, 1995.

Steger, B. Manfred, *Globalization*, Oxford University Press, 2003.（櫻井公人・櫻井純理・髙嶋正晴訳『グローバリゼーション』岩波書店，2005年。）

Strauss, Leo, "Persecution and the Art of Writing", *Social Research*, Num. 4, Nov 1941.（石崎嘉彦訳「迫害と著述の技法」『現代思想』臨時増刊号　第24巻14号，1996年，185‐187頁。）

―――, "Farabi's Plato", in *Louis Ginzberg Jubilee Volume on the Occasion of His Seventieth Birthday*, American Academy for Jewish Research, 1945, pp. 357‐393.

―――, *Natural Right and History*（Based on the 1949 Walgrene lectures），The University of Chicago Press, 1953. Reprinted with new preface, 1971.（塚崎智・石崎嘉彦訳『自然権と歴史』昭和堂，1988年。）

―――, *What Is Political Philosophy? and Other Studies*, The University of Chicago Press, 1959.（飯島昇藏・石崎嘉彦・近藤和貴・中金聡・西永亮・高田宏史訳『政治哲学とは何であるか？とその他の研究』早稲田大学出版部，2014年。）

―――, *Hobbes' Politische Wissenschaft*, Luchterhand, 1965.（添谷育志・飯島昇藏・谷喬夫訳『ホッブズの政治学』みすず書房，1990年。）

―――, *Liberalism, Ancient and Modern*, The University of Chicago Press, 1968.（石崎嘉彦・飯島昇藏他訳『リベラリズム　古代と近代』ナカニシヤ出版，2006年。）

―――, *The Rebirth of Classical Political Rationalism*, selected and introduced by Thomas L. Pangle, The University of Chicago Press, 1989.（石崎嘉彦監訳『古典的政治的合理主義の再生』ナカニシヤ出版，1996年。）

―――, *De la tyrannie*, traduit par Hélène Kern, Gallimard, 1997.

―――, *On Tyranny*, edited by Victor Gourevitch and Michael S. Roth, The University of Chicago Press, 2000.（石崎嘉彦・飯島昇藏・金田耕一他訳『僭主政治について』現代思潮新社，2007年。）"Restatement"（Critical Edition, 1950），*Interpretation*, Vol. 36, 2008, No. 1, pp. 1‐78.

Tihanov, Galin, "Regimes of Modernity at the Dawn of Globalization: Carl Schmitt and Alexandre Kojève", in *Other modernisms in an Age of Globalization*, edited by Djelal Kadir and Dorothea Löbbermann, Winter 2002, pp. 75 - 93.

Tommissen, Piet (Hg.), *Schmittiana VI*, Duncker & Humblot, 1998.

Wahl, Jean, «A propos de l'introduction à la philosophie de Hegel», *Deucalion*, numéro 5, 1955, pp. 77 - 99.

Xenophon, "Hiero or Tyrannicus", in *On Tyranny*, edited by Victor Gourevitch and Michael S. Roth, The University of Chicago Press, 2000. (「ヒエロンまたは僭主的な人」石崎嘉彦・飯島昇藏・金田耕一他訳『僭主政治について（上・下）』現代思潮新社, 2006 - 2007 年。)

Ⅱ 日本語文献

東浩紀『動物化するポストモダン』〈講談社現代新書〉講談社, 2001 年。

石崎嘉彦「恐怖の時代の政治哲学」『哲学』第 59 号, 2008 年, 27 - 43 頁。

――――『倫理学としての政治哲学』ナカニシヤ出版, 2009 年。

――――「ポストモダンの哲学としての政治哲学」『政治哲学』第 12 号, 2012 年, 183 - 206 頁。

――――『政治哲学と対話の弁証法』晃洋書房, 2013 年。

市田良彦『革命論』〈平凡社新書〉平凡社, 2012 年。

臼井隆一郎編『カール・シュミットと現代』沖積舎, 2005 年。

内山勝利編『ソクラテス以前哲学者断片集　第Ⅱ分冊』岩波書店, 1997 年。

内山勝利編『哲学の歴史 1』中央公論新社, 2009 年。

宇波彰「コジェーヴからヘーゲルへ」滝口清栄・合澤清編『ヘーゲル　現代思想の起点』社会評論社, 2008 年, 所収, 36 - 59 頁。

海老澤善一訳編『ヘーゲル批評集』梓出版社, 1992 年。

大石雄爾『ヘーゲル論理学の真相――「普通の理解力」で読むヘーゲル論理学の有論』社会評論社, 2008 年。

大竹弘二『正戦と内戦』以文社, 2009 年。

――――「ライヒ・カテコーン・ヨーロッパ」『社会思想史研究』第 35 号, 2011 年, 26 - 43 頁。

岡本裕一朗『ヘーゲルと現代思想の臨界』ナカニシヤ出版, 2009 年。

掛川富康「キリスト教神論におけるヘブライズムとヘレニズム」『国際基督教大学学報 IV-B　人文科学研究』21, 1987 年, 27 - 75 頁。

堅田研一『法の脱構築と人間の社会性』御茶の水書房, 2009 年。

―――『法・政治・倫理』成文堂，2009 年。
栗木安延『アメリカ自動車産業の労使関係』社会評論社，1999 年。
古賀敬太『カール・シュミットとカトリシズム』創文社，1999 年。
―――「カール・シュミットの国家概念再考」『政治思想研究』第 3 号，2003 年，1-28 頁。
佐伯啓思『イデオロギー／脱イデオロギー』岩波書店，1995 年。
瀬口昌久『魂と世界――プラトンの反二元論的世界像』京都大学学術出版会，2002 年。
多賀茂『イデアと制度』名古屋大学出版会，2008 年。
滝口清栄「ヘーゲル　生涯と思想」『ヘーゲル入門』河出書房新社，2010 年，所収，58-86 頁。
武安宥「シュライエルマッハーの徳論――プラトンの徳論との関連で」『教育学科研究年報』第 18 号，1992 年，1-4 頁。
田中純『政治の美学』東京大学出版会，2008 年。
塚原史『模索する美学』論創社，2014 年。
寺島俊穂『政治哲学の復権』ミネルヴァ書房，1998 年。
長友栄三郎『キリスト教ローマ帝国』創文社，1970 年。
廣松渉・子安宣邦・三島憲一・宮本久雄・佐々木力・野家啓一・末木文美士編『岩波哲学・思想事典』岩波書店，1998 年。
三浦要『パルメニデスにおける真理の探究』京都大学学術出版会，2011 年。
御子柴道夫『ウラジーミル・ソロヴィヨフ』岩波書店，2011 年。
矢野久美子『ハンナ・アーレント――「戦争の世紀」を生きた政治哲学者』〈中公新書〉中央公論新社，2014 年。
山本有造編『帝国の研究』名古屋大学出版会，2003 年。

あとがき

　本書『無神論と国家――コジェーヴの政治哲学に向けて』は，2014年度に京都大学大学院の人間・環境学研究科に提出し，合格となった博士論文『無神論と国家――コジェーヴの政治哲学について』に加筆修正を加えたものである。このように，出版にあたって，タイトルに若干の変更を加えた。
　「コジェーヴの政治哲学に向けて」という言い回しは曖昧に思われるかもしれない。本書ではコジェーヴの政治哲学「に向けて」考察を進めるにあたり，その国家論へと即座に至らずに，その無神論を経由するとともに，彼の周辺にいた思想家たちとの関連性を取り上げるという，ややもすれば迂遠とも受け取られかねない試みを行なった。というのも，それによりコジェーヴがまずは過去及び同時代の哲学者たちとの対話を通じて，無神論的見解を構築していったことを確認した後に，官僚として国政について提言を行なうといった道筋を追跡していくことで，彼がその政治哲学の実践「に向けて」進んだ過程を明らかにできると考えたからである。また，「に向けて」という表現には，コジェーヴの死後50年となる2018年「に向けて」，一足早い彼への手向けとして，本書を上梓したという暗示的意味――ここで明記してしまったためにもはや暗示的とは言いがたいかもしれないが――もある。
　コジェーヴがなぜ無神論にそれほど固執しながらも，「歴史の終わり」というキリスト教的観念をヘーゲル哲学の中に見出そうとするのか，大学院に入って研究を始めた頃からながらく疑問であった。そこには，もちろんマルクスやロシアの神秘思想家ソロヴィヨフの影響もあるのだろうけれども，それ以上の何か政治哲学的意義があるのではないかと考え続けてきた。また，あらざるものに関する思考である無神論と，現実にある国家がいかに関係しうるか，本書の作成の過程において，ずっと頭を悩ませてきた。これらの疑問をめぐる思考の帰結として，無神論的哲学者がなぜ何らかの形で政治的行動を取らなければならないのか，またそれを取ることが可能なのか，本書を通じて明らかにしてきた。（なお，本書の中ですでに指摘した通り，無神論

的哲学者だけではなく，有神論的哲学者に関しても，政治と関わりを持つことが好ましいと言える。）

　ところで，本書のタイトルだけを見て，筆者が無神論者だと思った読者も少なくないだろう。筆者も，もともとは現代の日本人によく見られる「科学的合理主義」に基づいた無神論的立場を取っていた。逆説的に聞こえるかもしれないが，本書の執筆を通じて，神や魂の存在を否定するという意味での無神論者ではなくなった。一般的に言って，超越的存在が時間外にあることを否定するのは，非常に難しい。魂の不滅という仮説に関しても，自分の生物学的終わりを迎えるまで，その真偽は判断しようがない。肉体の死後にも魂が存在し続け，来世で死者の魂と交流できることがもし可能であるのならば，それほど幸せなことはないだろう。（この指摘には少しの皮肉も込められていないことに留意されたい。）幸福の観点から見ても，ありうべき世界への希望を持つことは，ある意味で「合理的」である。

　コジェーヴの書物に関して述べれば，それは無神論者だけではなく，有神論者に向けても書かれたと考えるのが自然であろう。実際に，ガストン・フェサールがイエズス会の神父であり，したがって有神論者であったにもかかわらず，本書でも指摘した通り「ヘーゲル哲学の根底には無神論がある」と主張するコジェーヴの講義に参加し，その後もながらく親交を保ったことが，その証左である。

　本書を執筆するにあたって，主査の多賀茂先生には大変お世話になった。拙いながらも本書を完成させることができたのは，まずもって先生のご指導のおかげである。先にも述べた通り，博士論文を書き始めた当初のもくろみは，コジェーヴの政治観及び無神論についての考察を重ねることであったが，先生の助言により，コジェーヴの存在論及び現象学に関心を持つに至った。その結果として，政治哲学とは何か，哲学者があくまでも哲学者として政治を語るとはどのような意義を持つのか，より深く考えることになった。ひいては，コジェーヴの存在論において宗教学的側面が看過できないものであることに気付かされた。

　本書は，学会及び研究会において発表し，また学術雑誌に投稿した論文の内容をまとめ上げたものでもある。副査の石崎嘉彦先生には貴重なお話を何

度も伺い，著書及び論文からも多くを学ばせていただいた。先生は，コジェーヴ，シュトラウス及びヘーゲルの哲学に精通されており，私にとって数少ない研究の先人であった。別の副査の佐伯啓思先生は本質的な問いを投げかけてくださったが，そのことが本書の意義について深く考えるきっかけとなった。研究会でもお世話になっている，もう一人の副査の王寺賢太先生は，入手困難なコジェーヴの作品「ユリアヌス帝とその著述技法」までわざわざ読んでくださりながら，有益なコメントとともにラディカルな問いを立ててくださった。先生方のコメントを反映し，また問いに答えることで，本書における議論は深められ，補強されていった。ここで全員の名前を列挙することはできないが，他にも示唆を与えてくださった先生方は数多くいる。この場を借りて感謝の意を示したい。

　本書には一年間にわたってパリの高等師範学校（Ecole Normale Supérieure）で遂行した研究の成果も込められている。オフレの言葉を借りれば，パリとはコジェーヴが「絶対知を求めて」移住した地であり，当然のことながら今日でも哲学研究の盛んな場であるとともに，言うまでもなく，様々な社会運動・政治活動・文化の創出における拠点都市でもある。パリで研究する機会を与えてくださった日仏共同博士課程の主催者の方々，並びに，助成金を出してくださった日本学生支援機構の関係者の方々に御礼を申し上げたい。

　ナカニシヤ出版の石崎雄高氏にも大変お世話になった。処女作を担当してくださったのが，筆者の少々無理な注文にいつも柔軟に対応されていた石崎氏であったことは本当にありがたいことだった。

　本書は京都大学の「平成28年度　総長裁量経費　人文・社会系若手研究者　出版助成」をいただいて出版することができた。ご好意に感謝したい。

　最後にはなったがけっして軽んじられないこととして——コジェーヴが好んで頻繁に用いていた英語の表現では Last but not least ——，公私の両面に関する相談に乗ってくれた先輩・友人・後輩・家族・親戚に感謝したい。彼ら・彼女らの精神的な支えがなければ，この本が世に出ることは絶対になかった。

坂井礼文

初 出 一 覧

序論 (2) 結語の (3)(4) とあわせて「コジェーヴにおける「無神論と国家」あるいは「哲学と政治」について」(2016 年, 第 32 回政治哲学研究会で口頭発表)
第 1 章 「コジェーヴ‐シュトラウス論争において『ユリアヌス帝とその著述技法』が持つ意義——著述技法及び無神論をめぐって」(2013 年『人間・環境学』第 22 号, 所収)
第 2 章 「コジェーヴによるプラトン読解入門——二分法に着目して」(2017 年『研究論叢』第 88 号, 所収)
第 3 章 「コジェーヴの「無神論的」あるいは人間学的存在論——「三位一体論」の観点から」(2014 年『アルケー』第 22 号, 所収)
第 4 章 「コジェーヴとシュミット——国家の終焉以降における政治的なもの及び法的なもの」(2013 年『政治哲学』第 15 号, 所収)
第 5 章 1 「普遍同質国家としてのラテン帝国について」(2013 年『Cosmica』第 45 号, 所収)
  2 「コジェーヴとシュトラウスの対話——自由と平等をめぐって」(2017 年『Cosmica』第 46 号, 所収)
  3 「贈与型資本主義に基づいたコジェーヴの国家論——合衆国は「共産主義」の最終段階に到達したのか」(2015 年『社会思想史研究』第 39 号, 所収)
結語 (3)(4) 「コジェーヴにおける「無神論と国家」あるいは「哲学と政治」について」(2016 年, 第 32 回政治哲学研究会で口頭発表)

以上, 全ての掲載論文に若干の加筆修正を加えた。残りの部分は全て書き下ろしである。

人名索引

ア 行

東浩紀　20
アリストテレス(Aristotle)　4,5,29,33,
　54,84,86,97,121,127,149-153,159,169,
　208,216,217,221,261,264
アレクサンドロス大王(Alexander III of
　Macedon)　54,55,137,156,169,170,
　188,213,216,246
アーレント,ハンナ(Arendt, Hannah)
　6,7,26,27,229,230,238,242
石崎嘉彦　36,219,220,229,243-245,247,
　248,254,259,261,263,267,271
市田良彦　229,272
今村仁司　147
ヴァール,ジャン(Jean, Wahl)　103
大石雄爾　253
岡本裕一朗　93,253
オフレ,ドミニック(Auffret, Dominique)
　9,15,16,20,21,24,26,175,176,200,237,
　239-242,266,269

カ 行

鹿島徹　27,242
堅田研一　18,260,266
クーズネツゾフ,ニーナ(Kousnetzoff,
　Nina)　10-12,15,17,21,24,28,40,138,
　239,241,243,257,258,263,264
クセノフォン(Xenophon)　22,36,37,39,
　57,165,203,234,270
クラウゼヴィッツ(Clausewitz, Carl
　Philipp Gottlieb von)　258
古賀敬太　202,270
コードナー,コリン(Cordner, Colin)　68,
　70

サ 行

佐伯啓思　239
佐々木毅　120

シュトラウス,レオ(Strauss, Leo)　4,7,
　8,12,17,18,20-22,25-29,33,35-47,50,
　51,53,56-63,65,66,82,92,108,109,111,
　114,116-118,122,125,143,150,152,165,
　174-179,181-187,202,206,209-211,
　219-227,230,234,235,237,239,242-245,
　247,248,253,259,261,266-268,270-272
シュミット,カール(Schmitt, Carl)　4,
　29,30,123-146,149,151,153-162,164,
　165,173,186-191,199,201,202,208-211,
　243,257-262,265,268,269
スターリン(Stalin, Joseph)　20-25,27,
　137,181,208,234
ソクラテス(Socrates)　7,9,28,50,60,
　74,75,78,79,104,110,120,167,168,219,
　224,235,251

タ 行

ダーウィン(Darwin, Charles Robert)
　226
タオ,トラン・デュク(Thao, Tran Duc)
　92,98,99
多賀茂　272
ダントレーヴ,アレクサンダー・パッセリン
　(D'Entrèves, Alexandre Passerin)
　120,228,229,256,272
塚原史　23,25,27,242
寺島俊穂　229
デリダ,ジャック(Derrida, Jacques)　18,
　19,163,263
ドゥルリー,シャディア・B.(Drury, Shadia
　B.)　20
ド=ゴール(De Gaulle, Charles)　24,164,
　167,168,237,263

ナ 行

ナポレオン(Bonaporte, Napoléon)　9,
　21,42,137,138,169,180,201,207,213,
　232,239

ニコルズ, ジェイムズ・H. ジュニア
　(Nichols, James H. Jr)　23, 24, 67, 242
ニーチェ(Nietzsche, Friedrich Wilhelm)
　35, 107, 110, 114-118, 176, 215, 256, 266

　　　　　　　　ハ　行

パルメニデス(Parmenides)　29, 66-68,
　70-78, 80, 82-84, 89, 90, 94, 96, 97, 101,
　105, 106, 109, 110, 249, 250, 254
ヒットラー(Hitler, Adolf)　21, 22, 137,
　138, 186, 213
ビバール, ローラン(Bibard, Laurent)
　17
ピロット, ドミニク(Pirotte, Dominique)
　19, 65, 68
フィローニ, マルコ(Filoni, Marco)　10,
　13, 14, 16, 17, 228, 240, 241, 272
フォード(Ford, Henry)　192-197, 203,
　210
フクヤマ, フランシス(Fukuyama,
　Francis)　19, 20, 28, 92, 266, 267
プラトン(Plato)　4, 9, 19, 28, 29, 39, 42,
　43, 45, 62-70, 73-90, 96, 97, 109, 110, 120,
　121, 149-151, 153, 159, 181, 217, 219, 221,
　226-228, 230, 235, 247, 250-252, 254, 261
ブルーム, アラン(Bloom, Allan)　20, 28,
　50, 62, 244, 245, 256
ヘーゲル(Hegel, G. W. F.)　4, 15, 18, 19,
　21, 28, 29, 33, 34, 36, 41, 42, 56-61, 63,
　66-68, 70, 71, 81, 88-99, 101-107, 109,
　110, 112-116, 123, 127-129, 133, 138, 141,
　149, 152, 153, 156, 158, 159, 164, 166, 174,
　177-180, 182, 185, 193, 208, 209, 215, 217,
　220, 227, 231, 232, 236, 240, 243, 246-248,
　251, 253, 255, 257, 259, 261, 263, 265-267
ベンヤミン, ヴァルター(Benjamin,
　Walter)　25-27, 242

　　　　　　　　マ　行

マイアー, ハインリッヒ(Meier, Heinrich)
　7, 218, 219, 225, 238, 245, 259, 271, 272
マルクス, カール(Marx, Karl Heinrich)
　34, 123, 165, 177, 186, 190, 192-197, 210,
　220, 237
御子柴道夫　255
モース, マルセル(Mauss, Marcel)　165,
　203, 204, 209, 217, 270

　　　　　　　ヤ・ラ　行

矢野久美子　26
ユリアヌス(Julian)　29, 37-40, 43-53, 55,
　56, 60-63, 66, 108, 244-246
ラカン(Lacan)　4, 12, 15, 16, 23, 26, 164
ローゼン, スタンレー(Rosen, Stanley)
　24, 40, 41, 50, 164, 200, 221, 222, 237, 241,
　244, 245, 263, 269

事項索引

　　　　　　　　ア　行

与える資本主義　200, 210
新たなる「明白な天命」　140
一元　161
一元化　141, 144
一元論　19, 67, 76, 98, 109, 132, 137, 141,
　259
　──的思考　259
　形而上学的──　249
　実体的──　249
　数的──　249
　属性的──　249
イデア　62, 69, 74-77, 80-84, 88-90, 109,
　114, 151, 250
　──界　251
　──的　206
　分割不能な──　261
右派マルクス主義者　28, 125, 210

　　　　　　　　カ　行

概念　64, 68-71, 82, 84, 85, 87-90, 96, 109,

291

110, 240, 257
革命　11, 28, 42, 141, 142, 166, 178, 179,
　　194, 196, 210, 213, 237
　空間――　191
　――ごっこ　266
革命家　236
革命型の　196
カテコーン　155, 157, 158, 161, 262
神でありたいと願う無神論者　221
神人（神-人）　56, 57, 102, 180, 182, 215,
　　222, 223, 230, 231, 235
　――性　182
　――論　56, 112, 114, 230, 235
共有　190, 191, 202
均衡　144-146, 149, 153, 155-157, 161, 162,
　　194, 197
啓示　37, 50, 51, 55-60, 80, 89, 182, 225,
　　226, 252
賢者　61, 67, 89, 91, 103, 105, 113, 166, 203,
　　219, 222, 226, 227, 235, 236, 246
賢知　58, 61, 91, 101, 183, 236, 248
工業化したナポレオン　137
公教的　37, 39, 45-48, 206, 225
　――教説　244
　――掲示　244
公平　212, 213
公平の正義　213
五月革命　210
国際法　144-146, 148, 149, 161, 162, 189,
　　213, 218
国家の終わり　131, 134
国家の終焉　125, 131, 133-136

サ　行

最後の人間　114, 117, 176
三元論　106
三位一体　27, 29, 93, 96, 97, 102, 106, 107
　――的弁証法　259
　――論　52, 56, 67, 68, 93, 100, 102, 103,
　　106, 109, 110, 112-114, 127, 137, 152, 208,
　　215-217, 235, 255
　――論的思考　217
自由　85, 99, 104, 140, 176-178, 184, 185,
　　210, 211, 225, 255
　――主義　123, 183-185, 190

新――　190
　――な個体　185
社会革命　194
承認　54, 55, 57, 101, 118, 128, 131, 153,
　　154, 246
植民地　161
植民地主義　141, 197, 201
　与える――　200
　新しい肯定的な――　199
　略奪型――　192, 193
　贈与型――　→　贈与
植民地政策　201
新プラトン主義　86, 252
　――者　86
真理　41, 50, 55, 57-59, 67-74, 81, 83-89,
　　91, 96, 103, 105, 106, 109-114, 120, 151,
　　166, 168, 184, 218, 219, 222, 226, 227, 230,
　　231, 236, 243, 244, 252
　――態　94
　――論　114, 230, 231, 243
　無神論的――論　217
神話　20, 25, 48, 51-55, 60, 66, 246
スターリニスト　49, 137, 210, 269
スターリン主義　20
スターリン主義者　23, 27
スターリン的な真理　49
正義　5, 120, 121, 141, 147-149, 151, 152,
　　205, 212, 213, 218
政治的なもの　124, 126, 143, 145, 162, 208
僭主　22, 120, 121, 139, 168, 183, 184, 203,
　　234, 235, 237, 249
　恩恵的な――　203
　――制　122
　――政治　22, 58, 223, 234, 235, 237, 243
専制　243
　――君主　237
相互承認　210, 246
贈与　141, 142, 161, 165, 186, 192, 200, 201,
　　203, 204, 210, 217
　自然からの――　270
　――型国家　187
　――型資本主義　197, 199, 211
　返礼なき――　204
　――論　205, 207, 217
贈与型植民地主義　199, 200

贈与型先進国　203
贈与的僭主　203
ソクラテス以前の信念　219
ソクラテス学派　221
ソクラテスの悲劇　9

　　　　　タ　行

第三項　127, 147, 152, 154, 157, 161, 162, 210, 216-218, 260
　法的――　208
第三者　138, 140, 141, 146-149, 153, 154, 157, 159, 162, 205, 260
卓越　183
卓越主義　181, 182
卓越主義者　180, 181
多元　142
多元論　134
著述技法　23, 36-38, 40, 42-44, 46, 47, 61-63, 82, 108, 109, 202, 206, 270
帝国主義なき帝国　171, 209, 217
敵　126-133, 135, 136, 140, 142-144, 146, 148, 153, 154, 157, 159, 189, 202, 212
　――意　257
敵対関係　157
哲学者と都市との抗争　223, 224
哲学的政治　224
哲学の終焉　64
東欧革命　258
等価　148
　――的な　204
等価性　147, 148, 205, 207, 213, 260
等価性の正義　212
同質　159
　――な存在　202
　――化する　202
同質国家　195, 205, 211, 216
同質性　131, 149, 212, 213
同質的　123, 170, 179, 212
同質な国家　131, 170, 182
独裁　58, 137, 144
　――者　58, 137, 185, 186, 211, 234, 237, 264
　――制　121, 137, 243
　　理想的な――　264

　　　　　ナ　行

二元論　19, 67, 76, 77, 89, 90, 98, 99, 109, 134, 146, 151
　信仰世界と世俗社会の――　250
　心身（物心）――　250
　――的統一　99
ニヒリスティック　184
ニヒリスティックな革命　177
ニヒリズム　107, 183, 184, 222
二分法　66, 68, 78, 79, 90, 254
　――的発想　217
人間学　19, 34, 92, 95, 102, 104, 106, 215
ネオ・ヘーゲル主義　91, 92, 100, 107, 253
ノモス　120, 139, 141, 145, 154, 155, 157, 160, 162, 187-191, 200, 201, 208, 260
　海の――　208
　空の――　208
　大地に関する古い――　201

　　　　　ハ　行

パルチザン　143, 144, 147, 160, 191
反スターリン主義者　26
反スターリン主義的知識人　26
反二元論的　90
反マルクス主義的　195
秘教的　23, 37, 40-42, 44-48, 50, 51, 60, 62, 63, 82, 108, 109, 150, 202, 206, 217, 221, 225, 270
秘教的な　244
非マルクス主義的　158
平等　5, 147, 148, 170, 176, 177, 179, 180, 182, 183, 193, 204-207, 210, 212, 213
　不――　190
平等主義　180-182
　――者　181
平等の正義　212
フォーディズム　195, 210
普遍国家　169, 176, 211, 213, 216, 218
普遍者　232
　超越的――　232
普遍主義　160, 161, 180, 191
普遍主義者　208
普遍性　131, 149, 171, 207, 213
普遍的　69, 88, 123, 131, 179, 180, 185, 212,

　　　　216
　——性格　264
　——な課題　210
　——な国家　130, 131
普遍同質国家　9, 18, 28, 30, 116, 118, 123,
　131, 141-144, 162-164, 166, 168, 169,
　174-180, 182, 183, 185-187, 201, 205-207,
　209-212, 216, 217
プラトン主義　33, 34
フランス革命　42, 113, 114, 180, 231
分配　139, 141, 187, 189-192, 198, 201, 202,
　208
　再——　190, 203
平和　78, 121, 140, 145, 155, 160, 162, 199,
　200, 207, 211-213, 218
ヘーゲリアン　222
ヘーゲル講義　12-14, 28
ヘーゲル主義　20
ヘーゲル主義者　13, 39
ヘーゲル哲学　40
ヘーゲルの無神論的絶対哲学　231
法的なもの　124, 126, 145, 153, 160-162,
　208, 257
ポスト植民地主義的発想　204, 217
ポトラッチ　204
ポリス (polis)　3-5, 7, 120, 121, 219
　——的動物　5
　——の市民　227

マ 行

末人　114, 116-118, 176
マルクス主義　28, 98, 206, 207, 253, 267
マルクス主義革命　195
マルクス主義者　28
マルクス主義的資本主義　195
無　68, 72, 73, 76-79, 93-100, 106, 111, 113,
　114, 201, 202, 254, 255
無為の神々　236

無償の贈与　204
無神論的宗教　64, 111, 112, 251
メシアニズムなきメシア的なもの　163,
　164

ヤ 行

友敵関係　129, 131, 136
友敵理論　127, 138, 157
善き僭主　234
世の終わり　257

ラ 行

ラウム　145, 154, 155, 157, 188, 189
　——関連の　260
　——秩序　189
ラテン帝国　165-172, 174, 209, 211, 217,
　264
リベラリズム　→　自由主義
リベラル　185
リベラル・デモクラシー　19, 28, 267
例外状態　140
歴史終焉　218
歴史終了　208
歴史主義　8, 41, 248
歴史の終わり　64, 113, 165, 172, 187
　アメリカ的な——　195
歴史の究極の目的　129
歴史の終焉　19, 28, 41, 70, 89, 93, 107, 113,
　117, 131-134, 136, 139, 144, 177, 207, 211,
　267
歴史の終局　132
歴史の目的　18, 134
ロシア革命　11, 179

ワ 行

和解　19, 207
われわれの世界のアレクサンドロス大王
　137

■著者略歴
坂井礼文（さかい・れいもん）
　1983 年　鹿児島市に生まれる。
　2007 年　早稲田大学第一文学部卒業。
　2015 年　博士号（人間・環境学）（京都大学）取得。
　現　在　京都外国語大学ほか非常勤講師。フランス思想・政治哲学専攻。
　著　作　「贈与型資本主義に基づいたコジェーヴの国家論──合衆国はなぜ「共産主義」の最終段階に到達したと考えられるのか」（『社会思想史研究』39 号，2015 年），「コジェーヴの「無神論的」あるいは人間学的存在論──「三位一体論」の観点から」（『アルケー』22 号，2014 年），「コジェーヴとシュミット──国家の終焉以降における政治的なもの及び法的なもの」（『政治哲学』15 号，2013 年），他。

無神論と国家
──コジェーヴの政治哲学に向けて──

2017 年 1 月 27 日　初版第 1 刷発行

著　者　　坂　井　礼　文
発 行 者　　中　西　健　夫

発行所　株式会社　ナカニシヤ出版
〒 606-8161　京都市左京区一乗寺木ノ本町 15
　　　　　　TEL　（075）723-0111
　　　　　　FAX　（075）723-0095
　　　　　　http://www.nakanishiya.co.jp/

© Reimon SAKAI 2017　　　　　印刷・製本／創栄図書印刷
＊落丁本・乱丁本はお取り替え致します。
ISBN978-4-7795-1121-9　　Printed in Japan

◆本書のコピー，スキャン，デジタル化等の無断複製は著作権法上での例外を除き禁じられています。本書を代行業者等の第三者に依頼してスキャンやデジタル化することはたとえ個人や家庭内での利用であっても著作権法上認められておりません。

〈他者〉の逆説
——レヴィナスとデリダの狭き道——

吉永和加

徹底された他者論は、宗教もしくは形而上学へ回帰せざるを得ないのか。あるいは、哲学、宗教、倫理の間に"狭き道"を見出すことは可能か。他者、神、言語の境界を問う著者渾身の書。

四二〇〇円+税

倫理学としての政治哲学
——ひとつのレオ・シュトラウス政治哲学論——

石崎嘉彦

古典的政治哲学の合理主義への回帰を示したL・シュトラウス政治哲学の核心に迫り、そこに見出される近代性批判の視点から、ポストモダンの時代に、知恵と節度の徳を回復させる政治哲学の復権を試みる。

四八〇〇円+税

ポストモダンの人間論
——歴史終焉時代の知的パラダイムのために——

石崎嘉彦

テロリズム・監視社会・現代的僭主政治などの形で現われるポストモダンのニヒリズムを克服するため、古典的人間論の再生を訴え、倫理的パラダイムの構築を目指す、「古典的」にして創造的な新・人間論。

二八〇〇円+税

ネオ・プラグマティズムとは何か
——ポスト分析哲学の新展開——

岡本裕一朗

ポストモダニズムからの新しい哲学であり、分析哲学から誕生した運動であるネオ・プラグマティズム。その成立過程から従来の哲学との対話、実践としての環境プラグマティズムまで、エッセンスを解説。

二五〇〇円+税

表示は二〇一七年一月現在の価格です。